기타리스트
장재훈의

핑거스타일
기타 커버곡집

어레인지 장재훈

SRMUSIC www.srmusic.co.kr

머리말 Introduction

우리는 모두 마음속에 추억을 품고 살아갑니다.

아침마다 눈을 비비며 등굣길을 걷던 기억,
친구와 나누던 웃음 섞인 수다,
방과 후 오락기 앞에서의 한 판 승부,
골목 어귀 분식집에서 먹던 따끈한 떡볶이 한 그릇.

성인이 된 첫날의 설렘,
첫사랑의 떨림,
사랑하는 가족과 함께한 여행의 온기까지.

바쁜 하루에 묻혀 있던 추억들은
어느 순간, 뜻밖의 계기로 불쑥 고개를 들곤 합니다.

"이 동네 참 오랜만이네. 저 골목에 오락실이 있었는데."
"이 과자, 참 오랜만이야. 문방구에서 자주 사먹었었는데."

그리고,
"이 음악, 정말 오랜만이네. 어린 시절 자주 들었었는데."

연주자인 저 역시 현대인의 분주한 일상 속에서
소중한 추억들을 한동안 잊고 지냈습니다.
그러다 문득, 그 기억들을 제 손끝으로 하나씩 되살리기
시작했습니다.

그리고 깨달았습니다.
이 추억은 나만의 것이 아니라,
많은 이들이 함께 그리워하고 있다는 사실을.

그 마음을 담아 기타를 연주했고,
이제는 그 시간을 악보로 옮겨 나누려 합니다.

바쁘게 오르던 현실의 산자락에서 잠시 멈춰,
이 책이 당신을 그 시절로 데려가길 바랍니다.

비록 잊고 지냈더라도,
우리는 모두 마음속에 추억을 품고 살아갑니다.

2025년 여름 장재훈

핑거스타일 기타 주법설명 Technical Analysis

해머링 온

탄현 후, 표기된 다음 프렛을 왼손 손가락으로 때리듯 눌러 소리를 낸다.

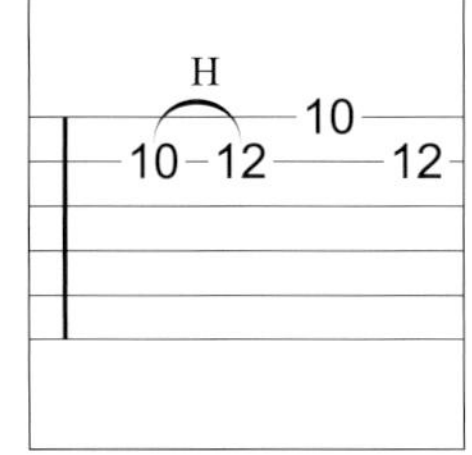

엄지 퍼커시브 & 네일어택

엄지로 5번 줄 또는 6번 줄을 내리쳐 고음역 타격음을 내는 것이 엄지 퍼커시브, 오른손 손톱으로 줄을 때리는 것이 네일 어택이다. 두 가지 테크닉을 동시에 사용하기도 한다.

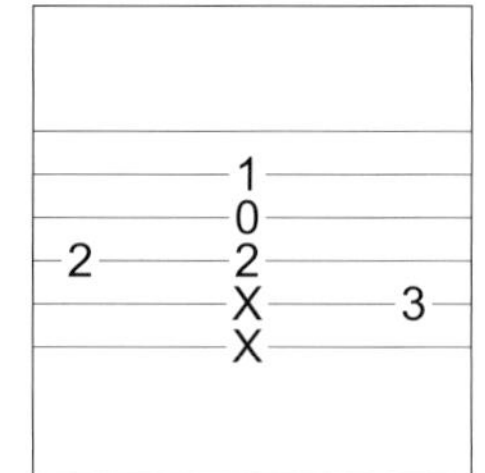

풀링 오프

탄현 후, 줄을 누르고 있던 왼손 손가락으로 줄을 튕기듯 떼면서 표기된 다음 프렛의 소리를 낸다.

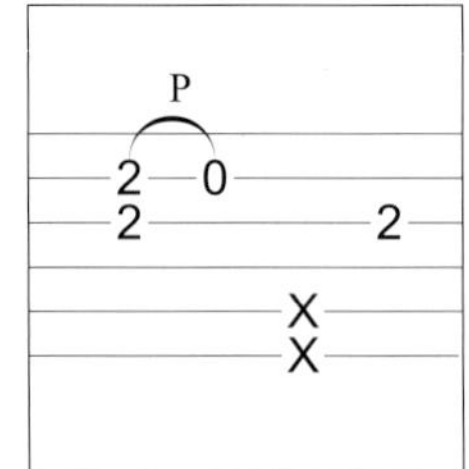

바디 히트

기타 사운드홀의 윗부분을 손바닥 아래쪽을 이용하여 두드려 드럼의 킥 사운드를 구현한다.

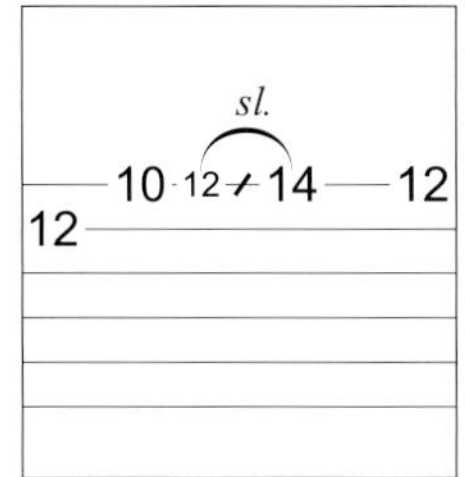

슬라이드

탄현 후, 줄을 누르고 있던 왼손 손가락을 미끄러트려서 음정을 바꾼다.

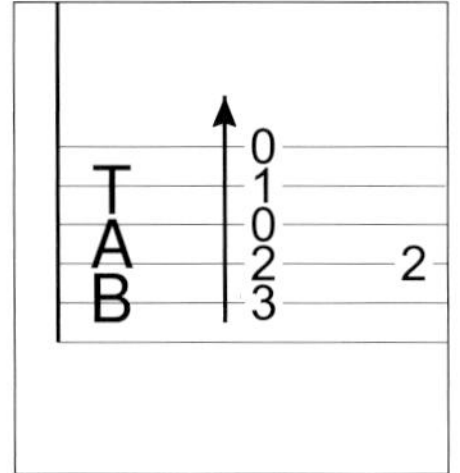

바디 히트 앤 네일어택

바디 히트로 바디를 두드림과 동시에 네일어택으로 줄을 탄현한다.

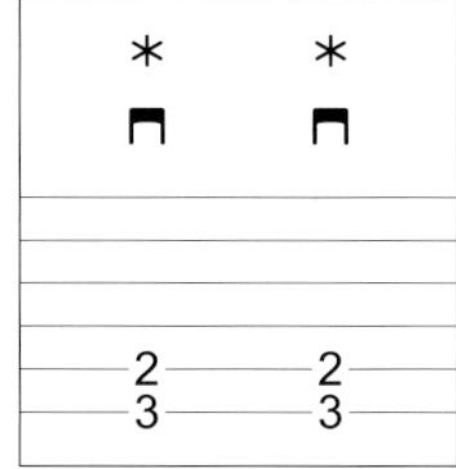

스트로크 다운

스트로크하여 쓸어내리듯 해당 프렛 줄들을 연주한다. 아무 숫자도 적히지 않은 프렛은 왼손 손가락들을 이용해 막아 소리가 나지 않게 한다.

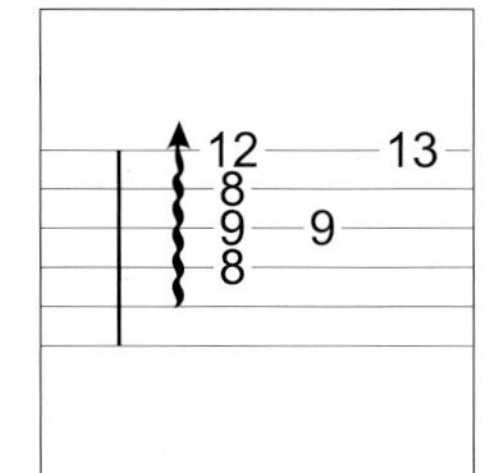

내추럴 하모닉스

왼손 손가락을 하모닉스 포인트에 가볍게 대고, 피킹과 동시에 왼손 손가락을 줄에서 떼면 맑은 음이 난다.

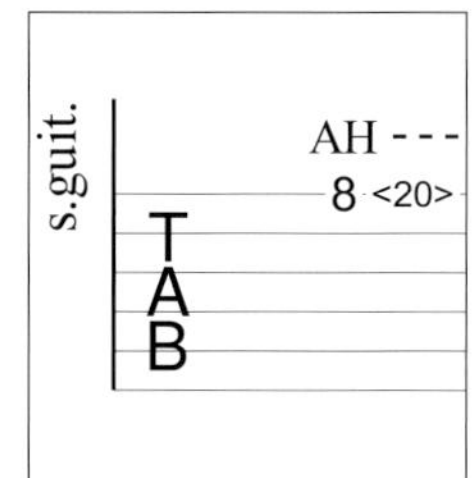

퀵 아르페지오

표시된 음들을 미세한 시차를 두고 분산해서 탄현한다.

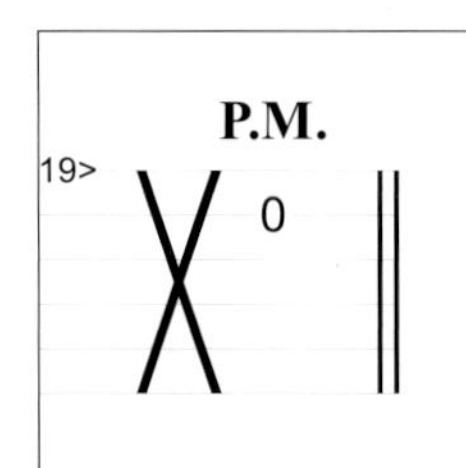

인공 하모닉스

왼손으로 표시된 프렛을 누른 상태에서 하모닉스 포인트에 오른손 손가락을 대고 피킹한다.

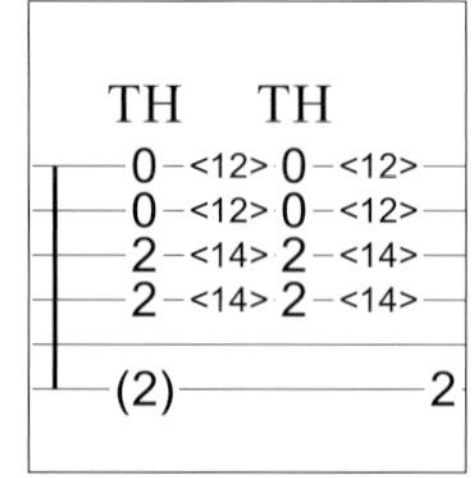

퍼커시브 뮤트

오른손을 이용해 줄 전체를 세게 내리치듯 눌러 줄과 프렛이 부딪히는 소리로 고음역의 타격음을 낸다.

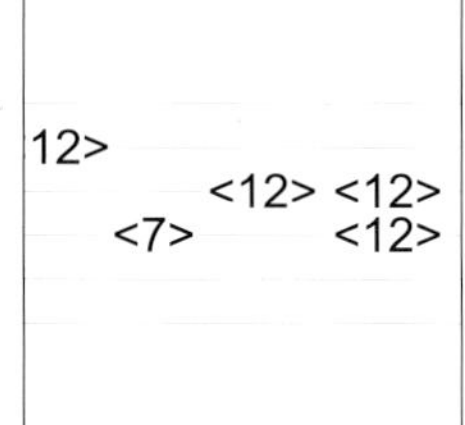

태핑 하모닉스

기타줄의 내추럴 하모닉스 포인트를 오른손 손가락으로 세게 때려 하모닉스 음을 얻는다.

목차 Contents

디스코그래피 Discography

Once Upon A Time
정규 1집

수록곡

01. The Jungle
02. 우산 (Umbrella)
03. 딴따라 (Pierrot)
04. 집시의 일탈 (Gypsy's Deviation)
05. 요코하마의 아침 (The Morning in Yokohama)
06. Shall We Dance?
07. Melo Drive
08. 은하수 (The Galaxy)
09. Little Teddy Bear

The Colors
EP 1집

수록곡

01. The Rhythm of Spring
02. 잊혀진 방주 (Forgotten Ark)
03. 고용불안 (Employment Instability)
04. HOPE
05. 이케부쿠로의 밤 (The Night in Ikebukuro)

과거를 추억하고 미래를 바라보는
우리를 위해.

Butter-Fly

그래 그리 쉽지는 않겠지 디지몬 어드벤처 OST.

노래 전영호
작사 Chiwata Hedenori
작곡 Chiwata Hedenori
채보 아린

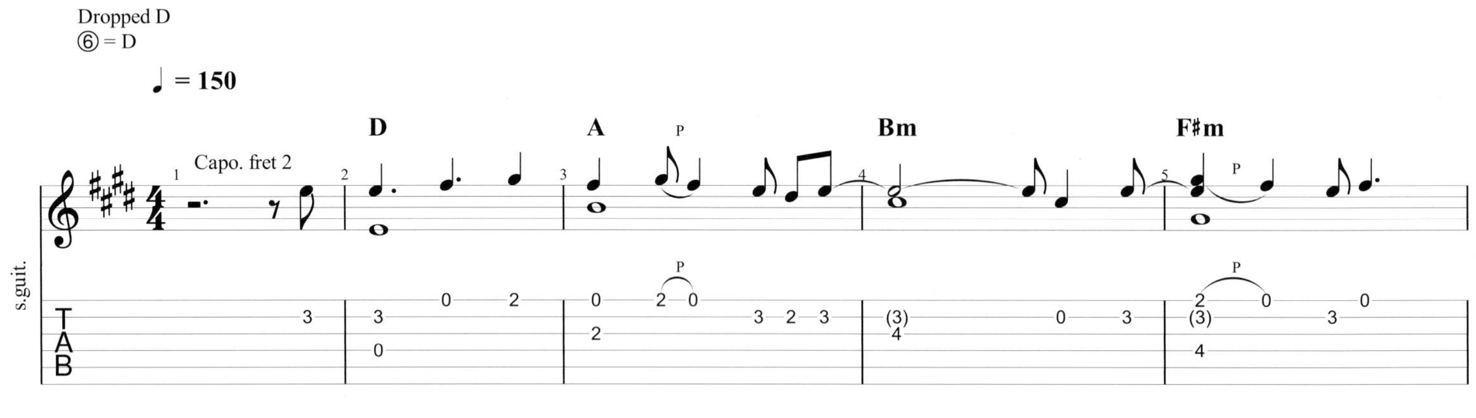

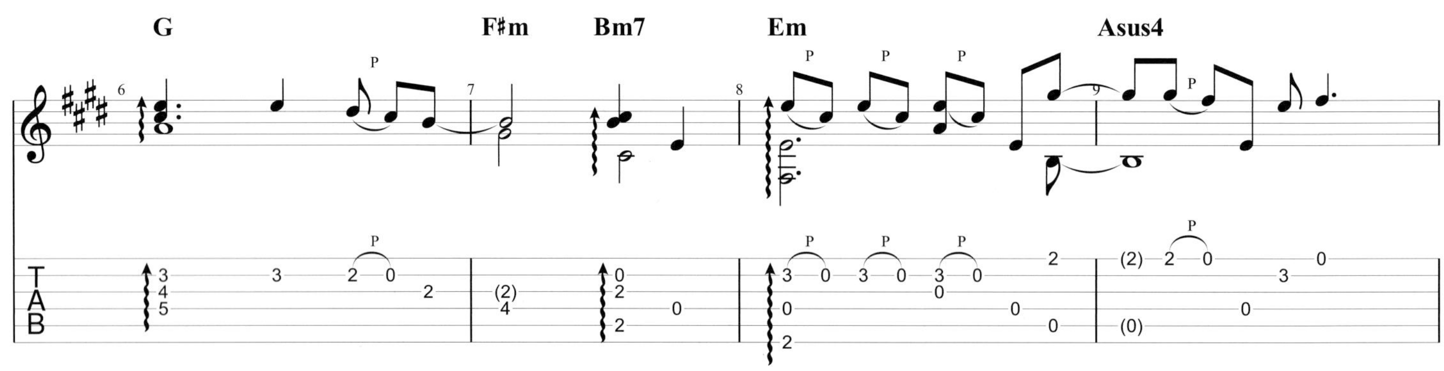

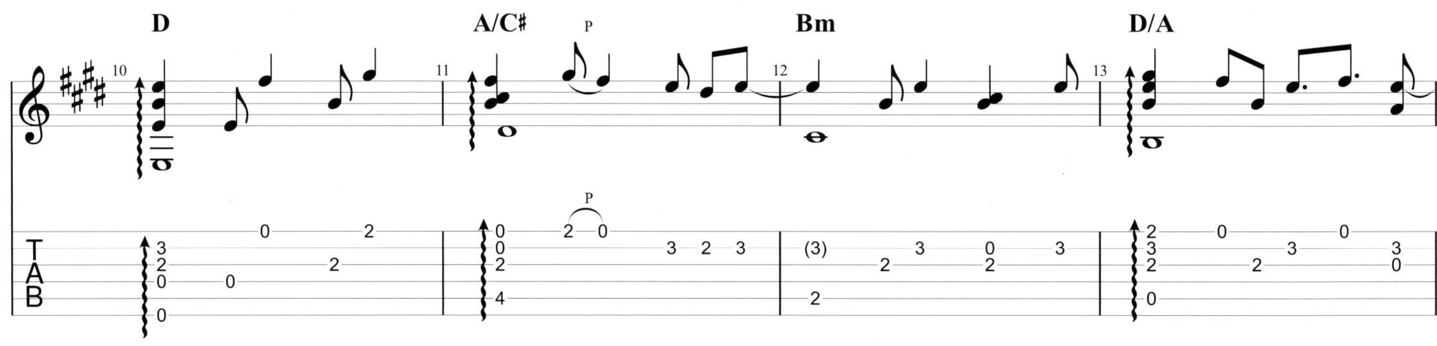

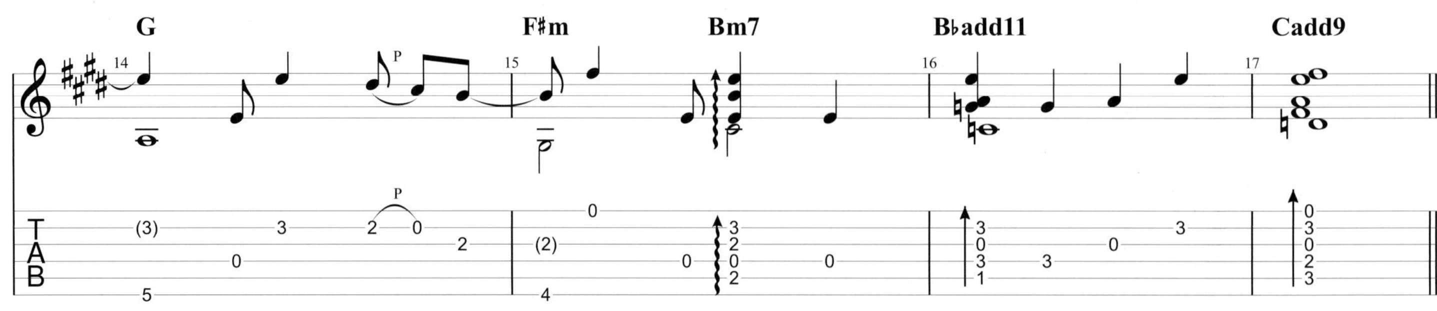

Intro

$\downarrow$ = 165

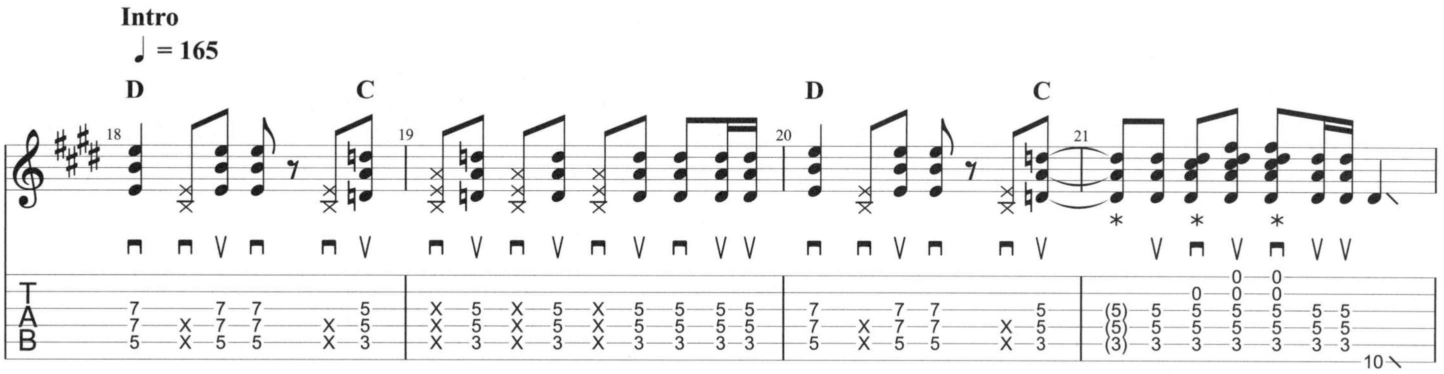

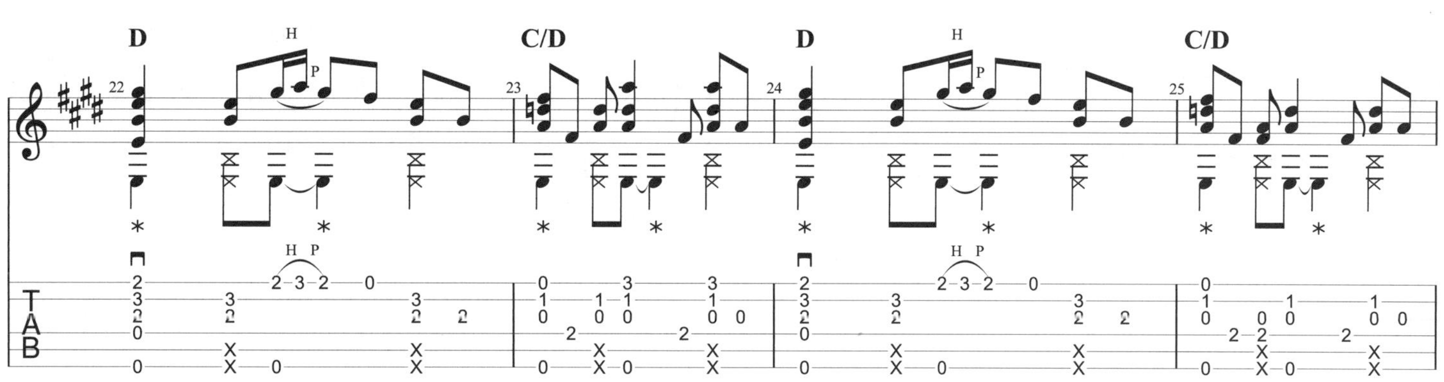

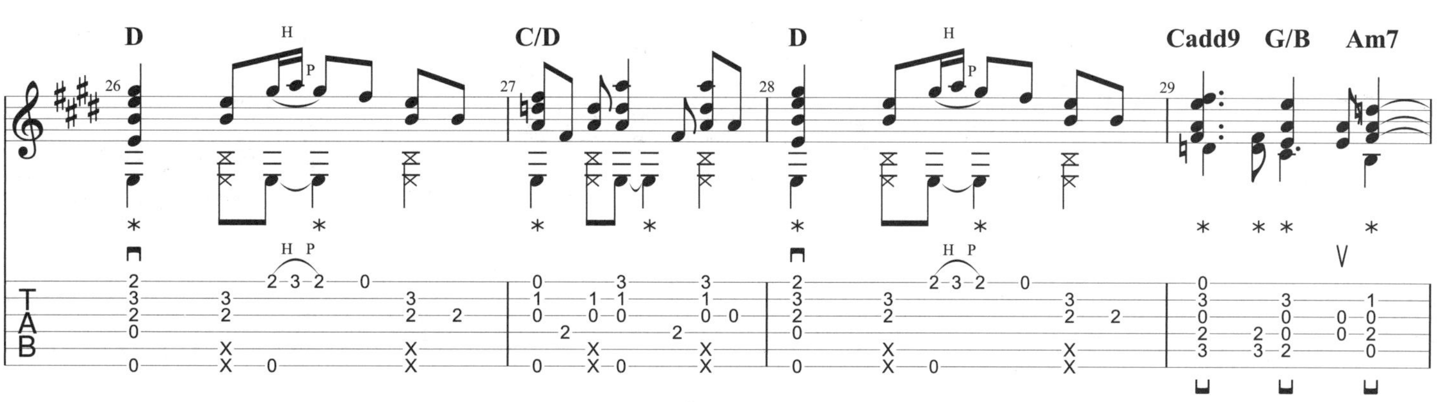

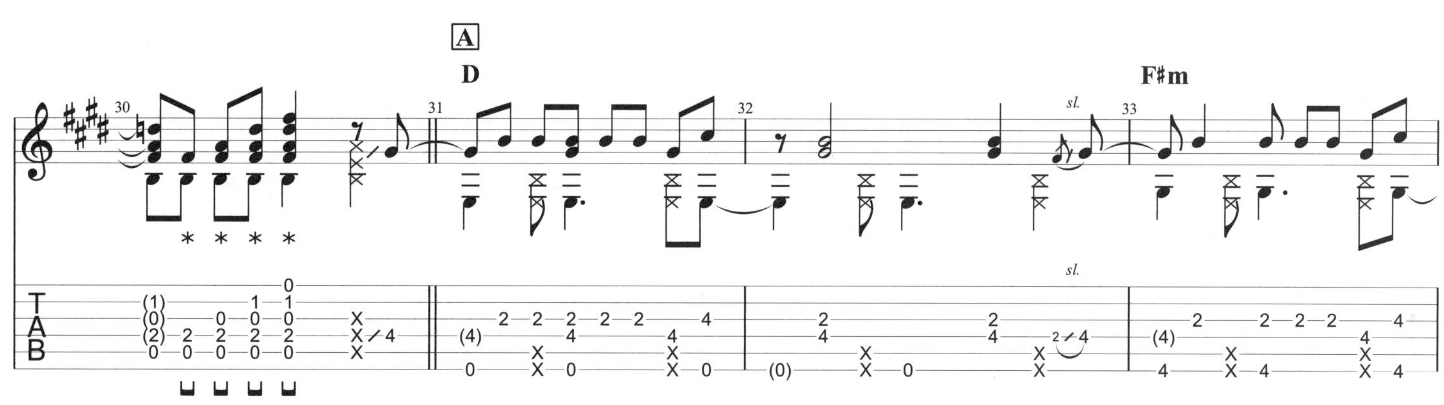

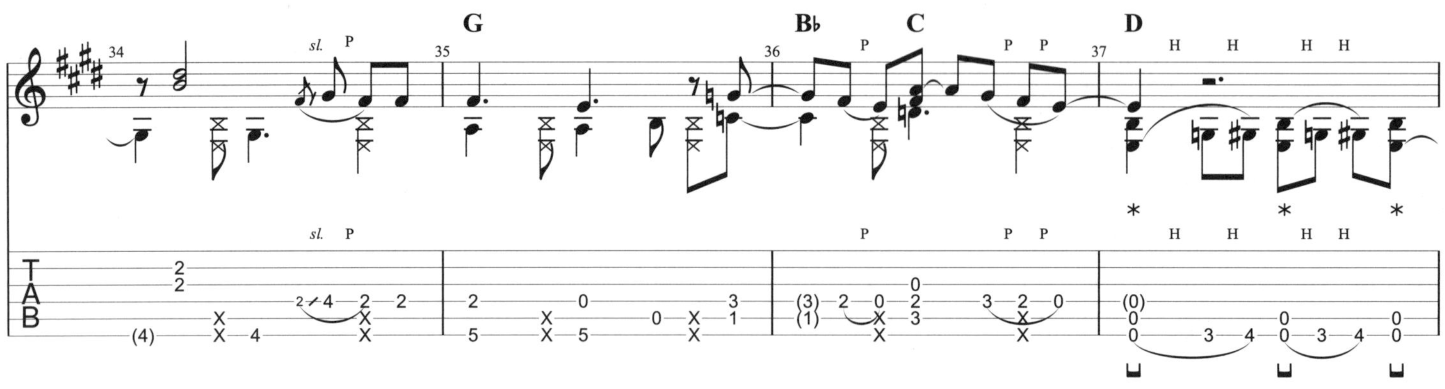
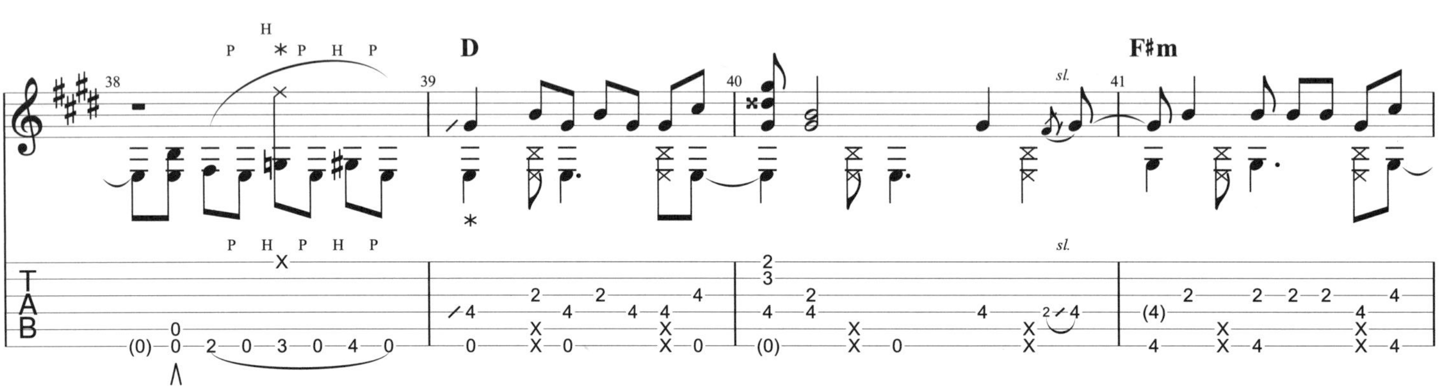
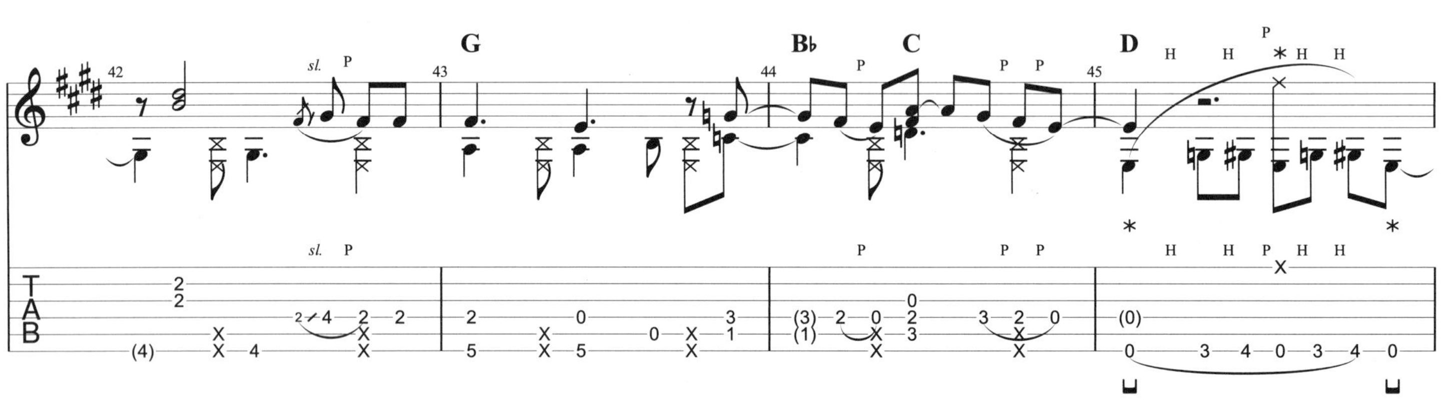
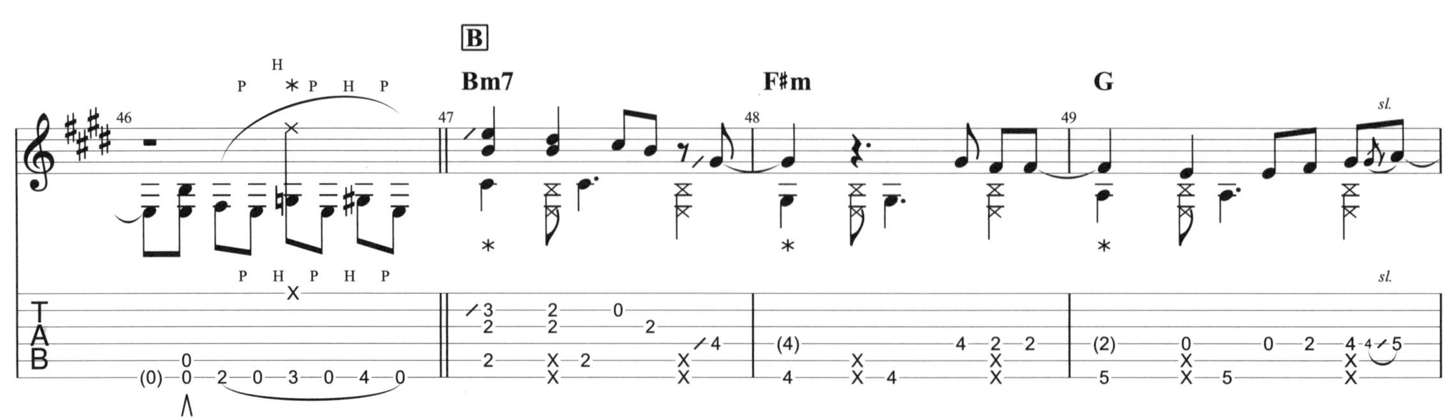

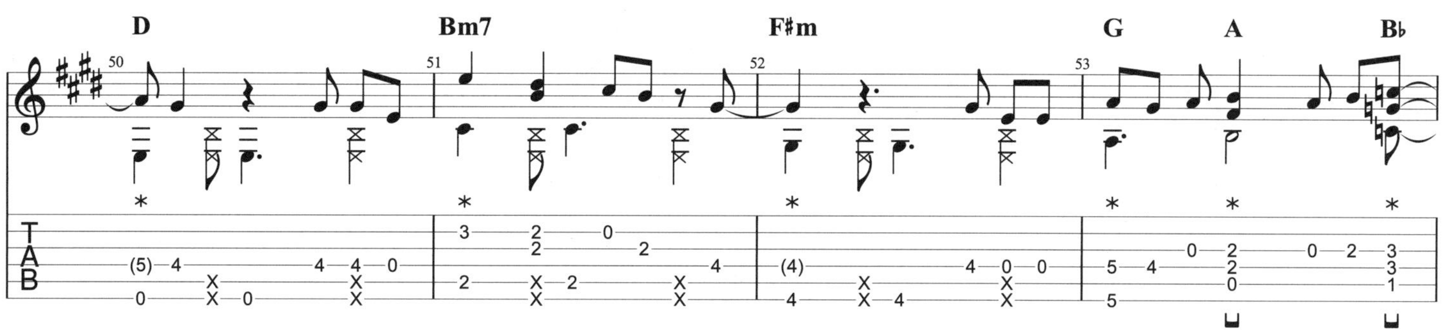
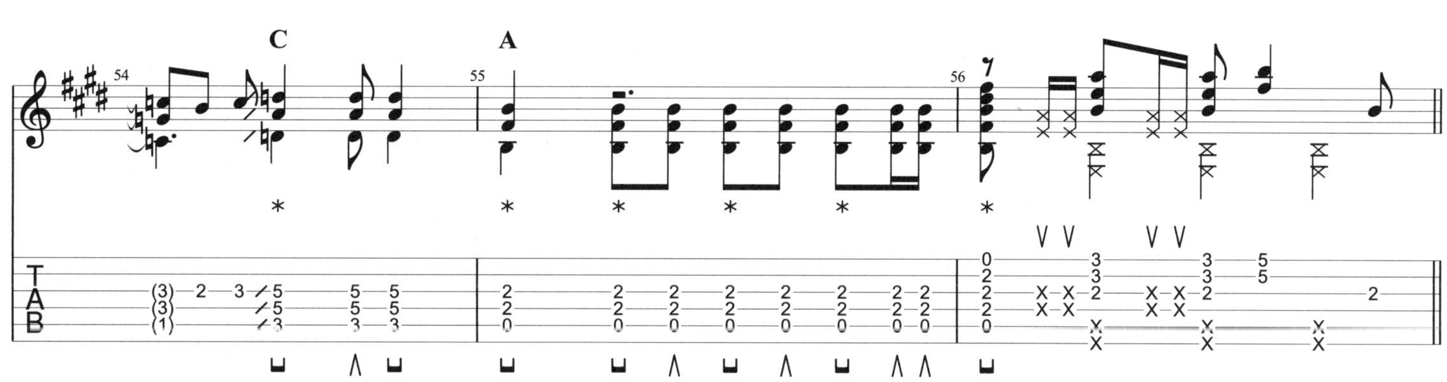
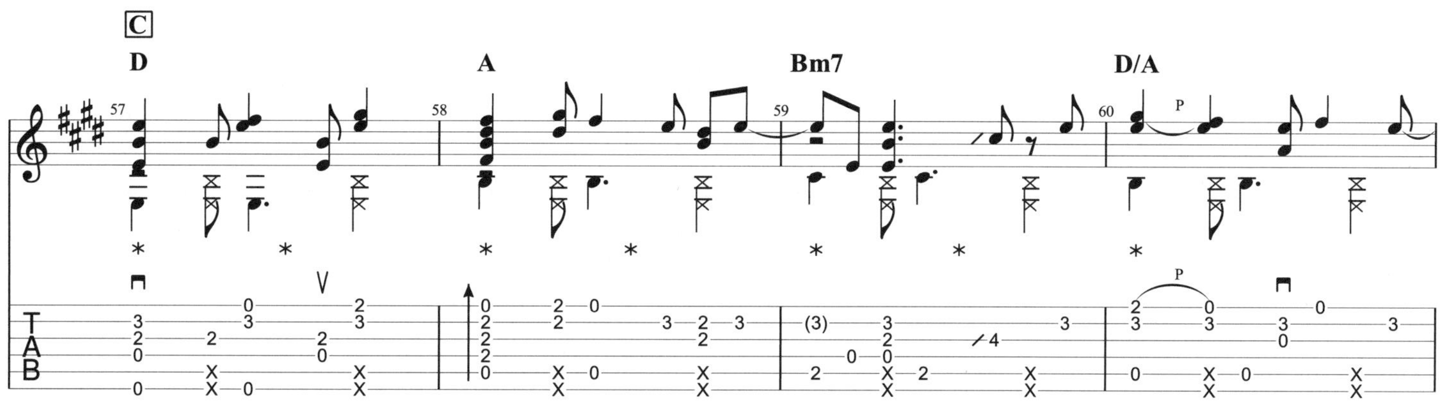
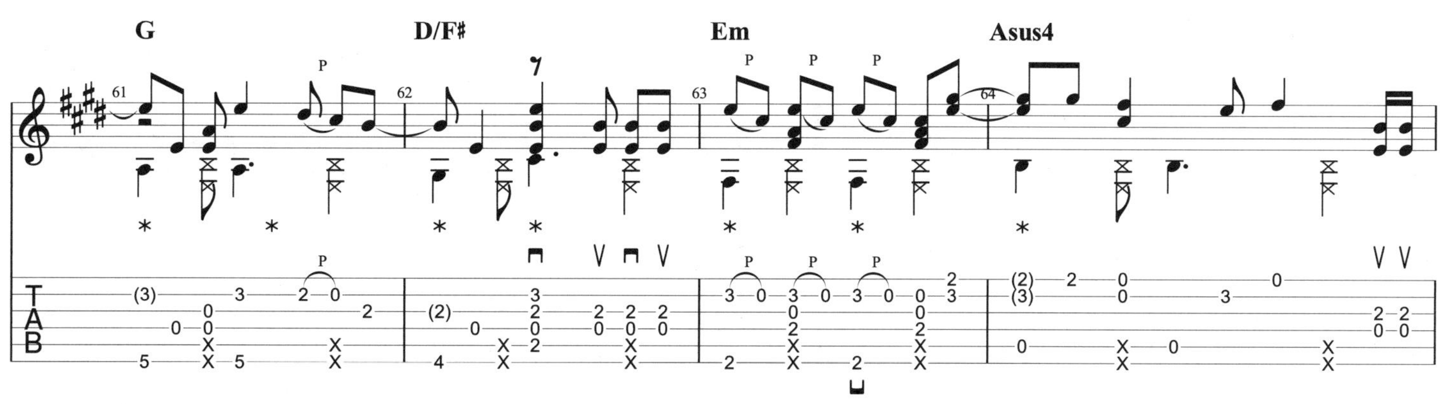

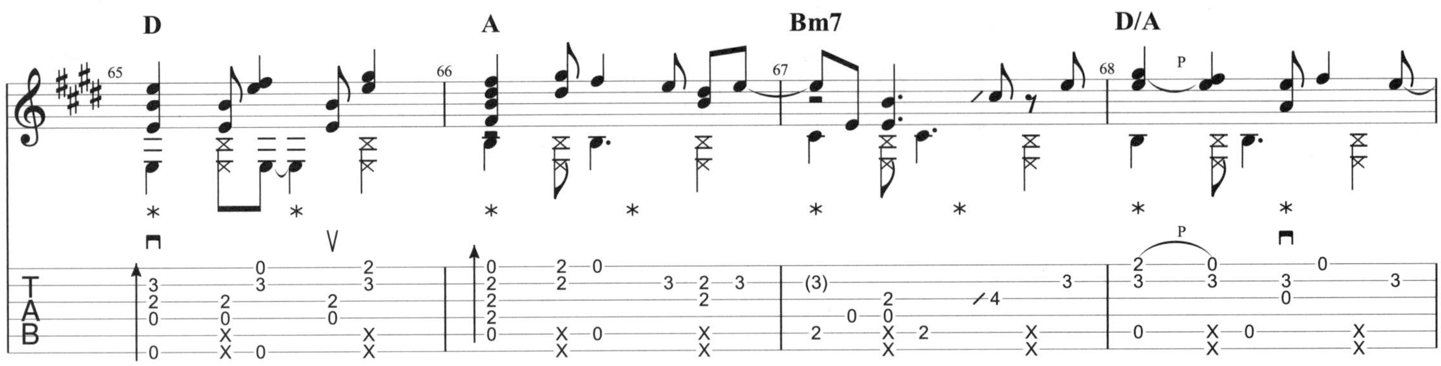

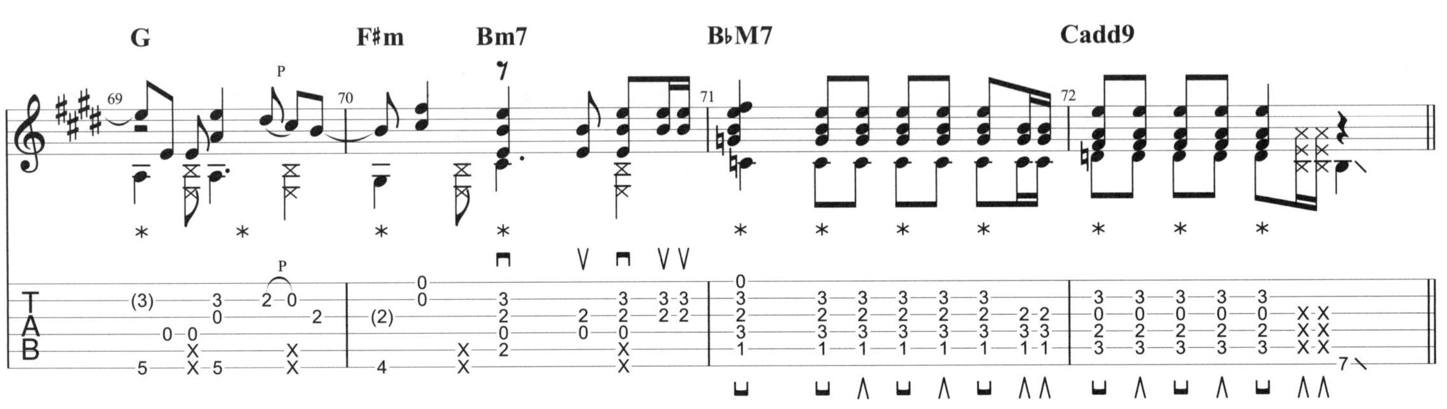

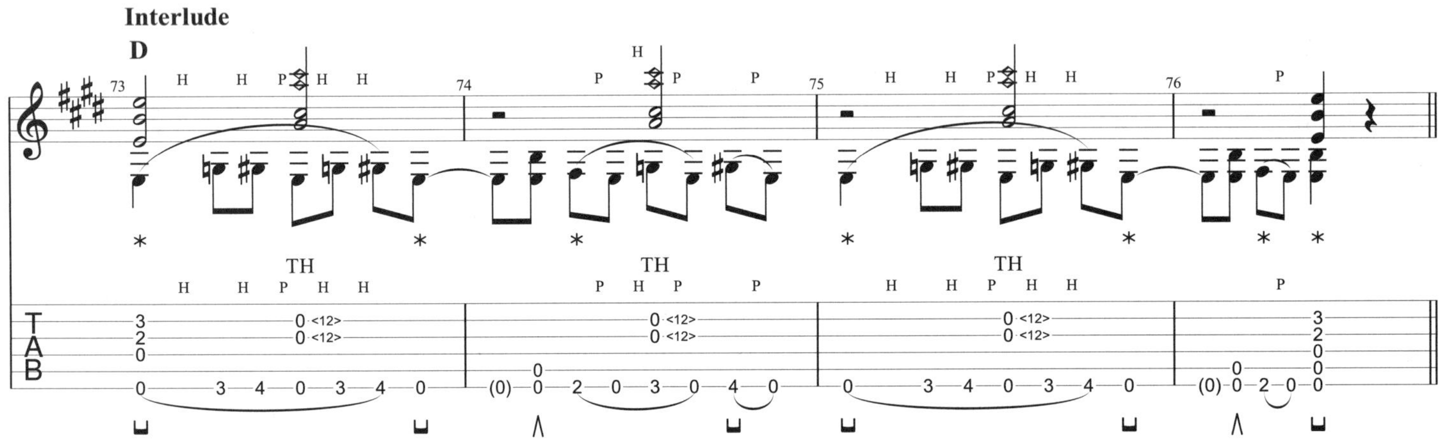
Interlude

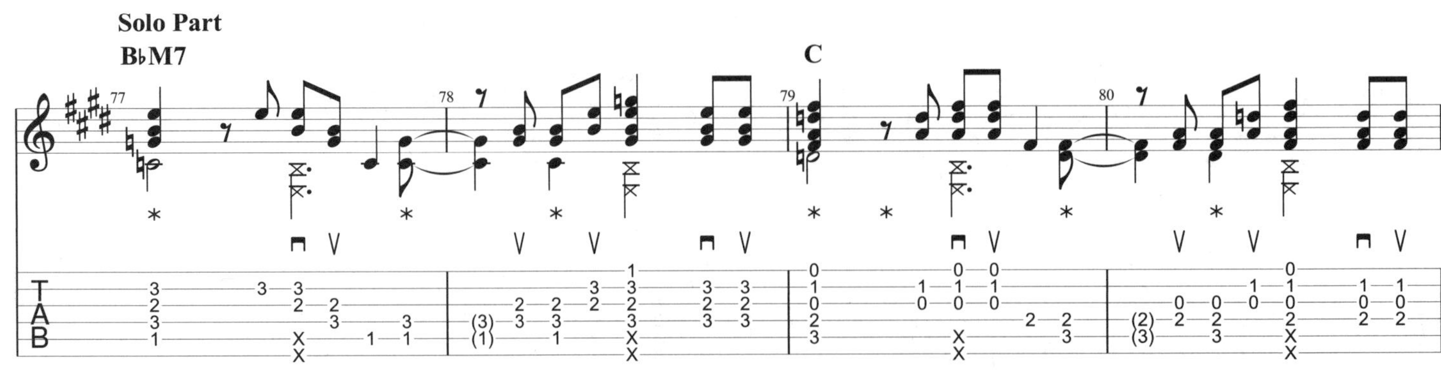
Solo Part

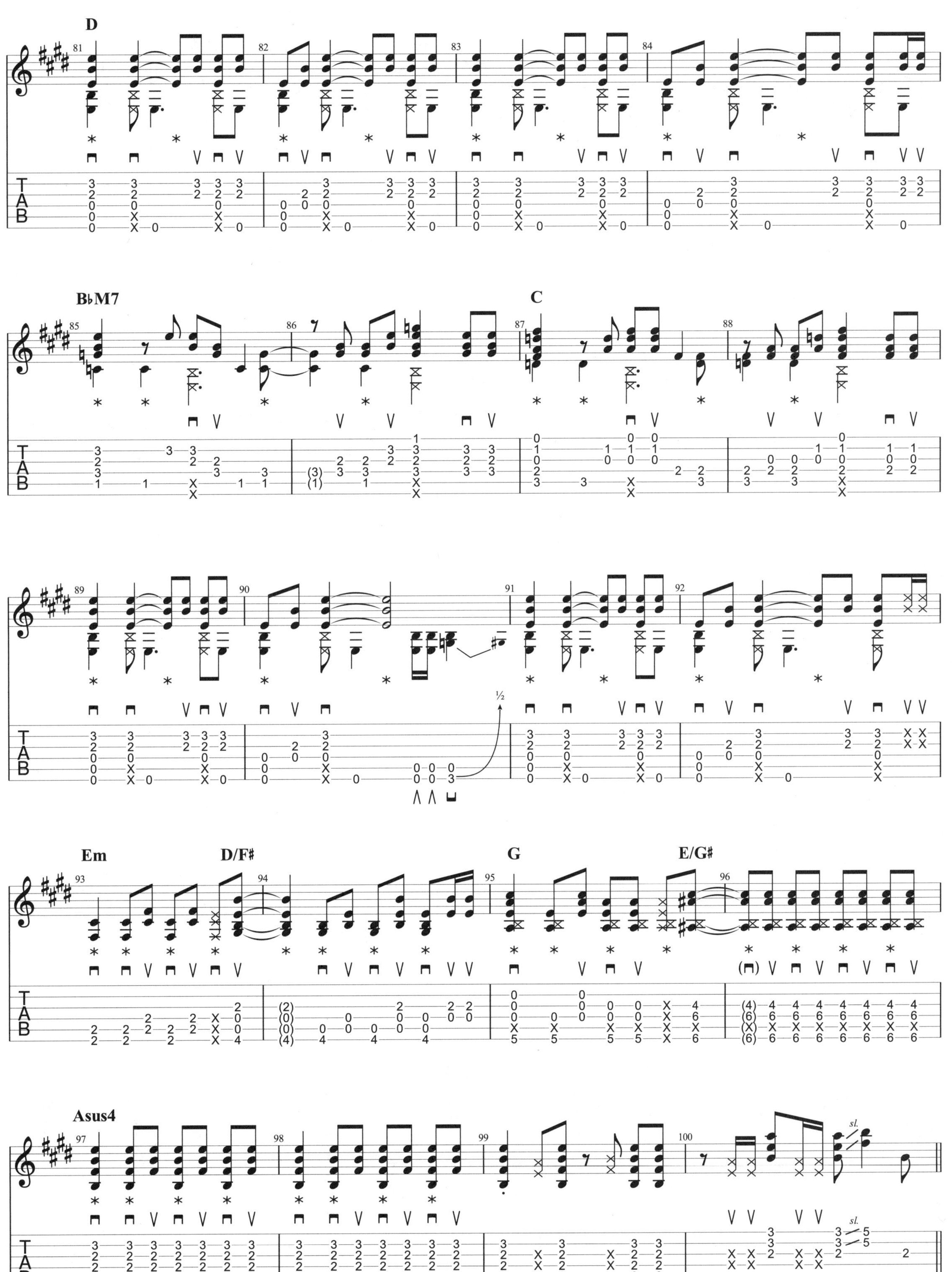

D
B♭M7
C
Em
D/F#
G
E/G#
Asus4
½
sl.
sl.

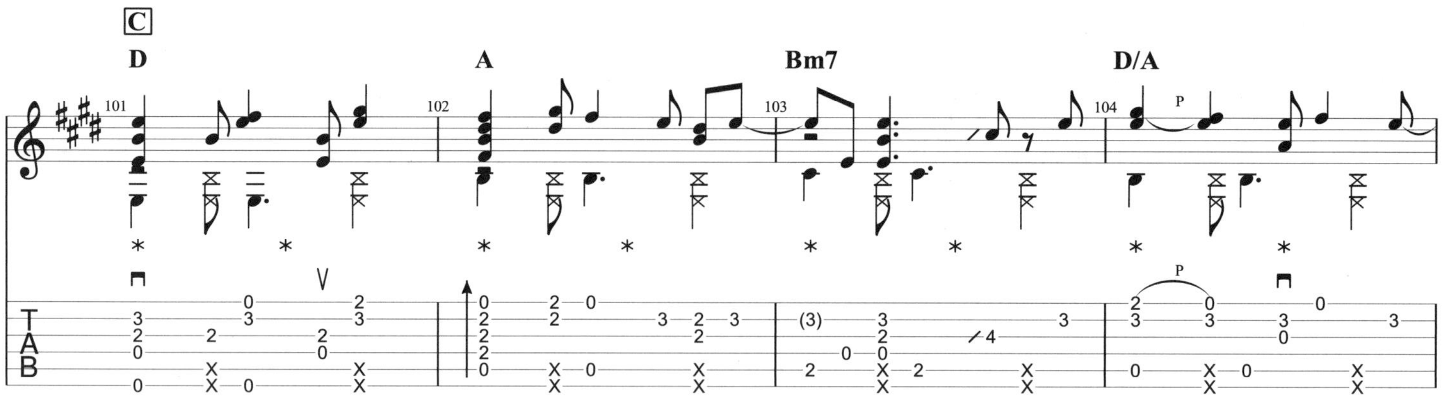

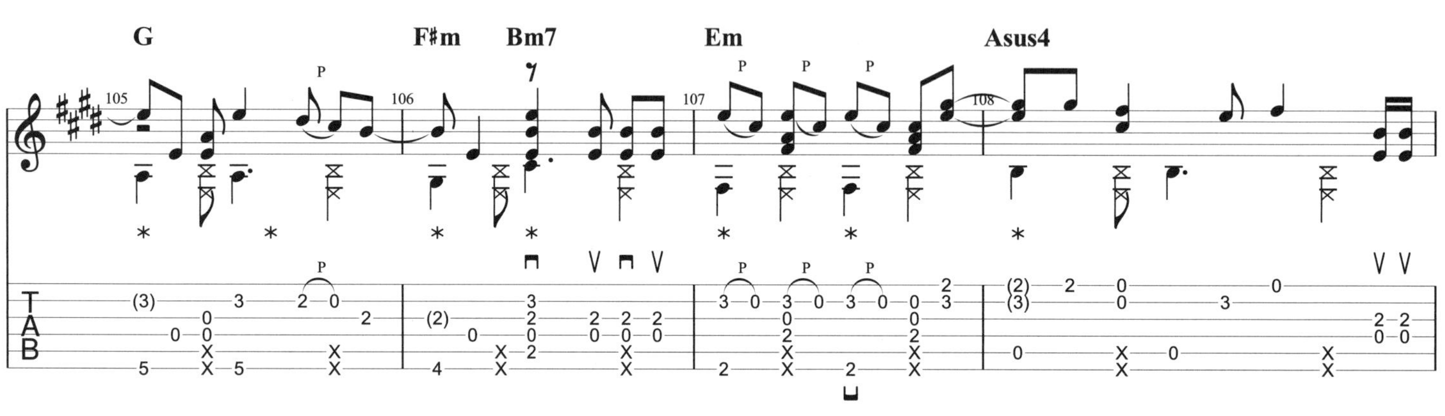

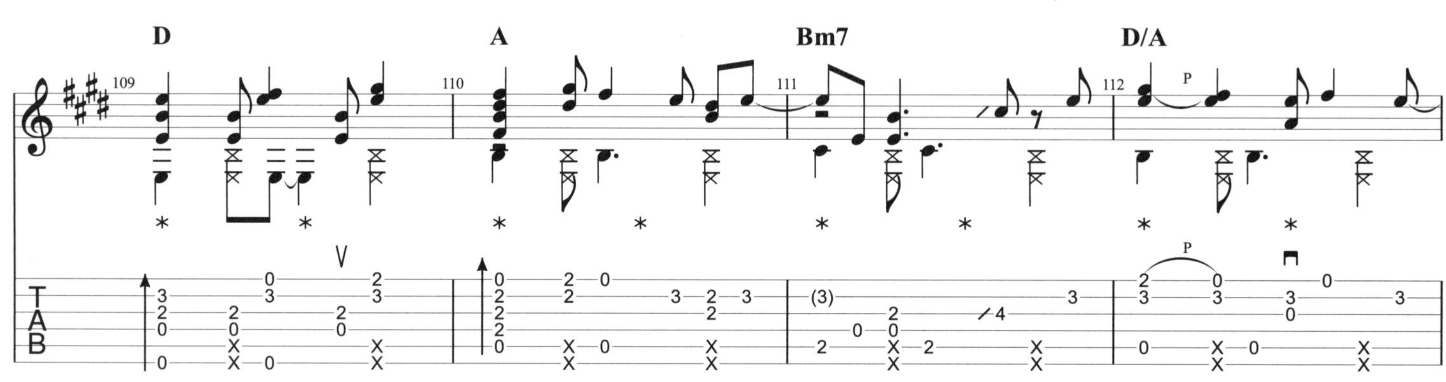

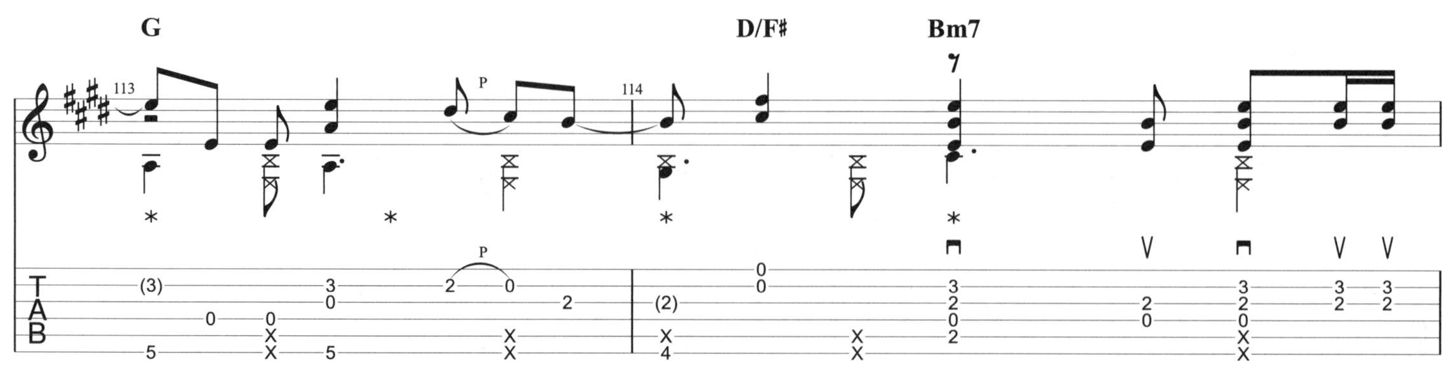

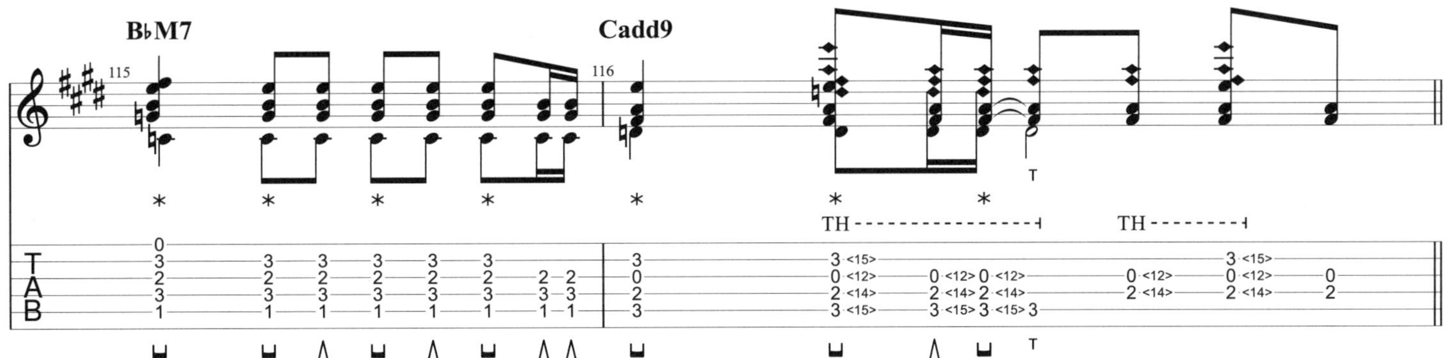

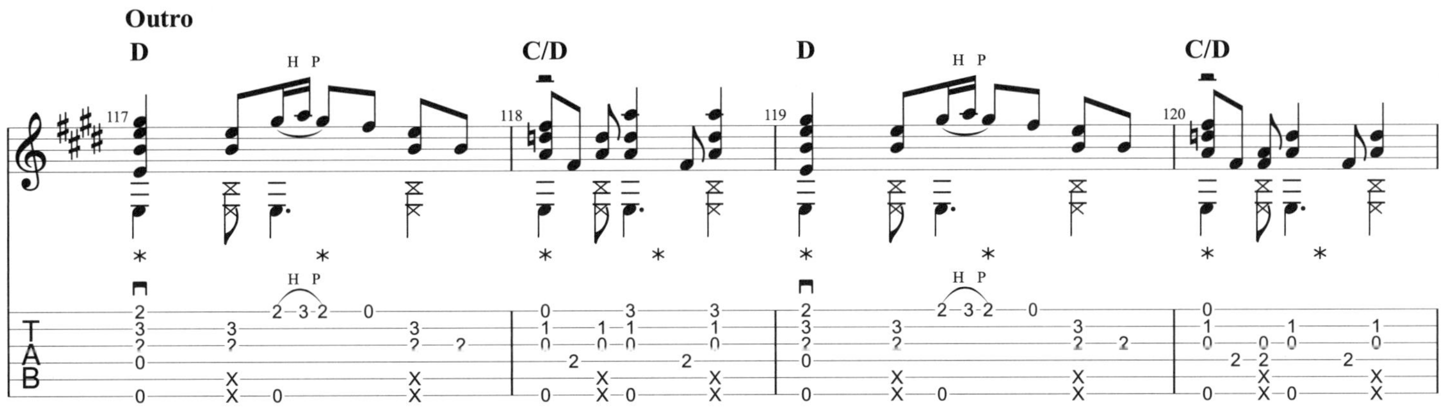

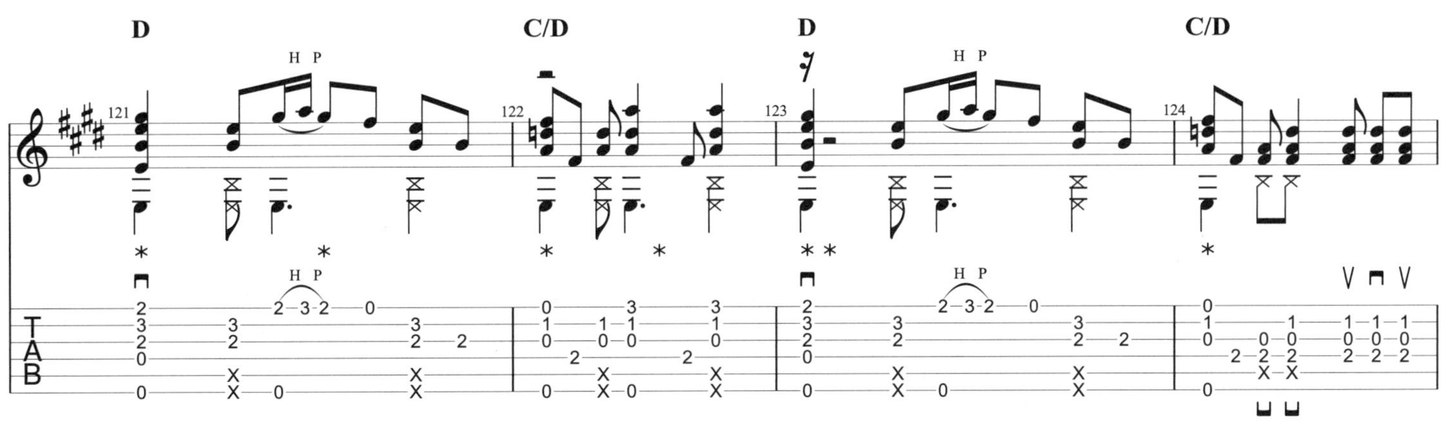

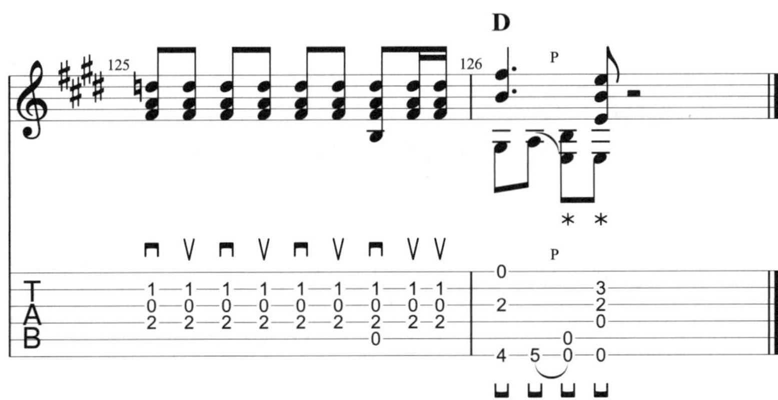

Guitar II

Interlude

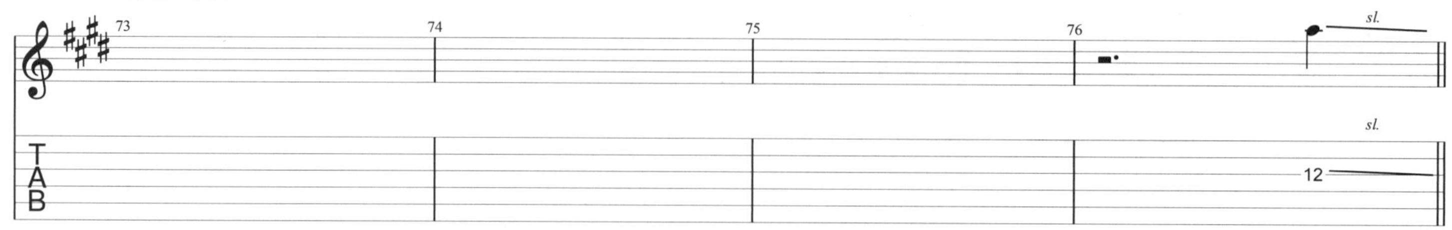

Solo Part

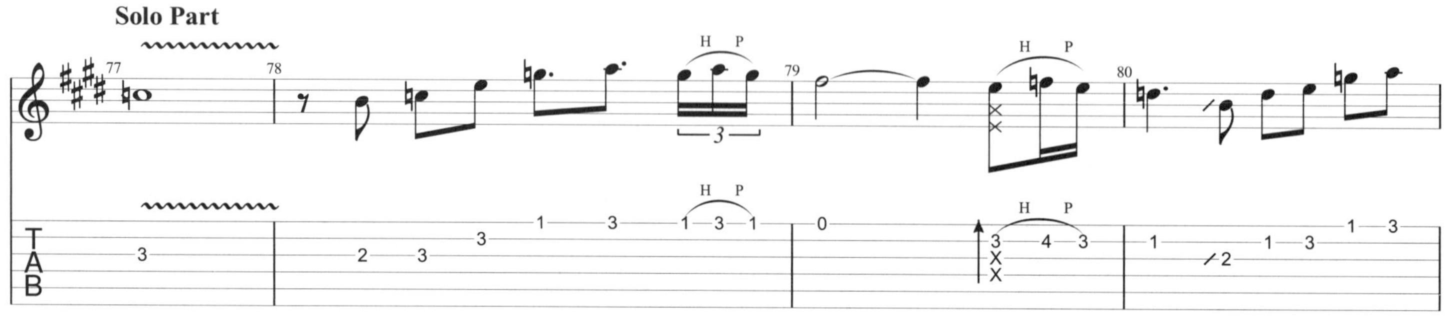

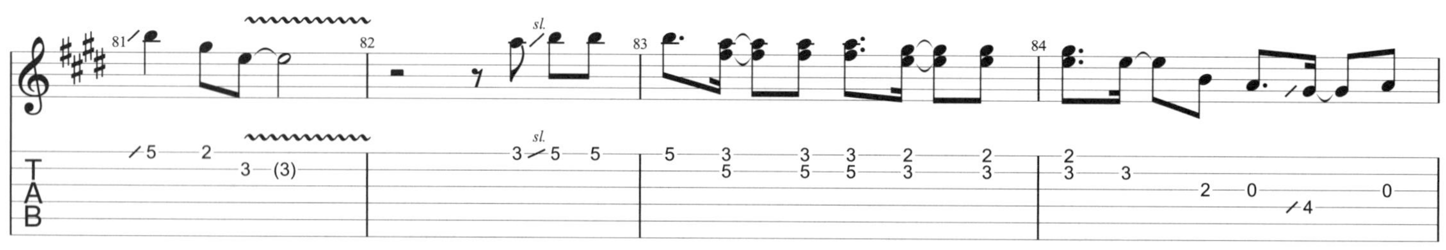

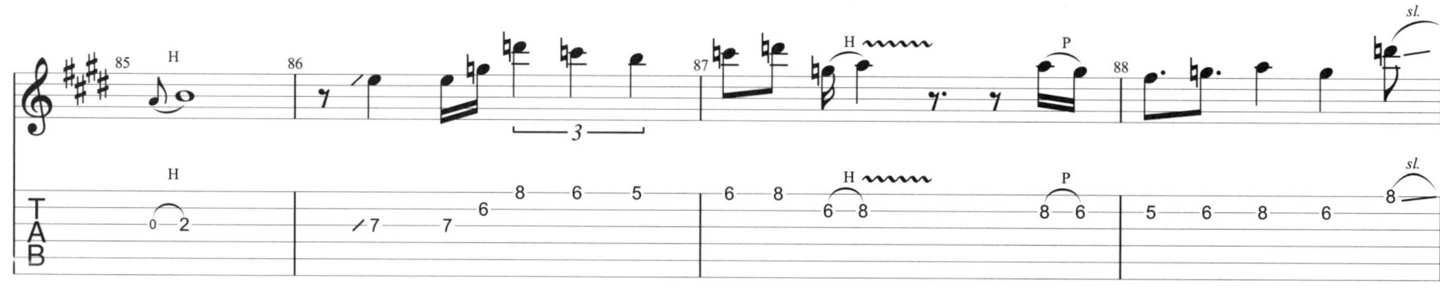

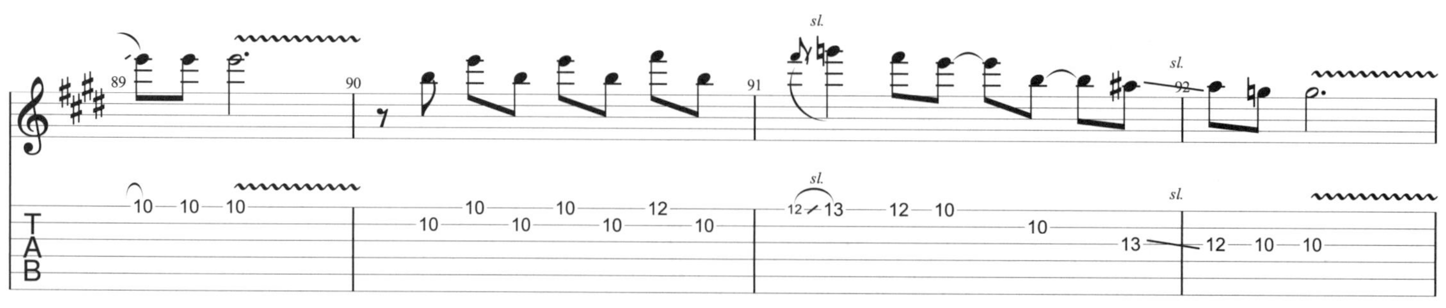

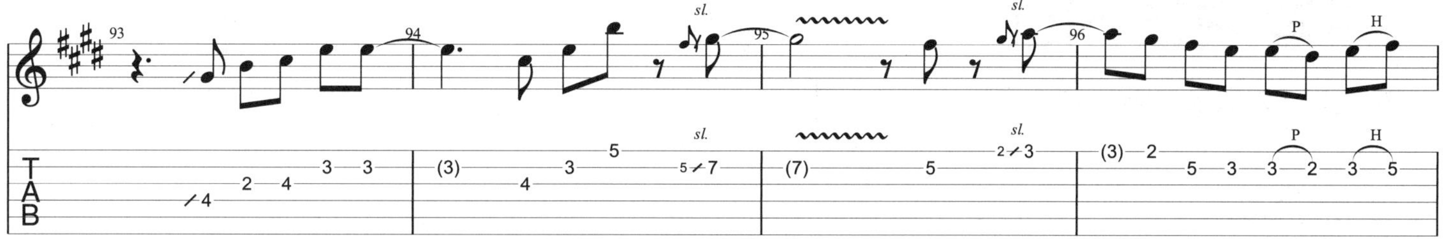

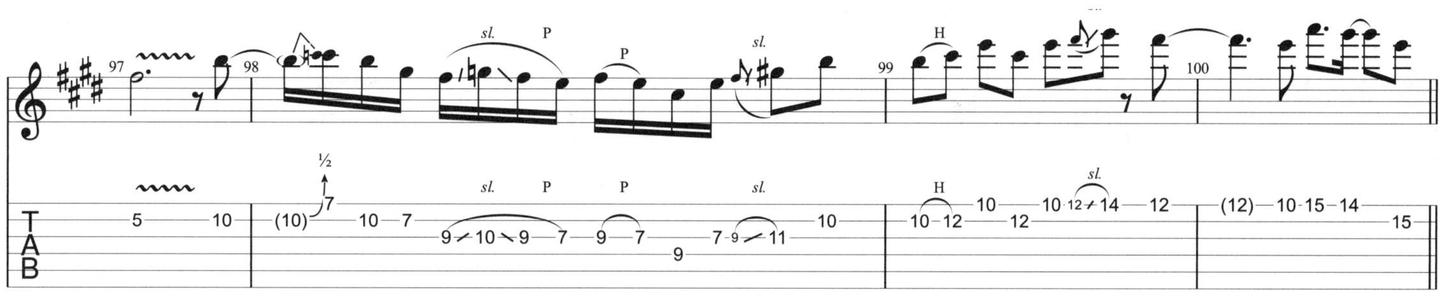

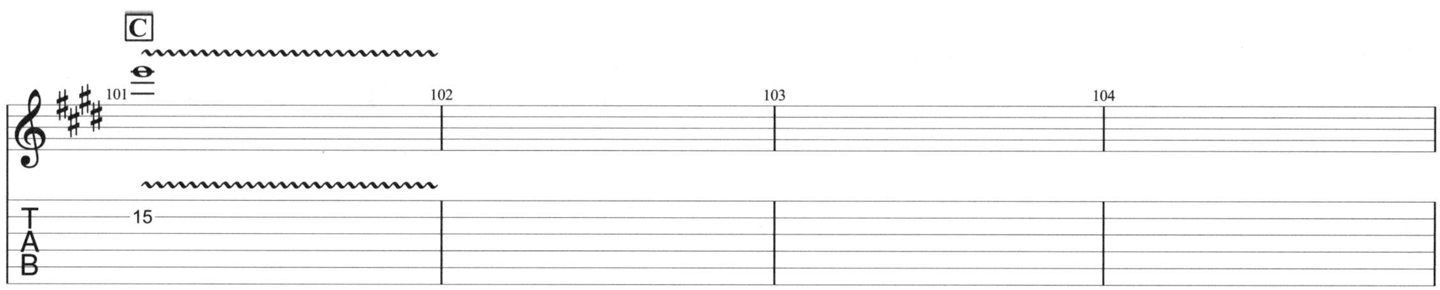

기억을 걷는 시간

넬(NELL) 「기억을 걷는 시간」

노래 Nell(넬)
작사 김종완
작곡 김종완
채보 아린

Tune down 1/2 step
① = E♭ ④ = D♭
② = B♭ ⑤ = A♭
③ = G♭ ⑥ = E♭

♩ = 88

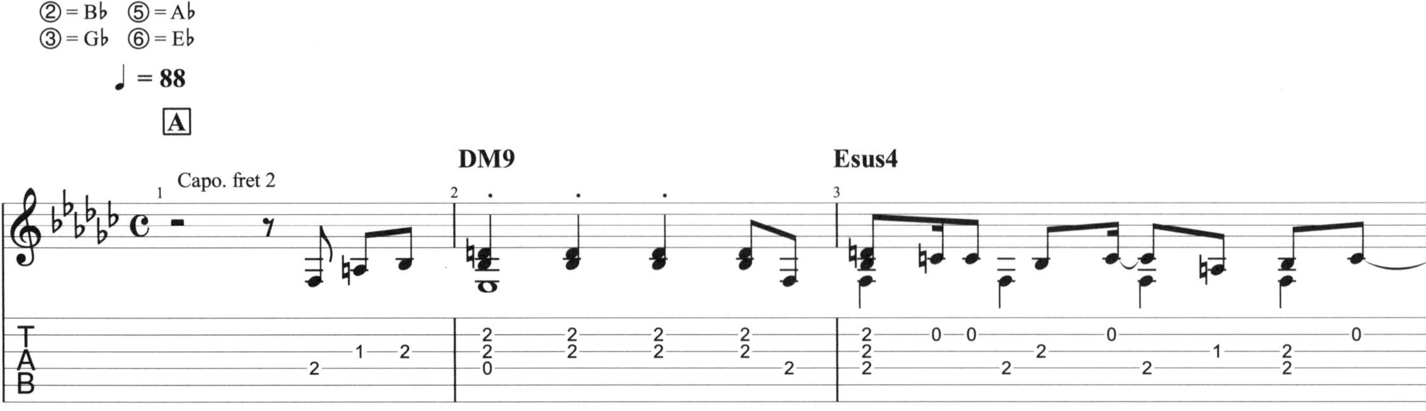

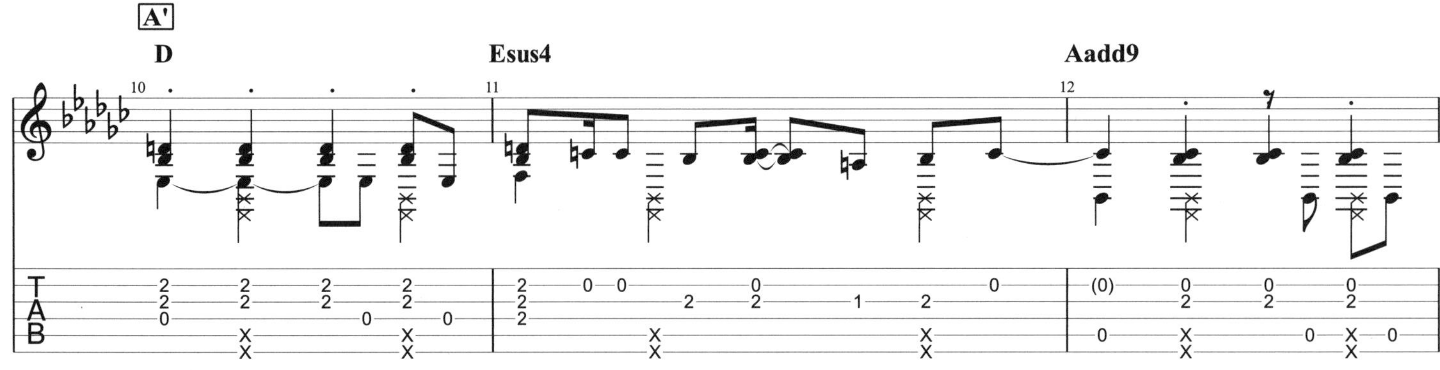

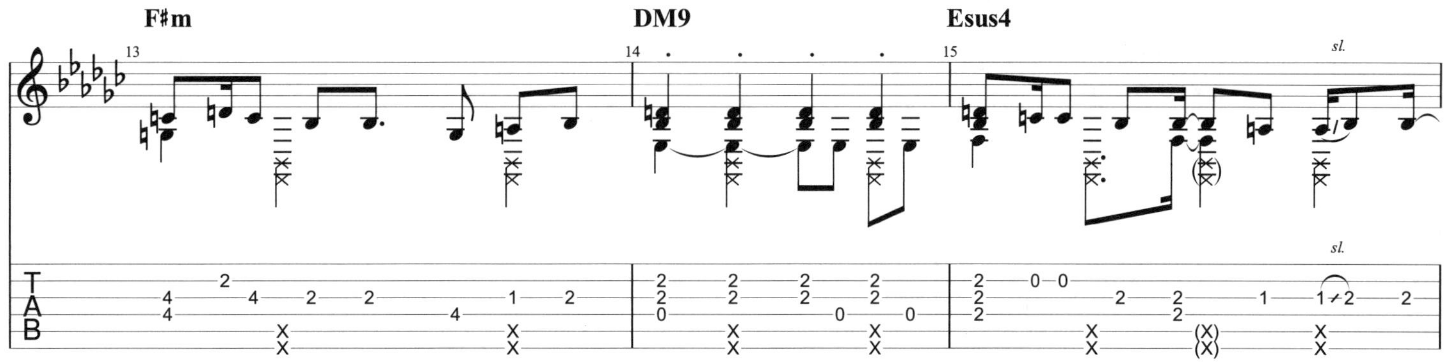

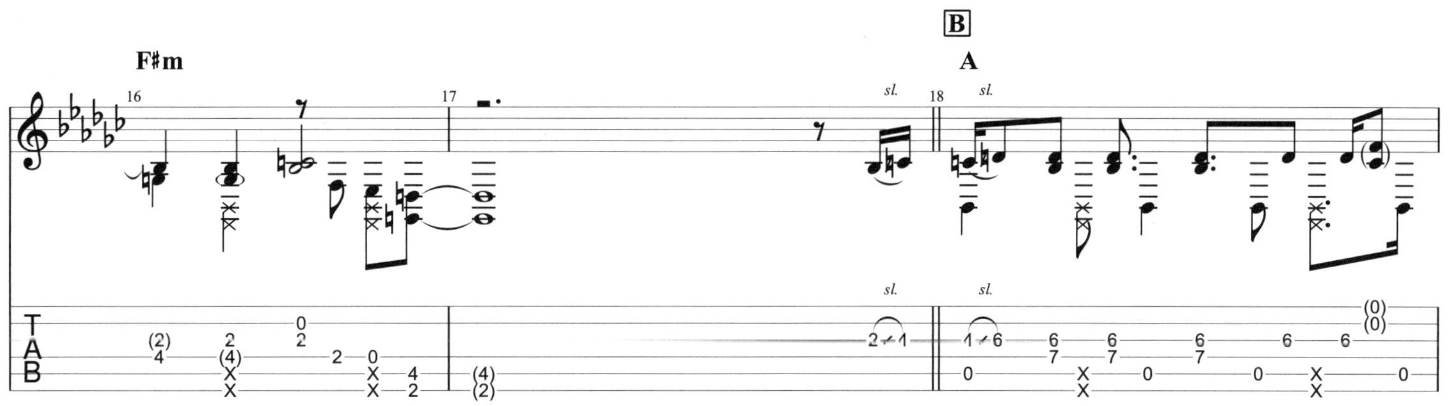

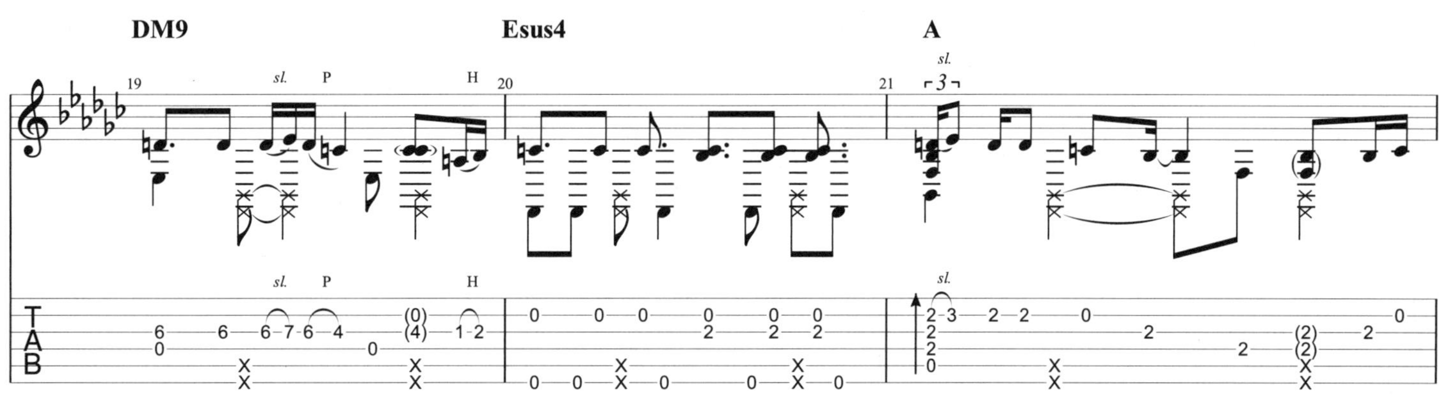

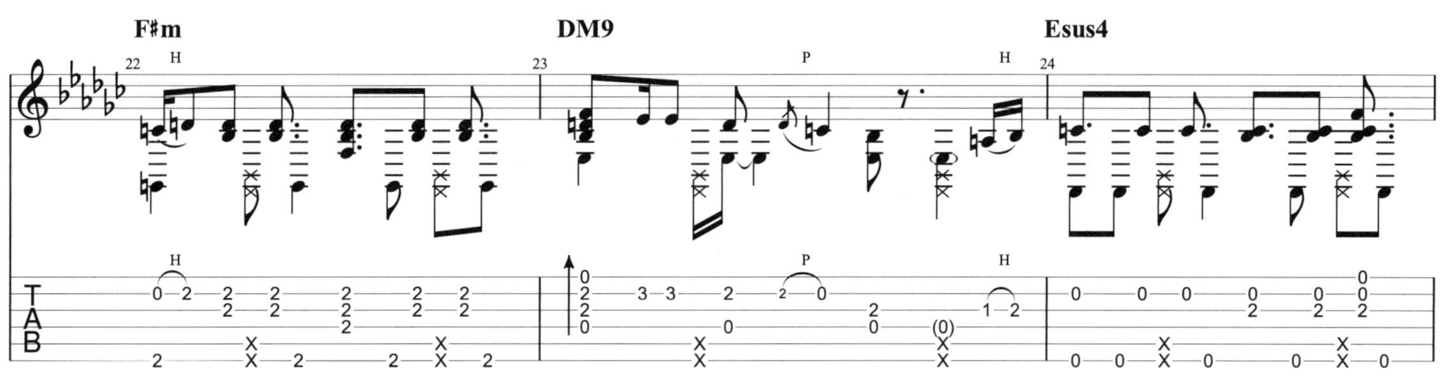

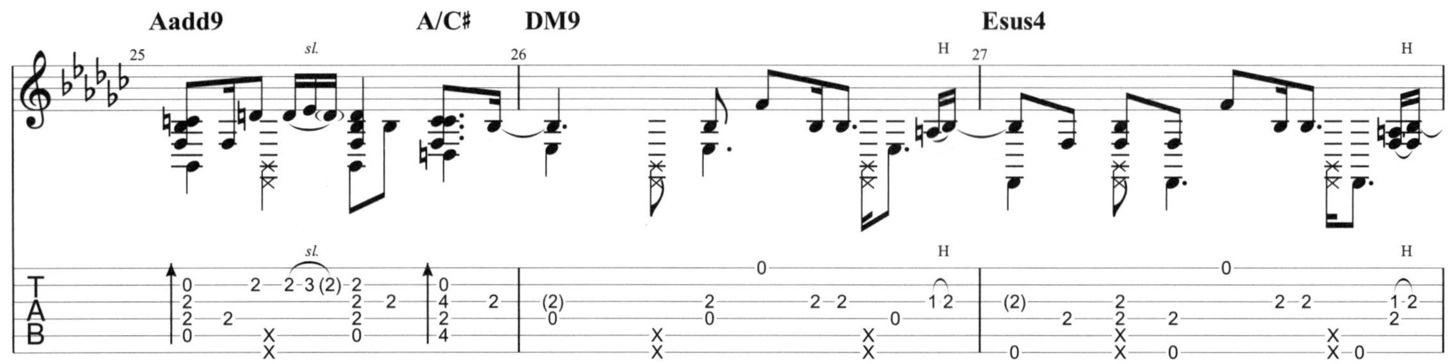

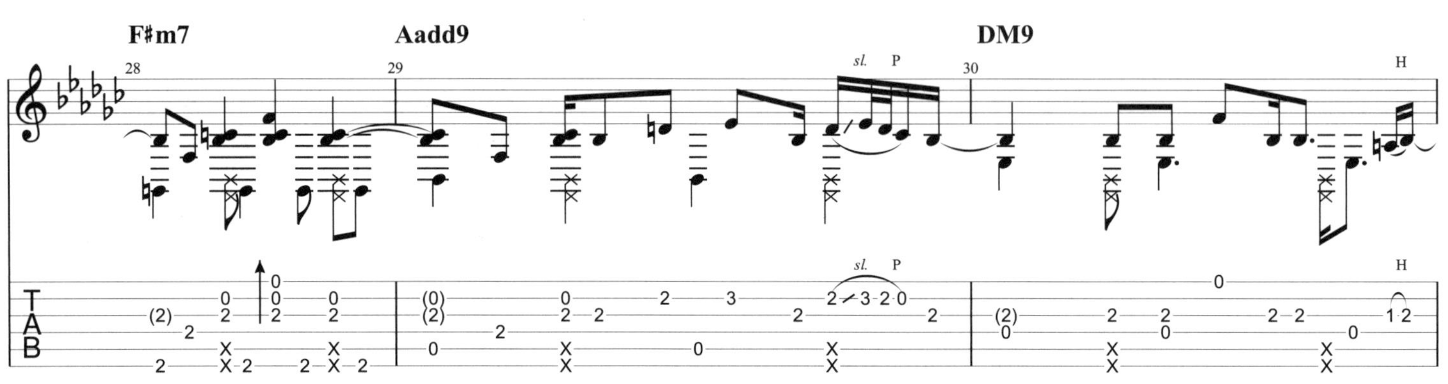

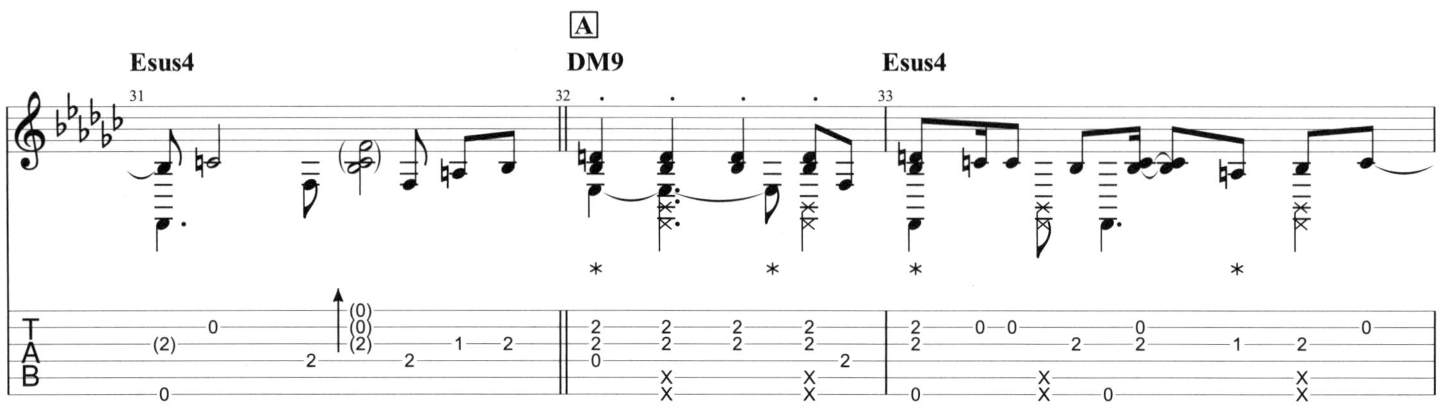

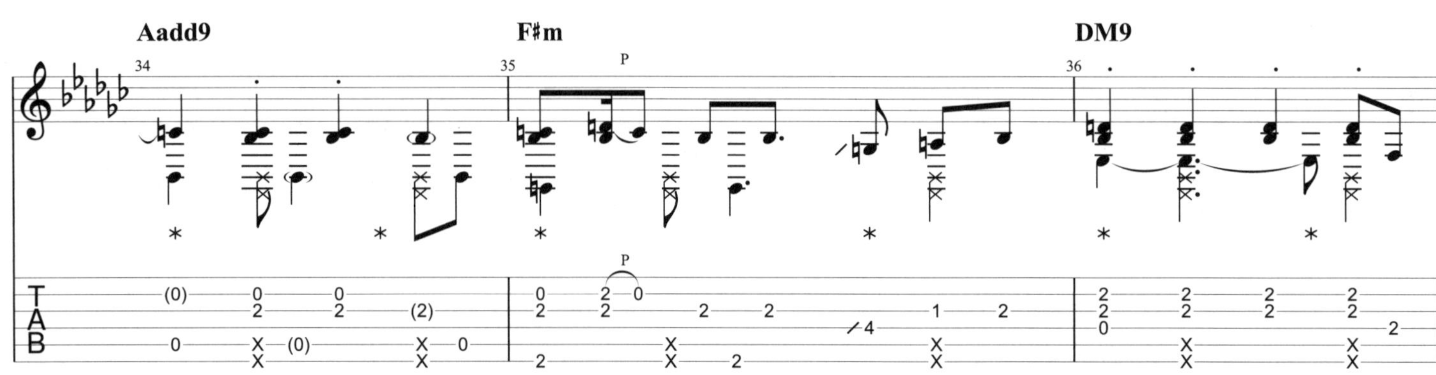

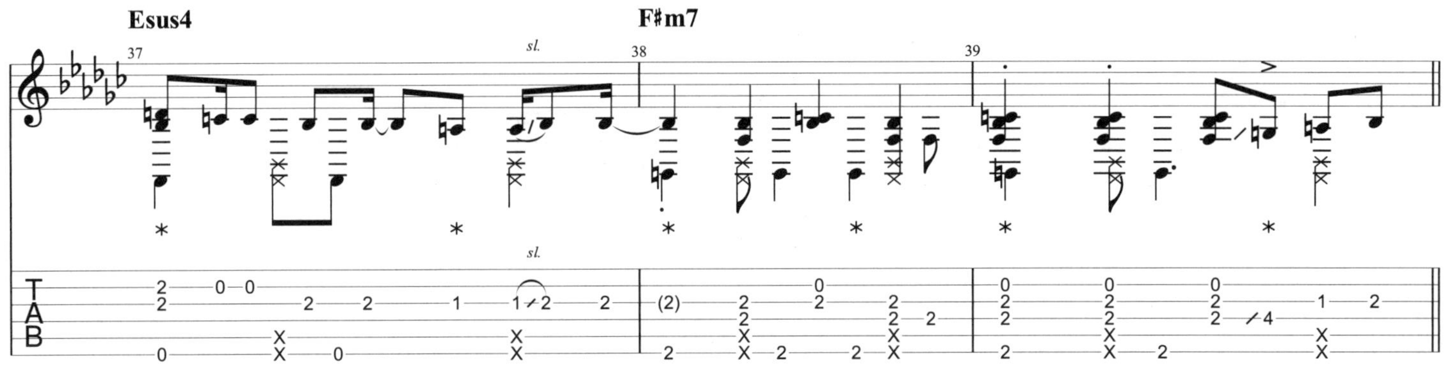

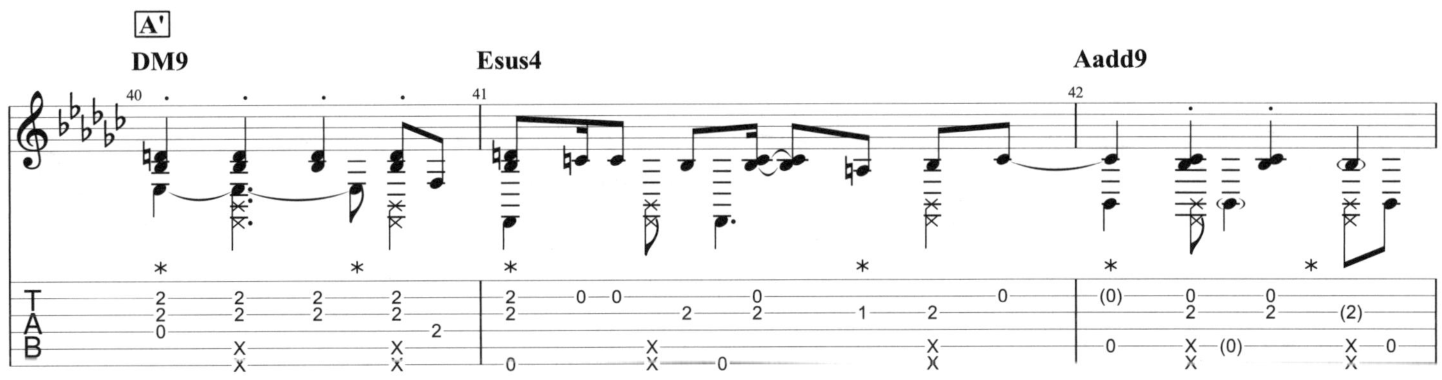

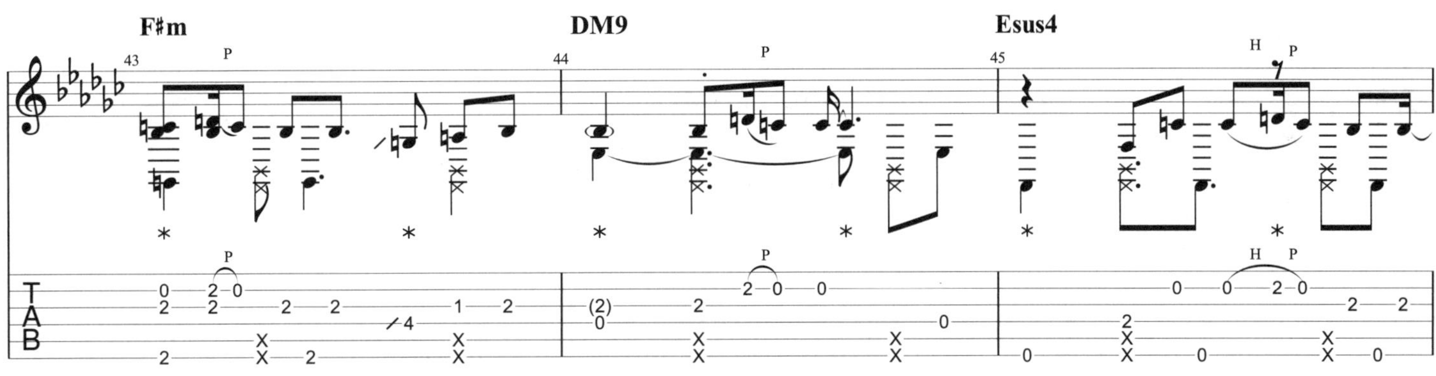

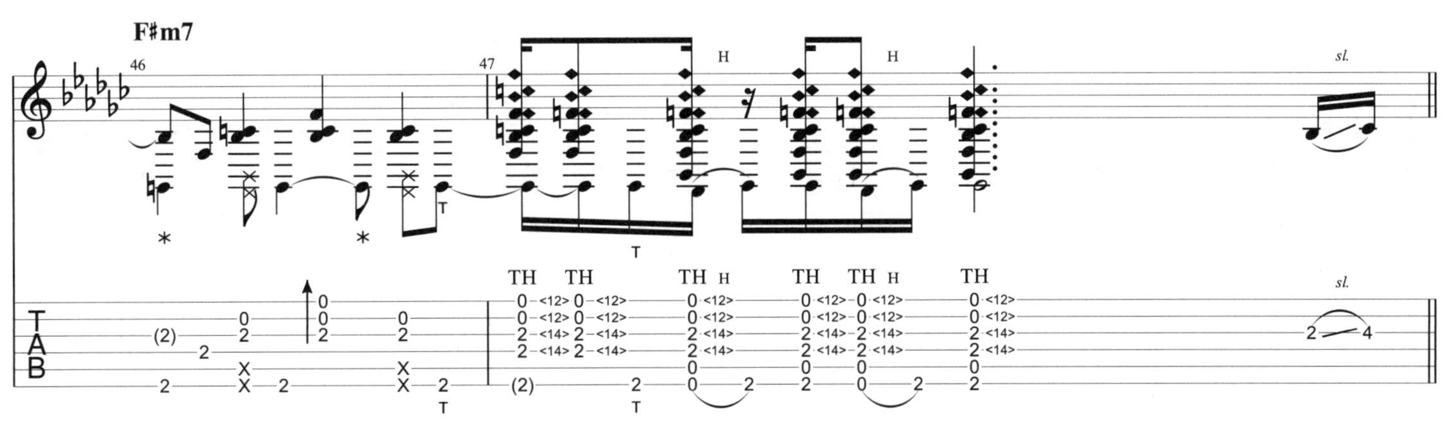

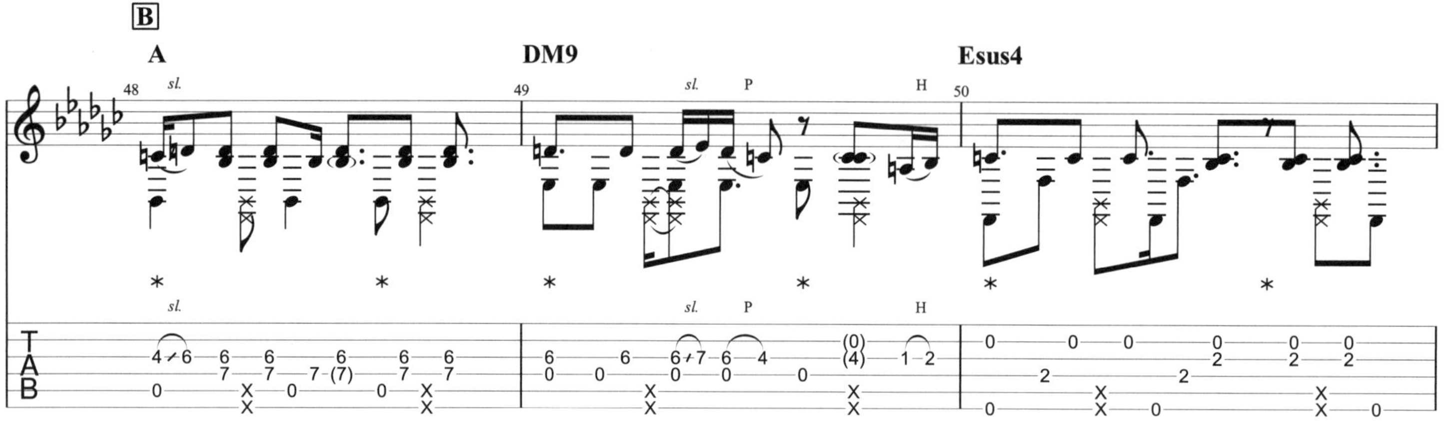

A
DM9
Esus4
48
49
50
sl.
sl.
P
H

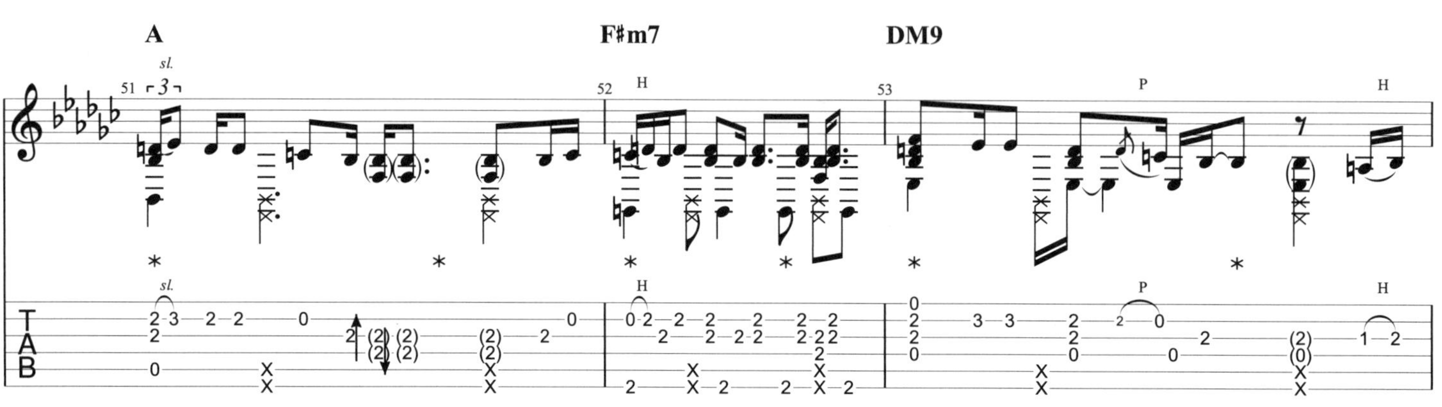

A
F#m7
DM9
51
52
53
sl.
H
P
H

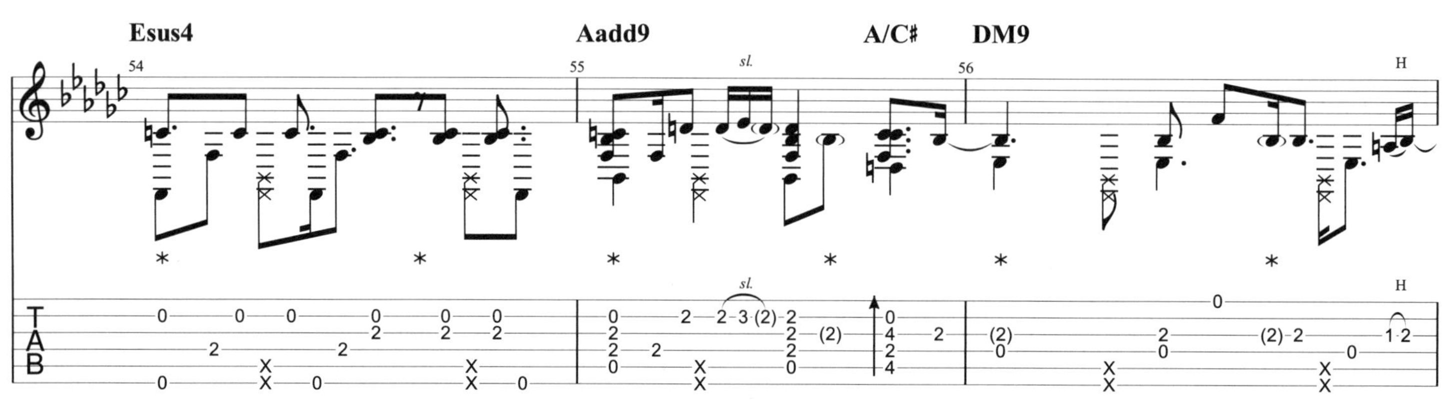

Esus4
Aadd9
A/C#
DM9
54
55
56
sl.
H

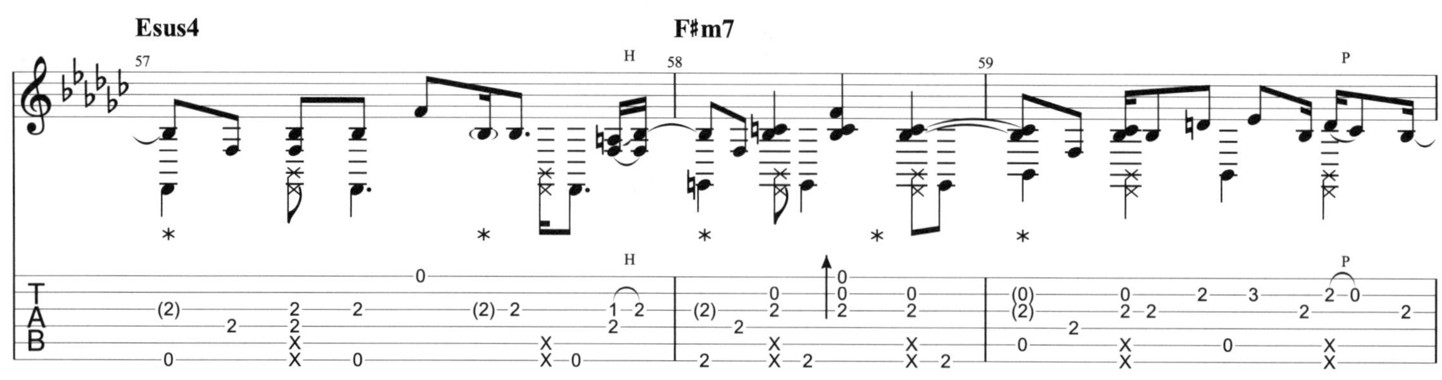

Esus4
F#m7
57
58
59
H
P

DM9
Esus4
C
F#m7
DM9
Esus4
A
F#m7
DM9
Esus4
A
A/C#
D
Esus4
F#m
DM9

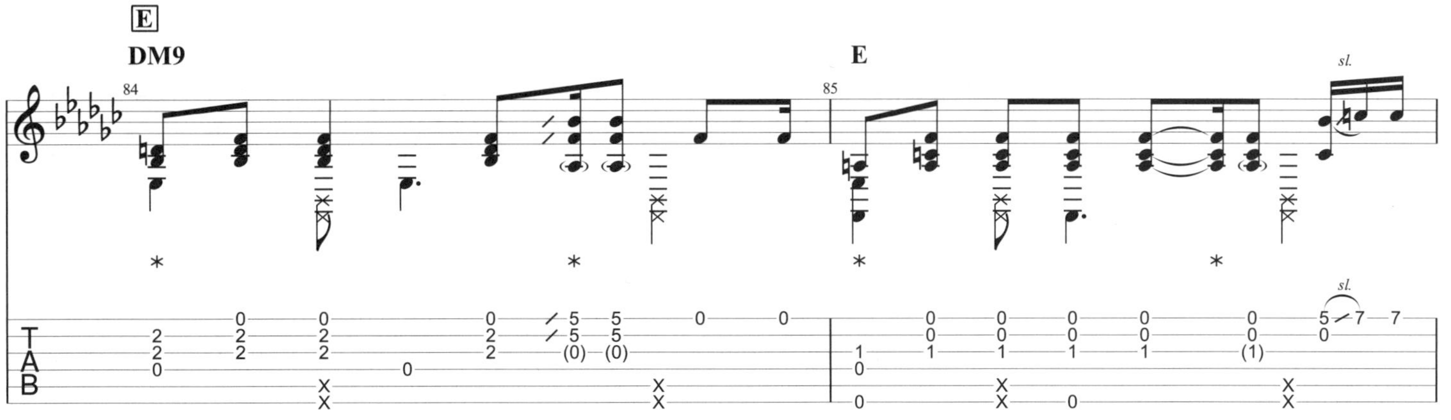
E
DM9
E
sl.

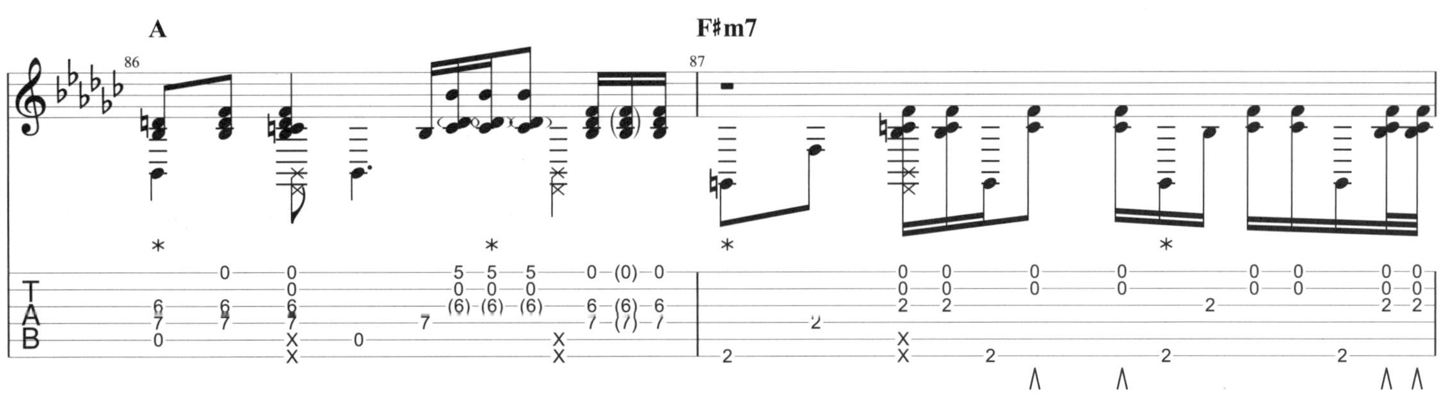
A
F♯m7

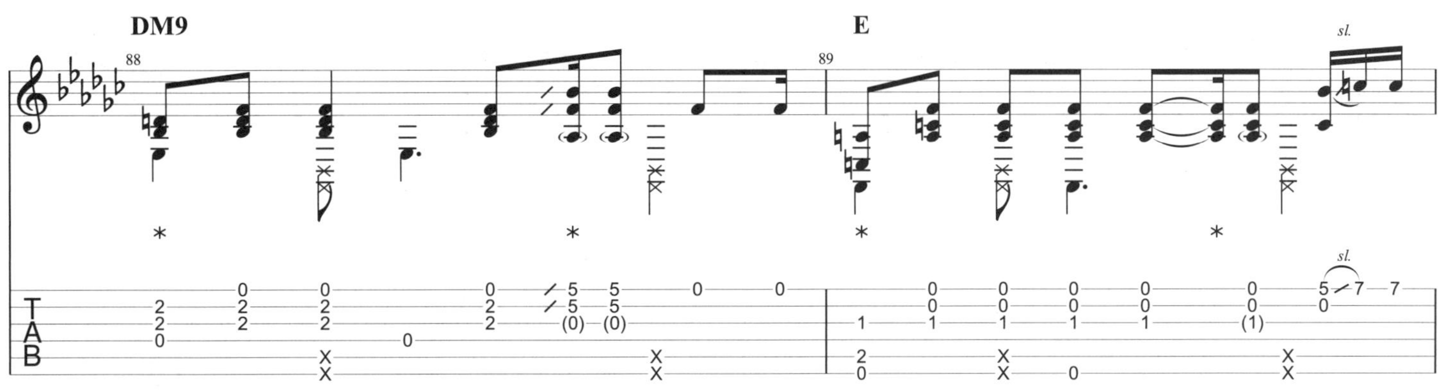
DM9
E
sl.

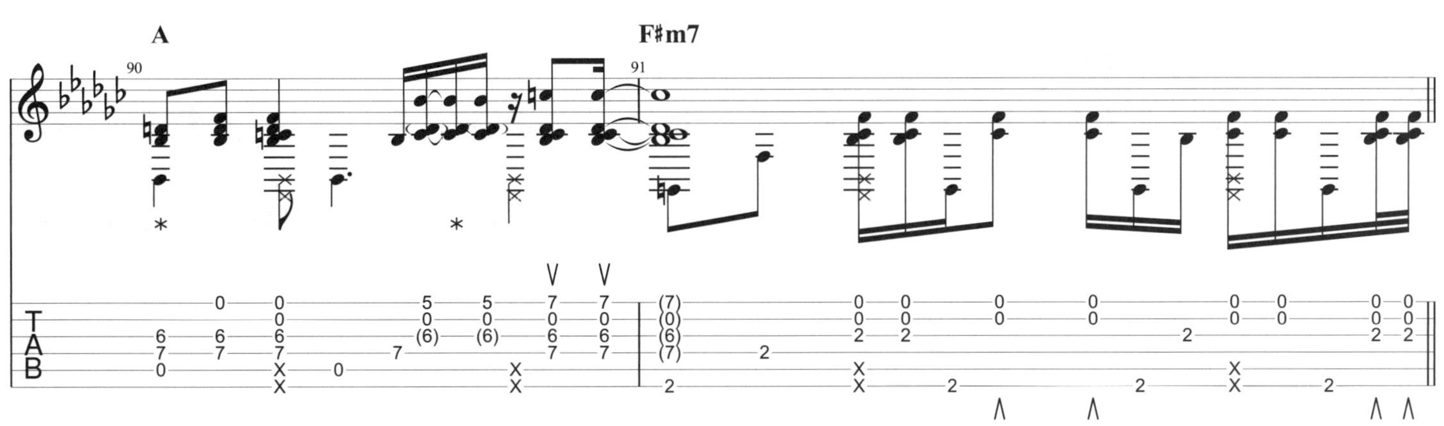
A
F♯m7

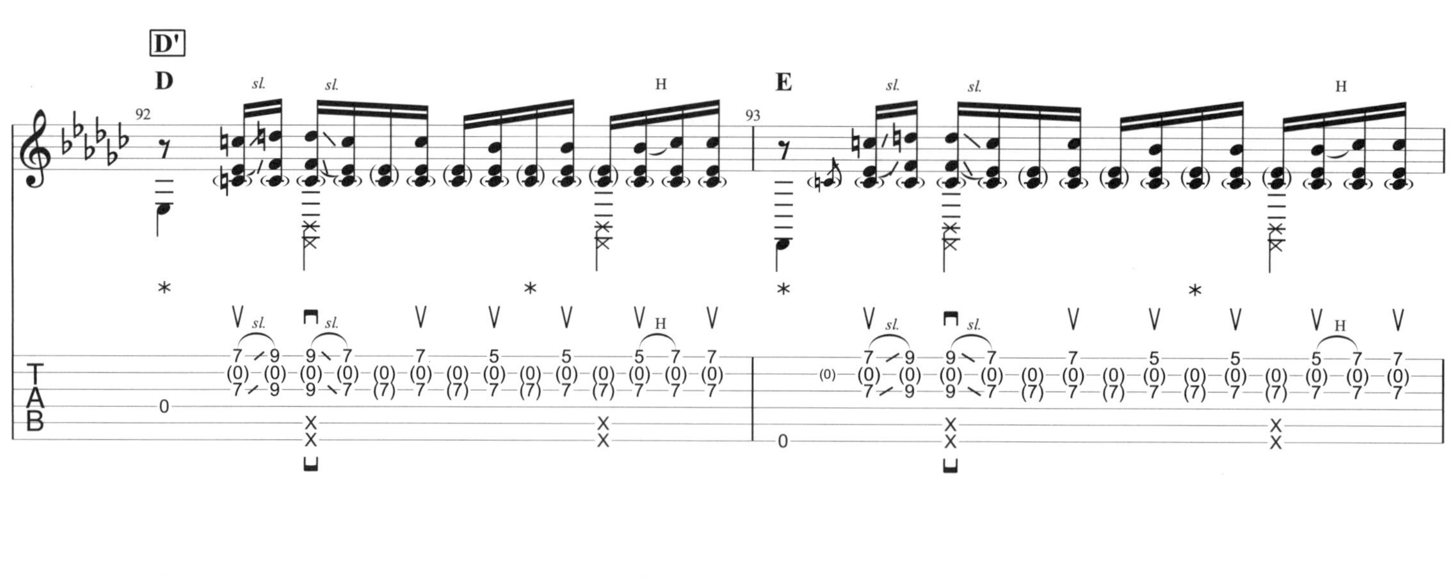

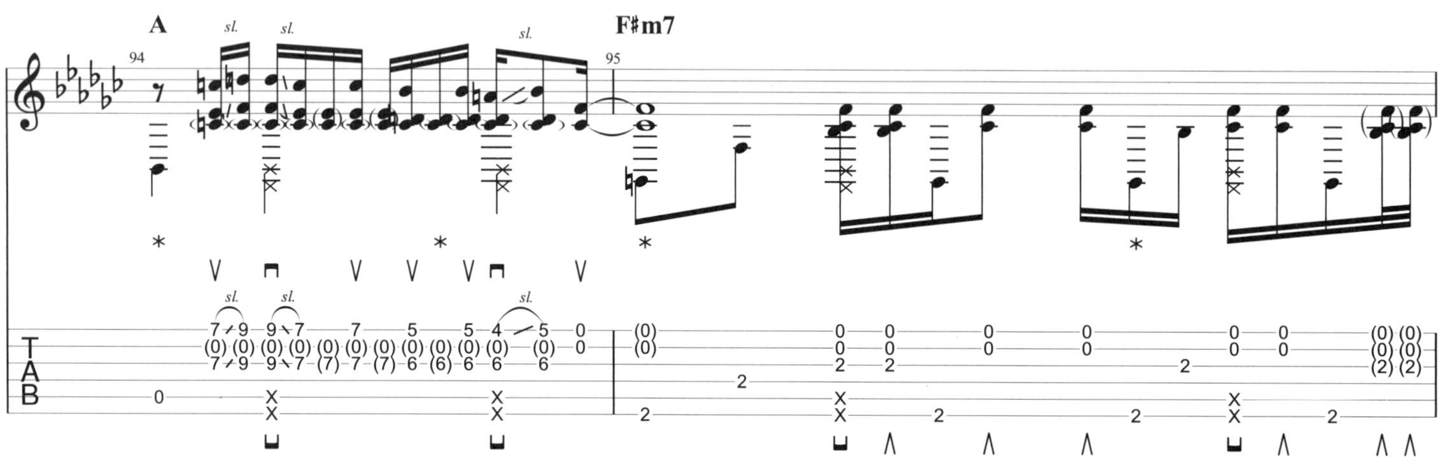

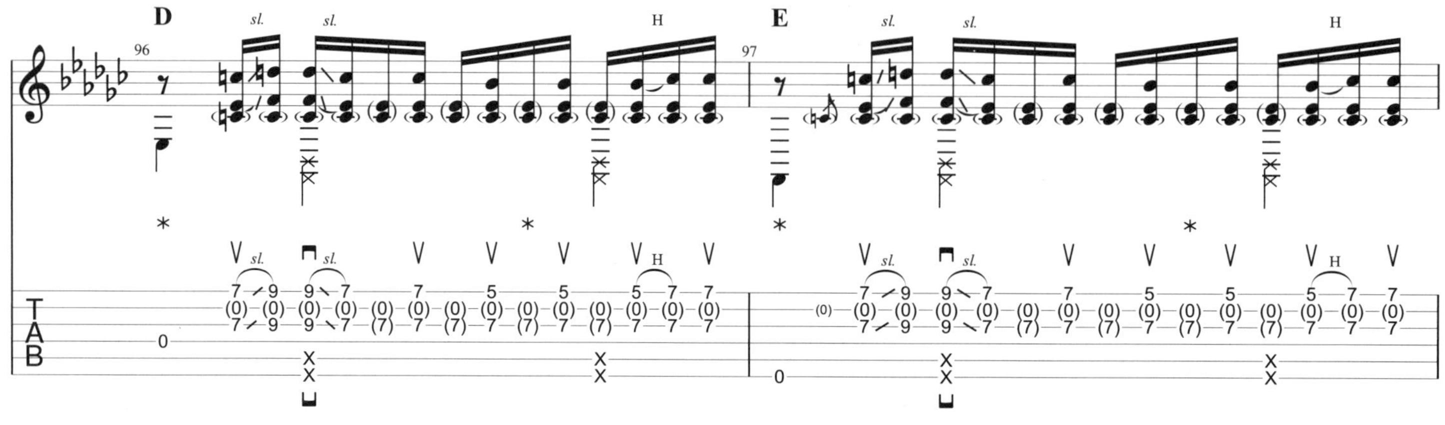

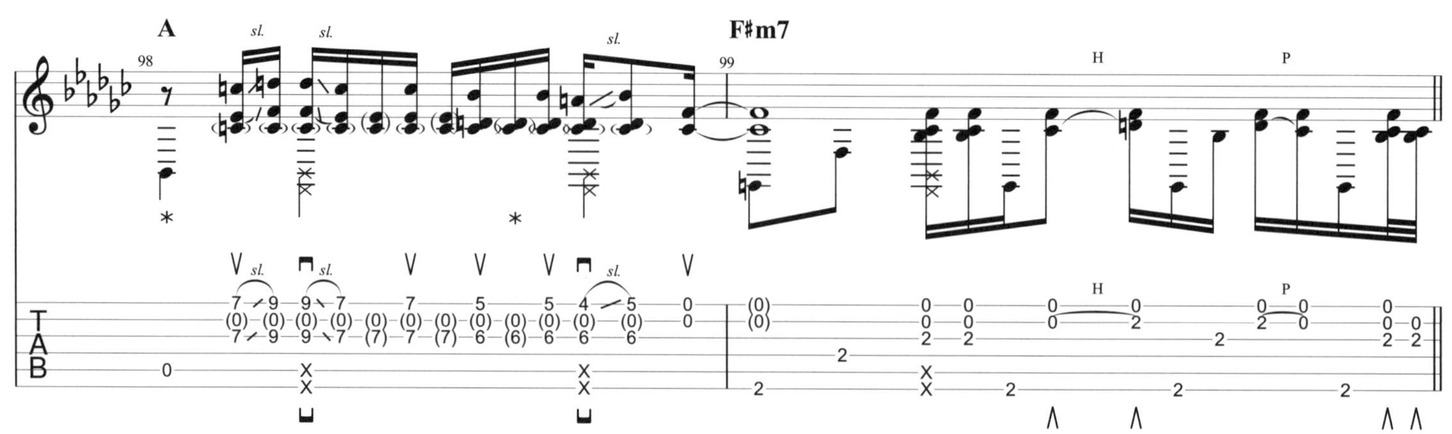

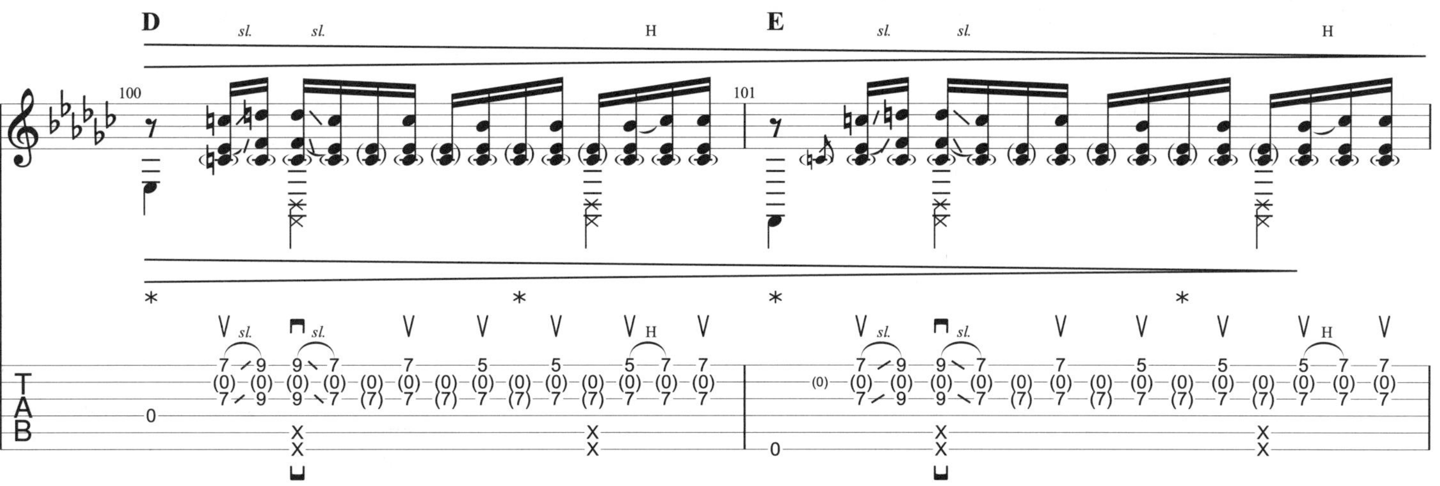

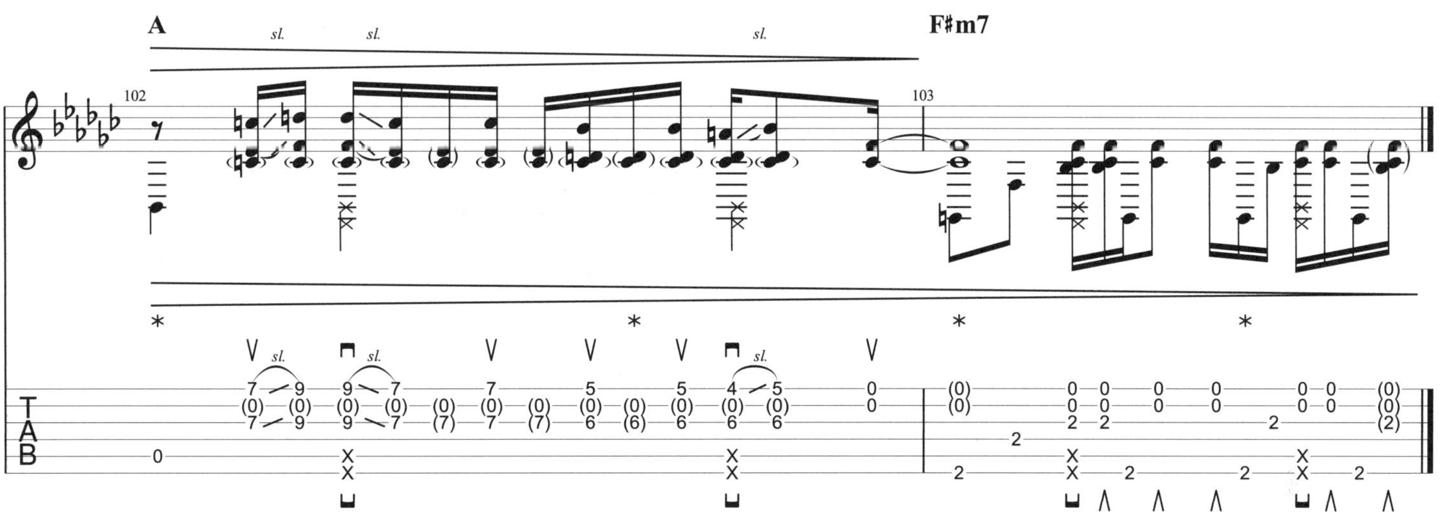

스물 다섯, 스물 하나

자우림 「스물다섯, 스물하나」

노래 자우림
작사 김윤아
작곡 김윤아
채보 GrooveGuitar

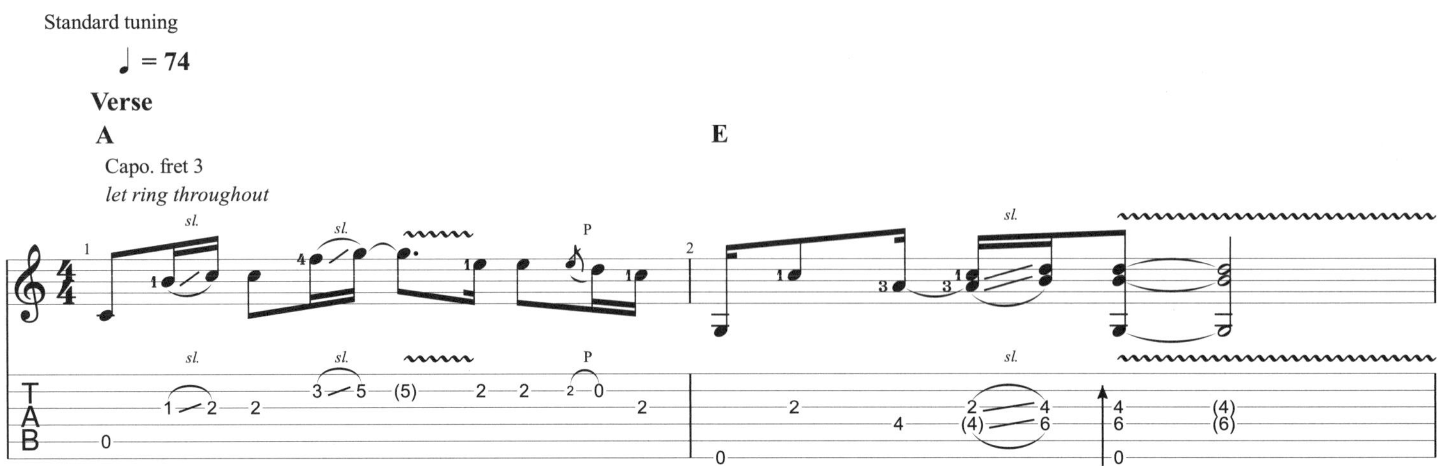

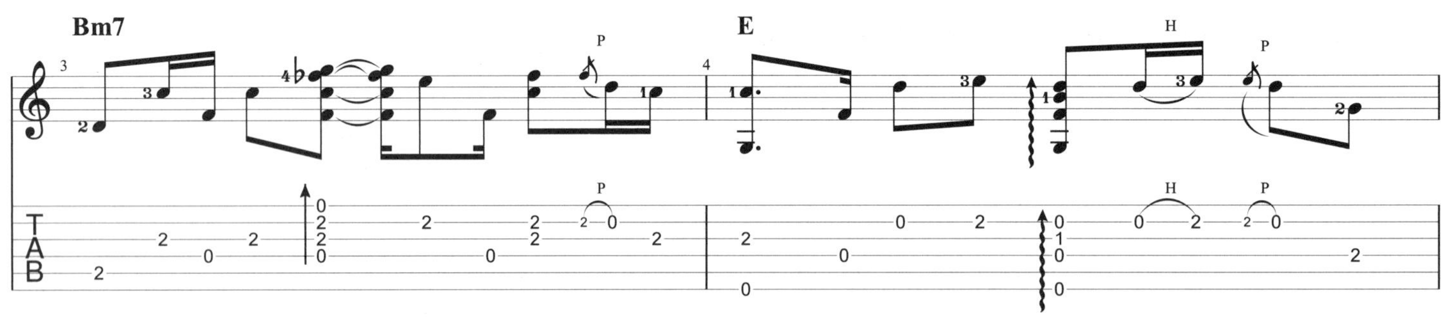

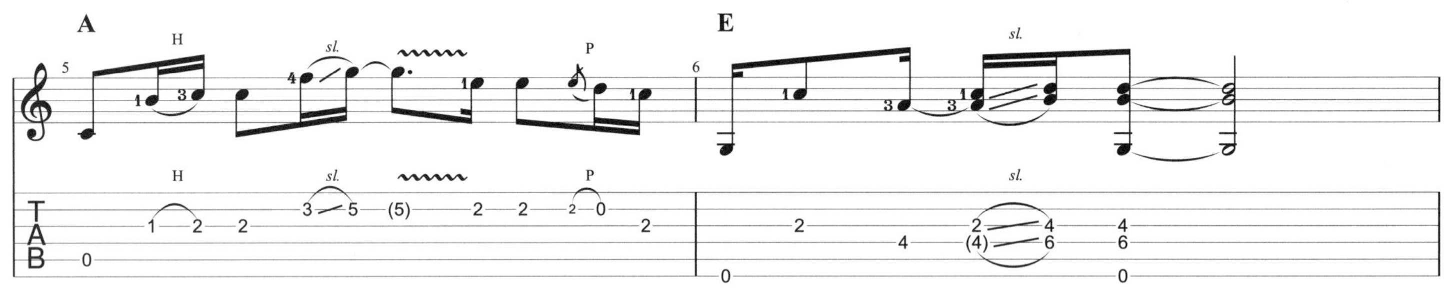

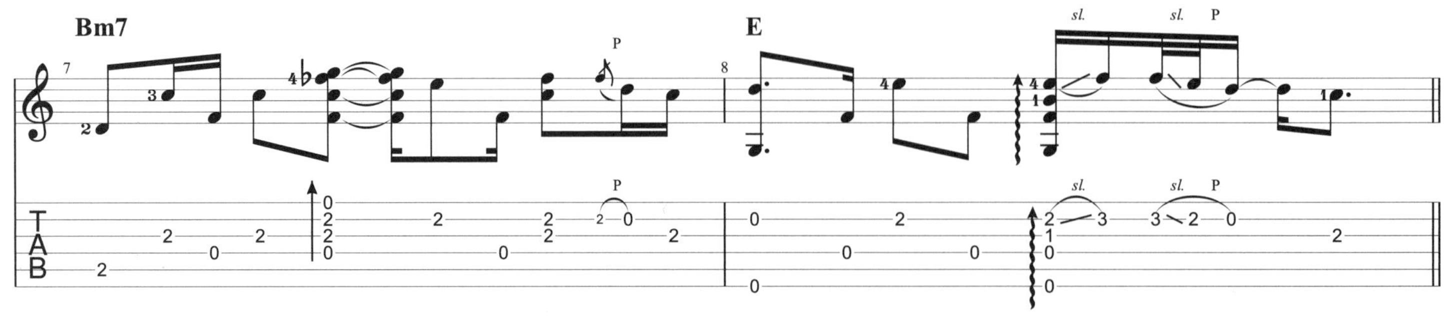

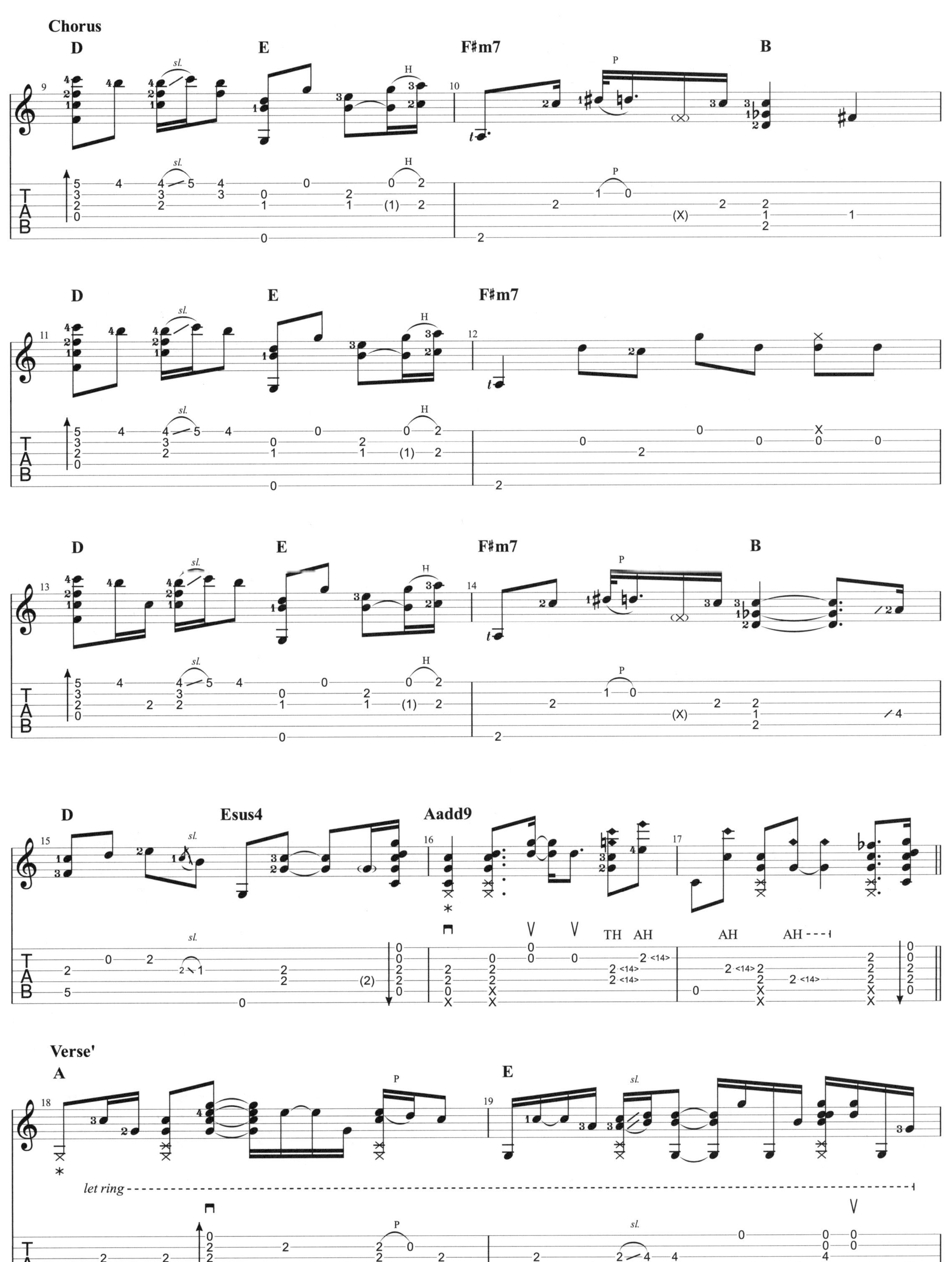

Chorus
D
E
F#m7
B
D
E
F#m7
D
E
F#m7
B
D
Esus4
Aadd9
Verse'
A
E
let ring
스물 다섯, 스물 하나

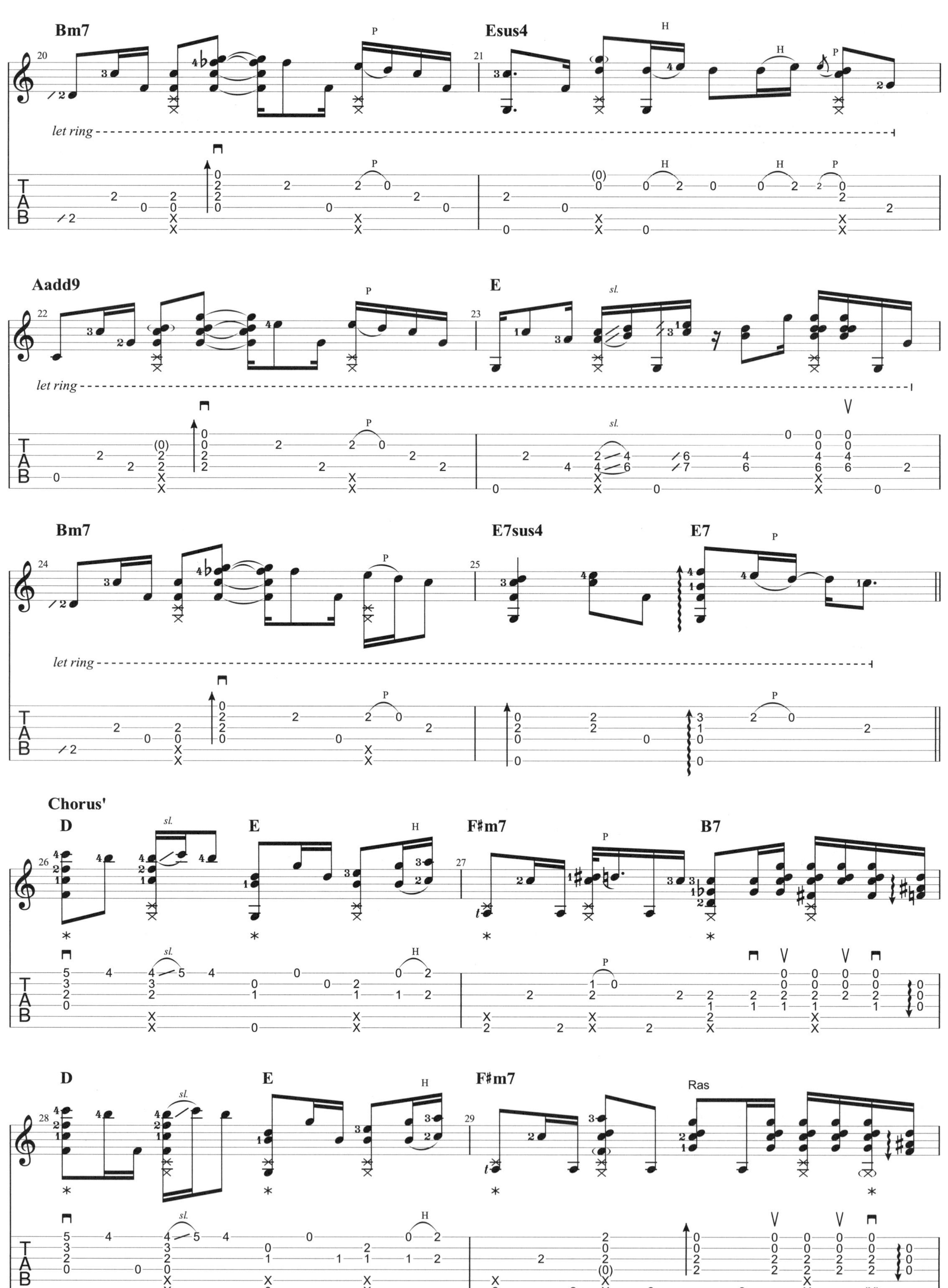

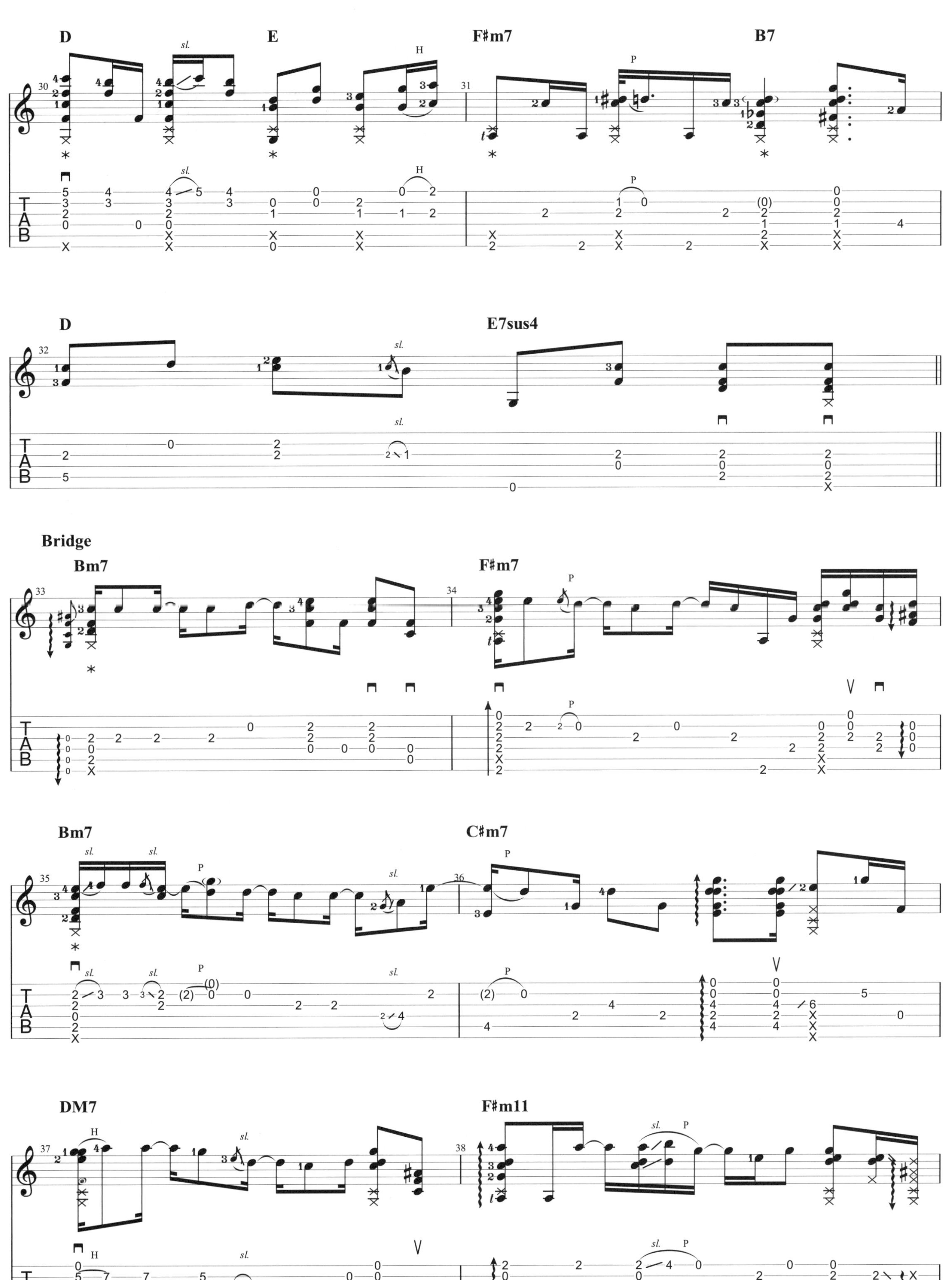

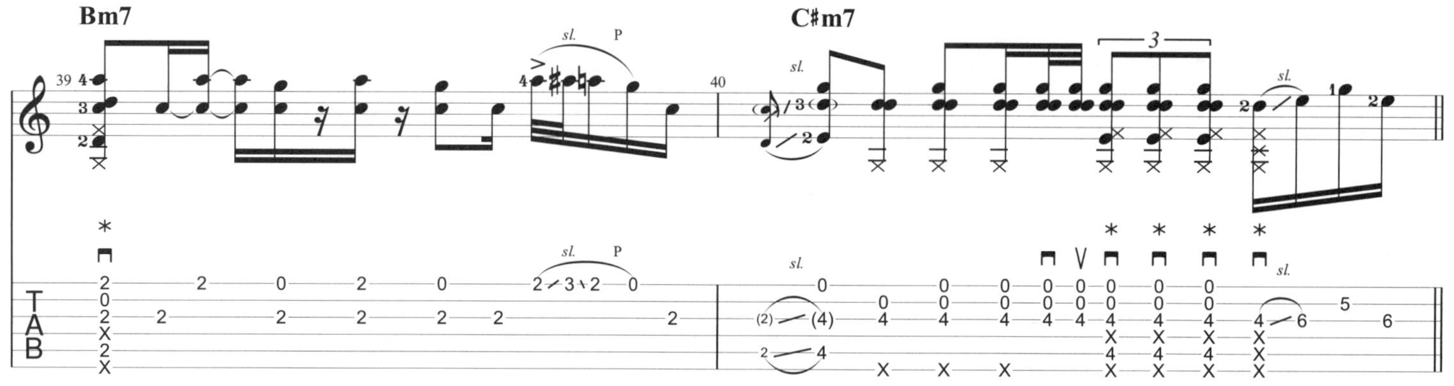

Bm7
C#m7

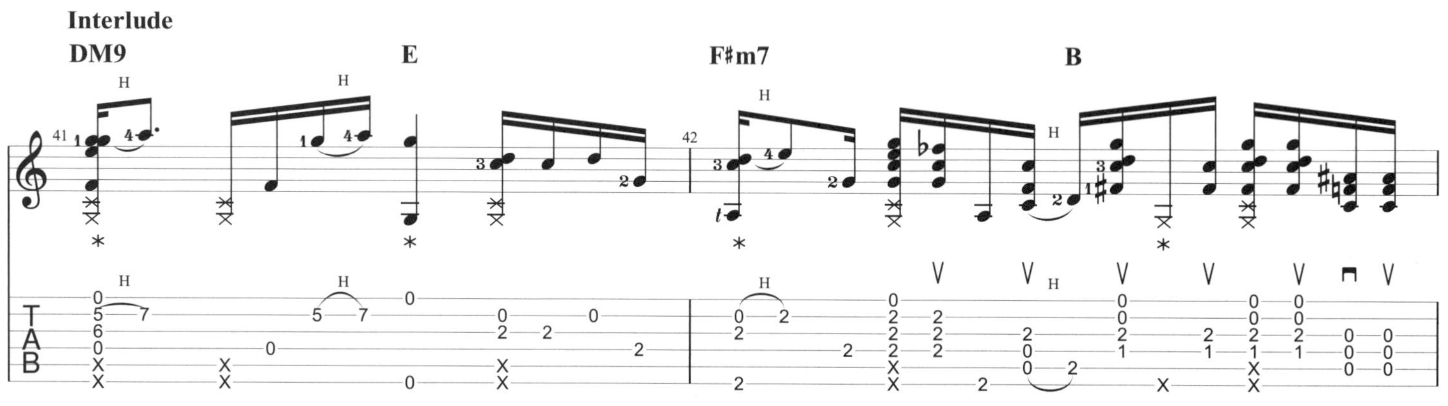

Interlude
DM9
E
F#m7
B

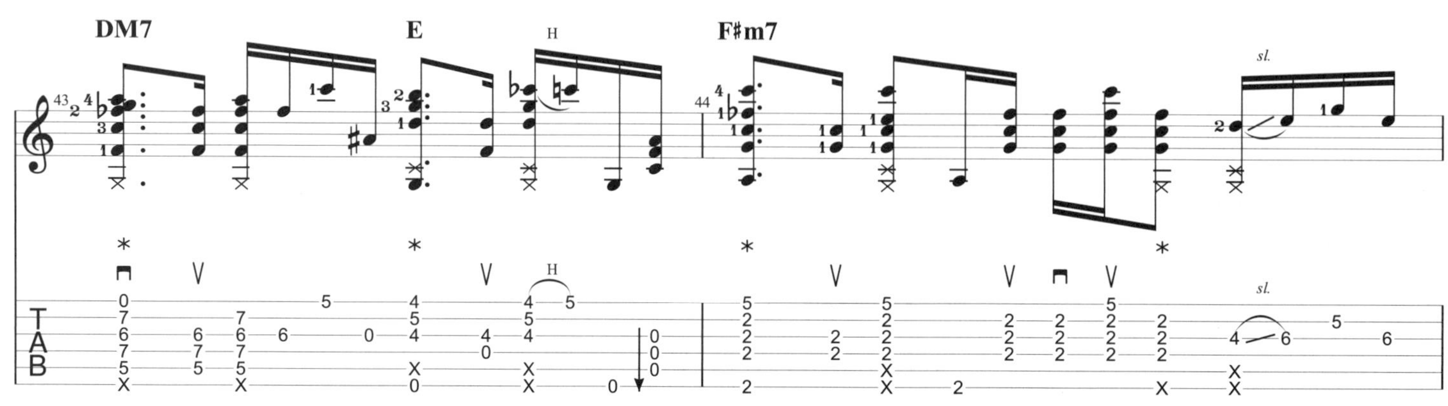

DM7
E
F#m7

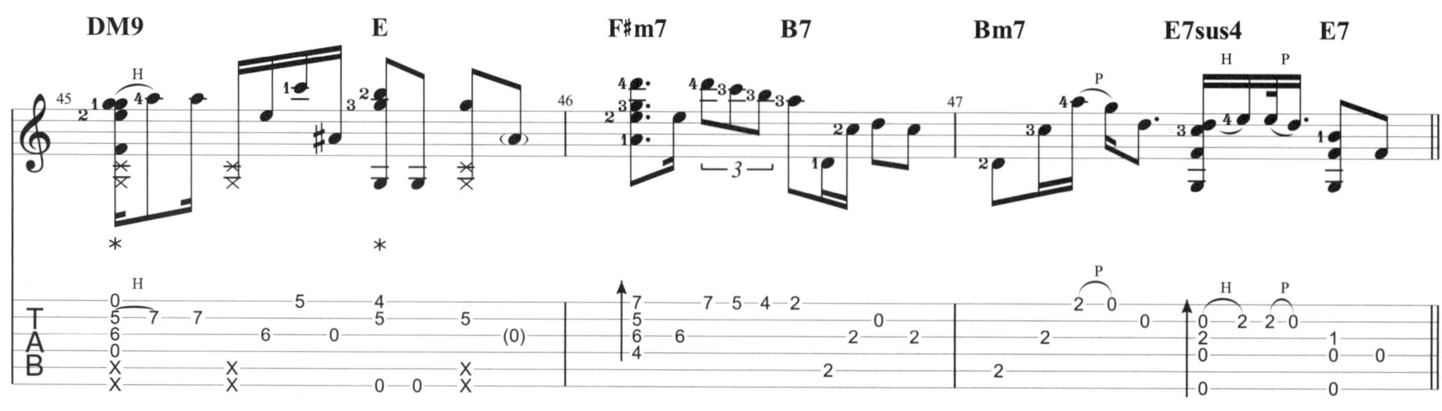

DM9
E
F#m7
B7
Bm7
E7sus4
E7

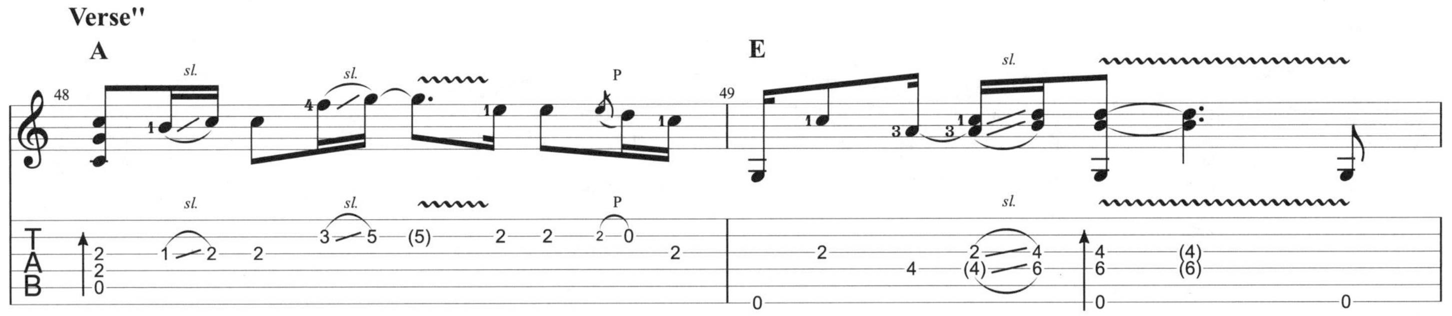

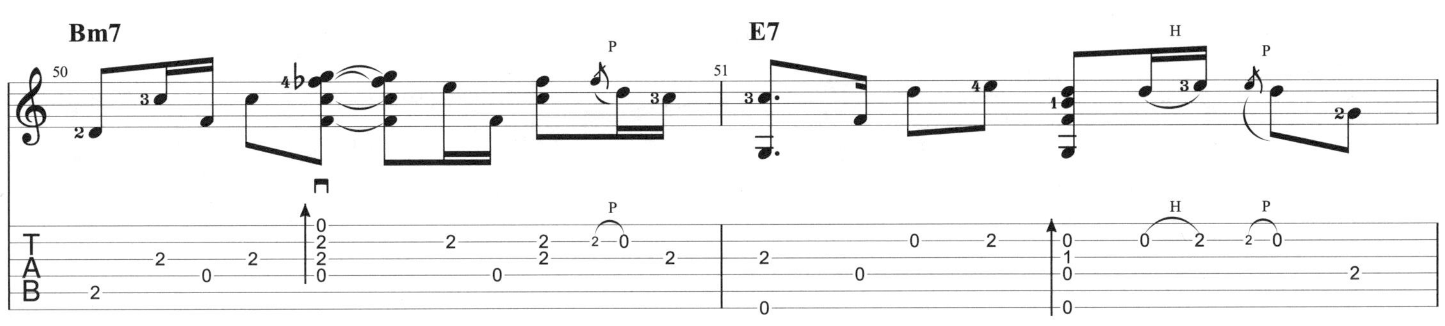

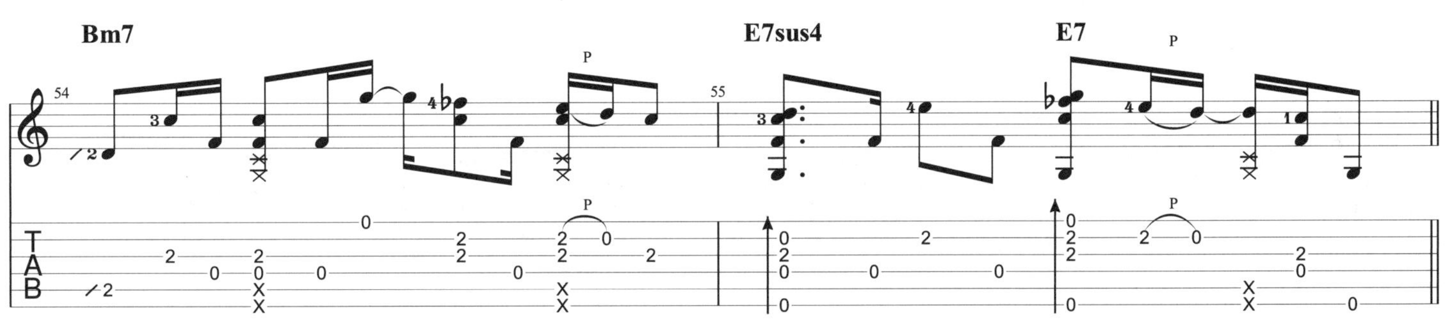

D
E
F#m7
Ras
58
59

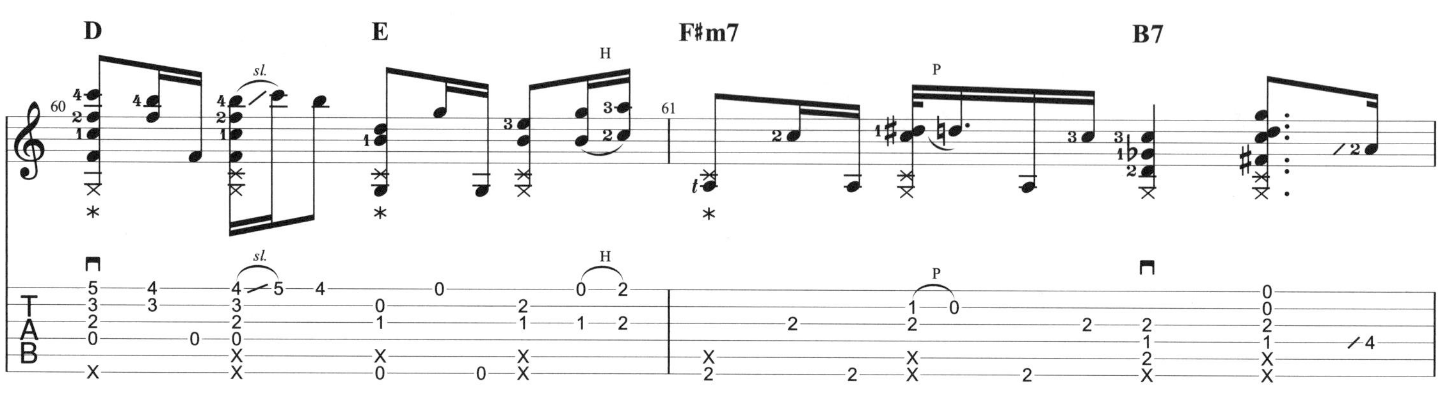

D
E
F#m7
B7
60
61

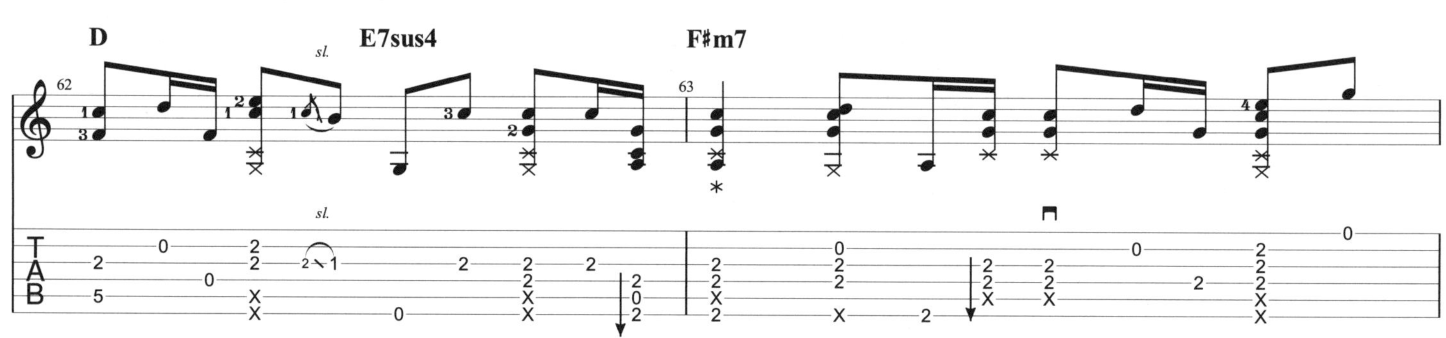

D
E7sus4
F#m7
62
63

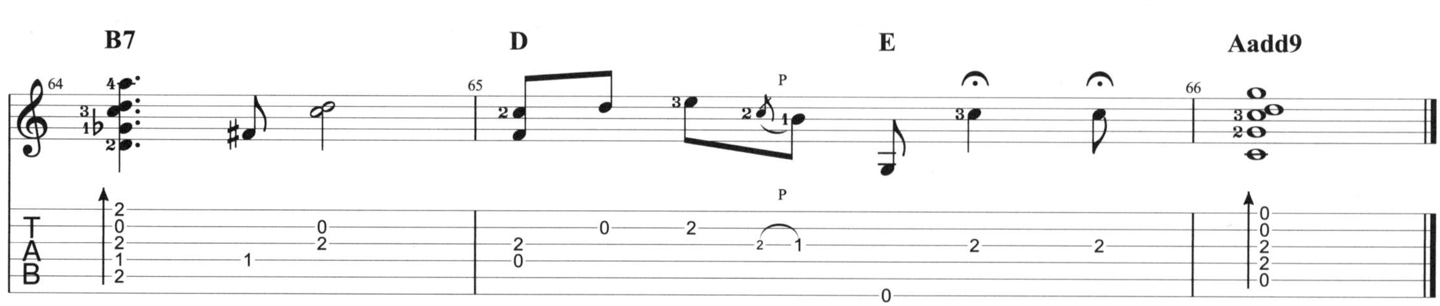

B7
D
E
Aadd9
64
65
66

Flower Dance

꽃춤

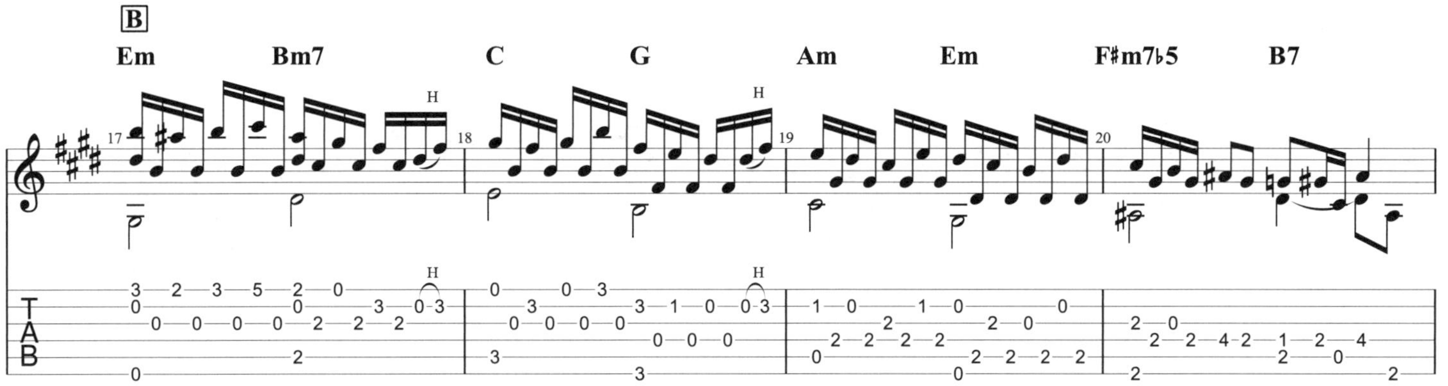

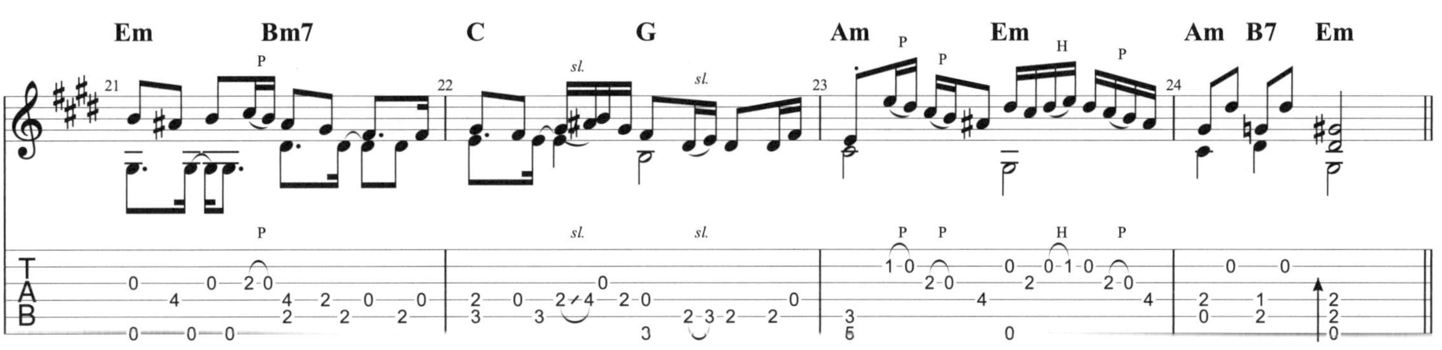

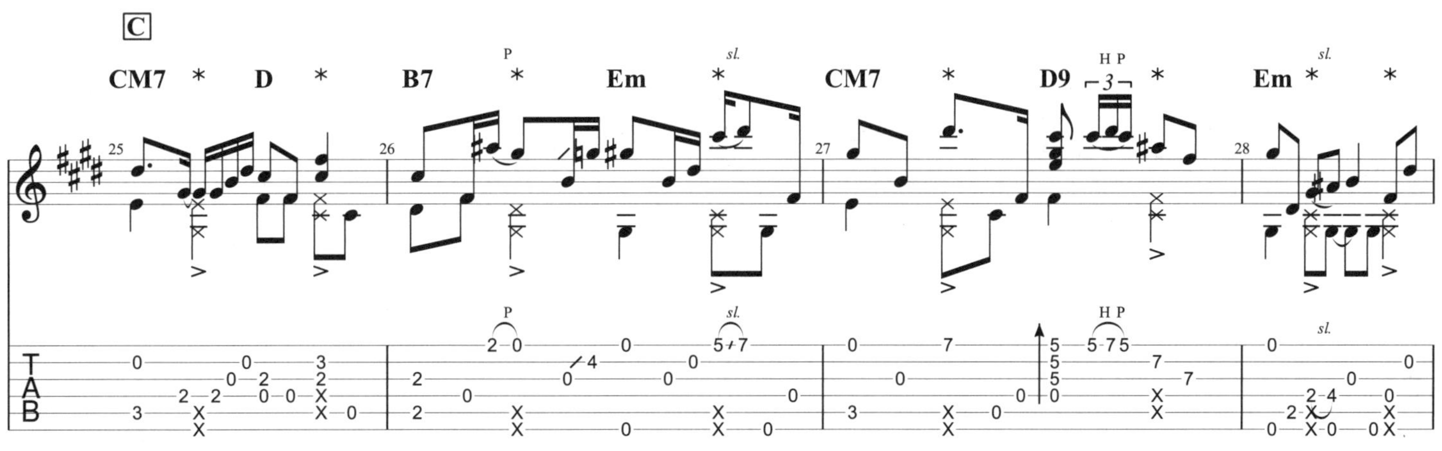

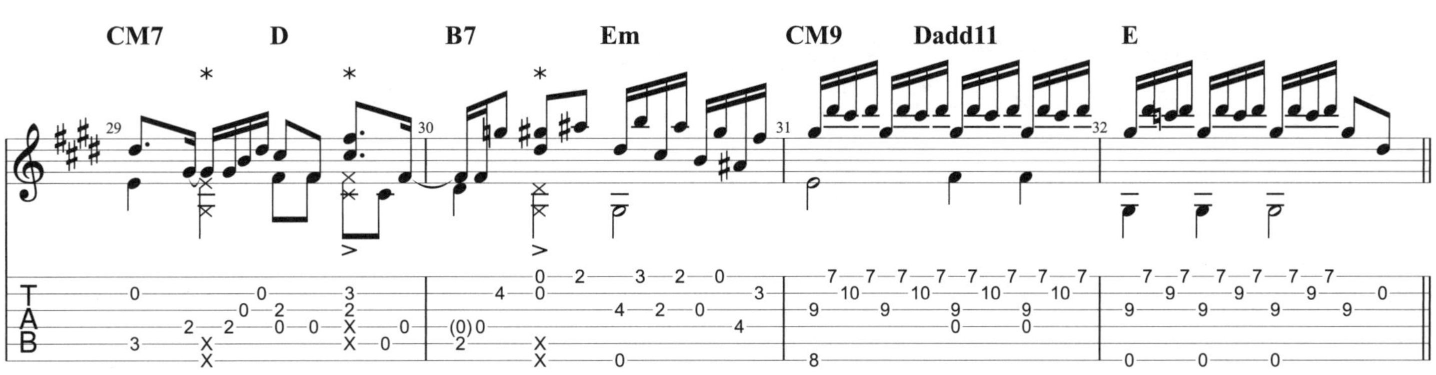

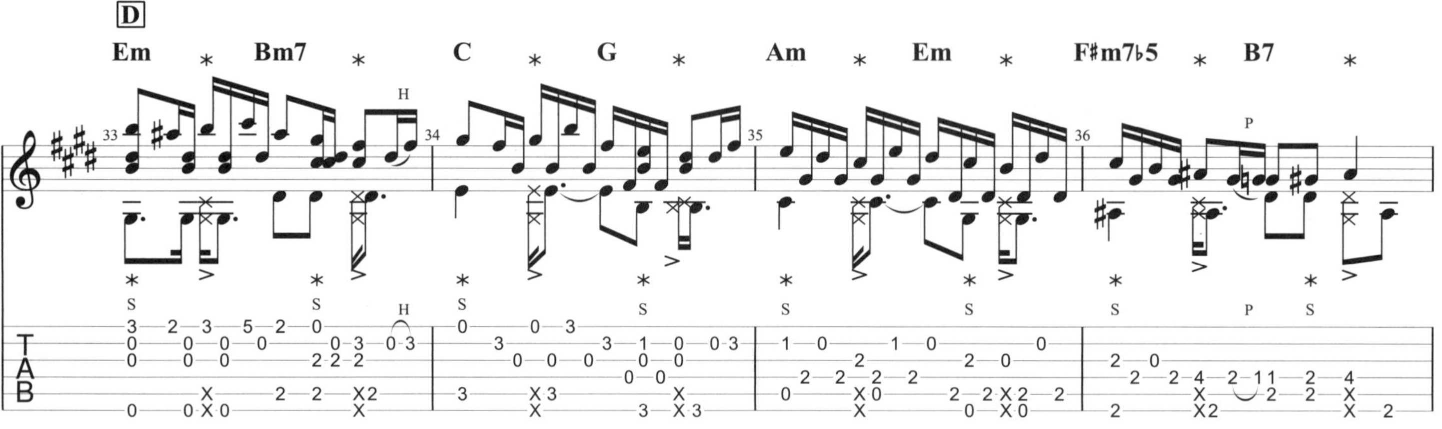

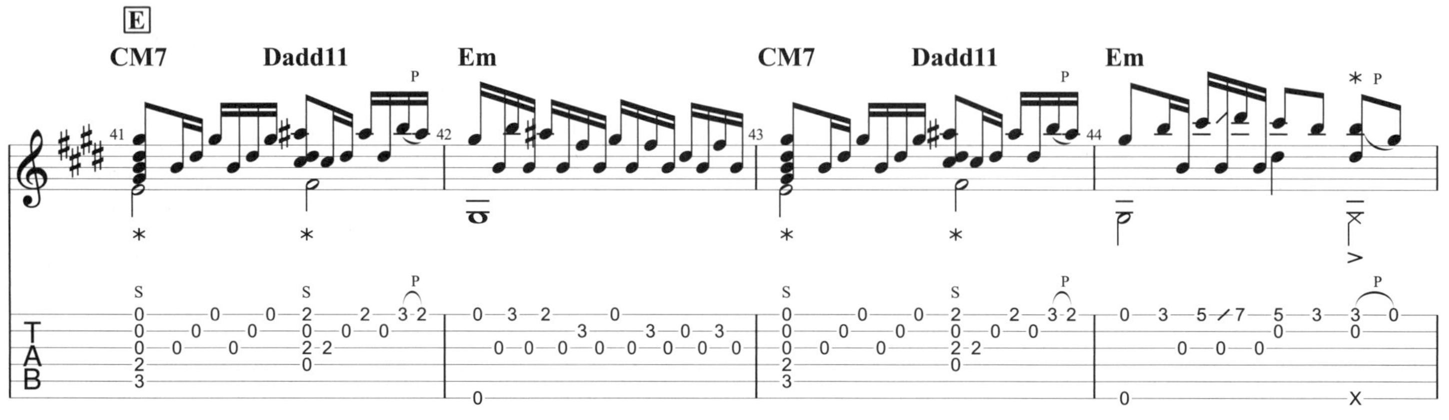

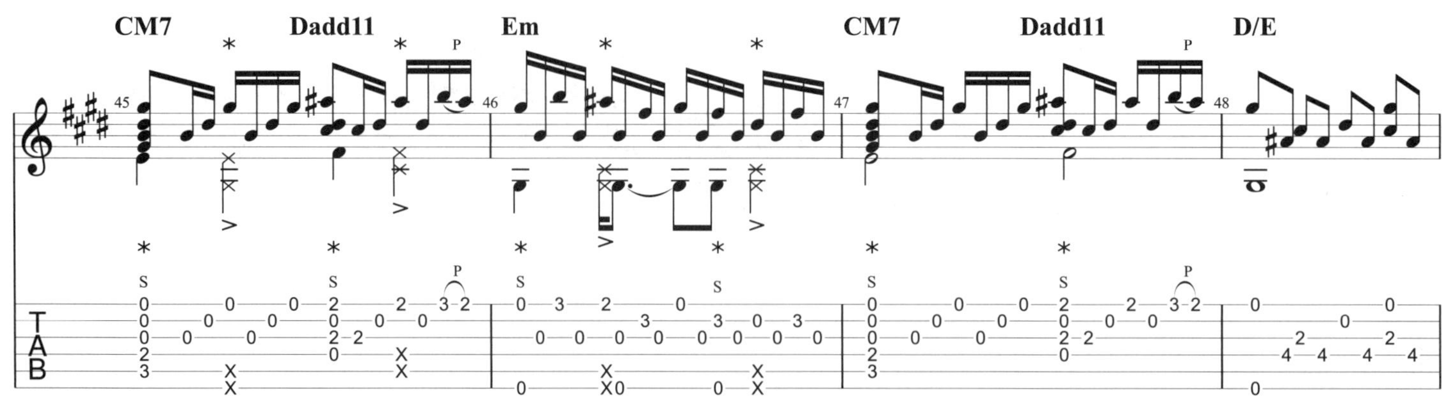

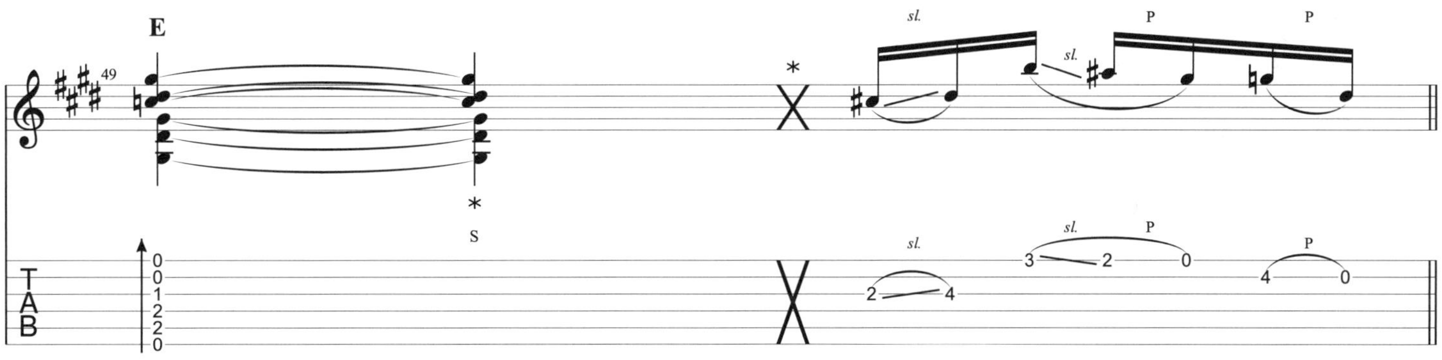

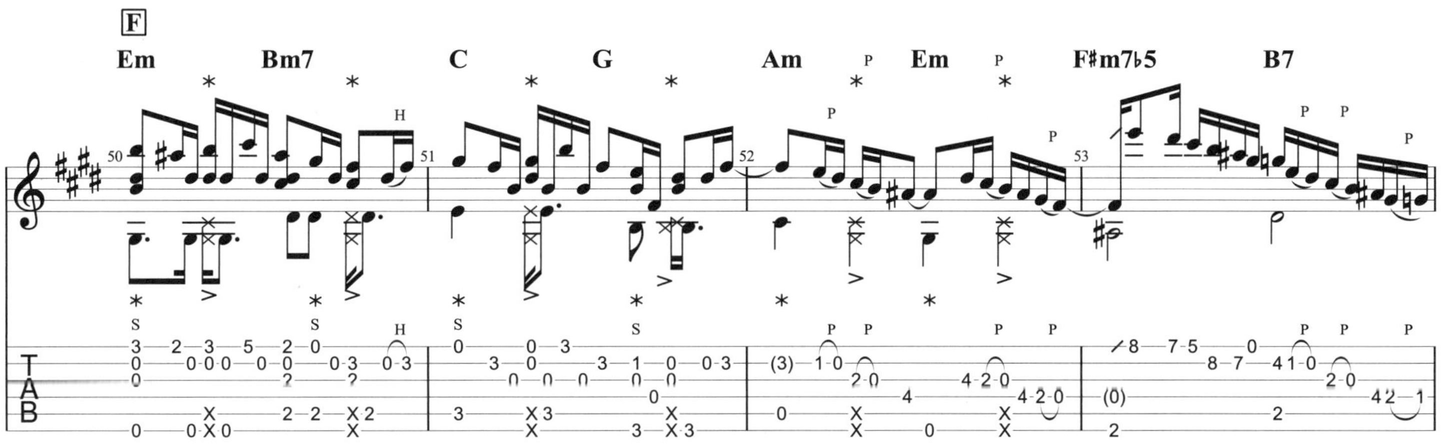

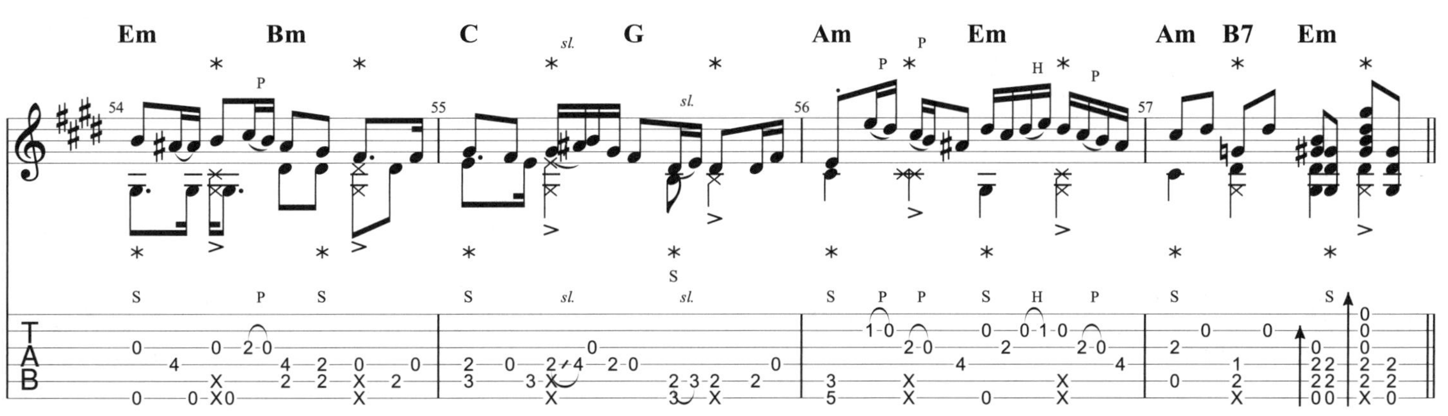

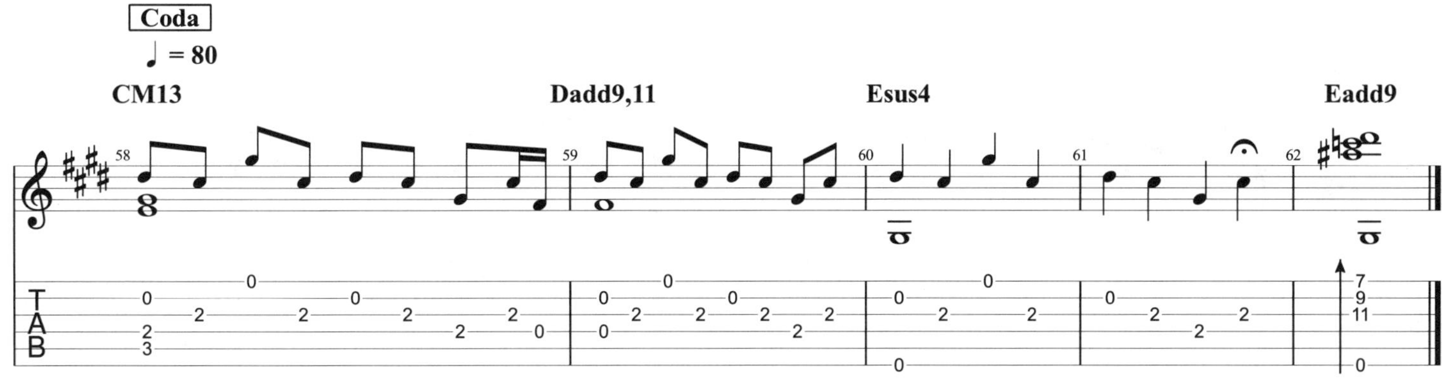

라라라

SG워너비 「라라라」

노래 SG워너비
작사 안영민
작곡 조영수
채보 GrooveGuitar

Standard tuning

♩ = 60

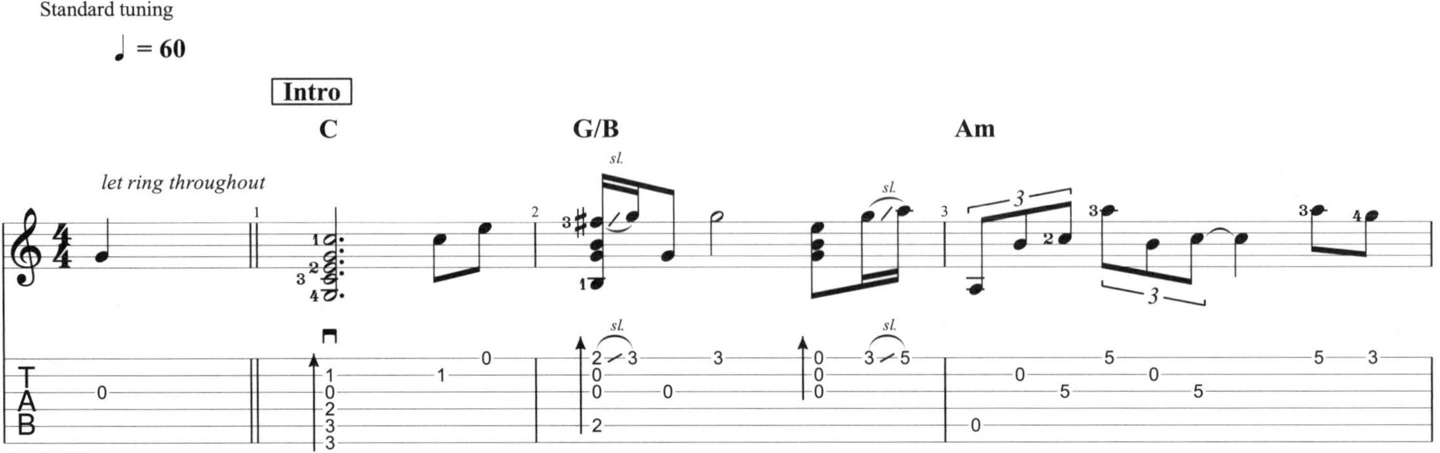

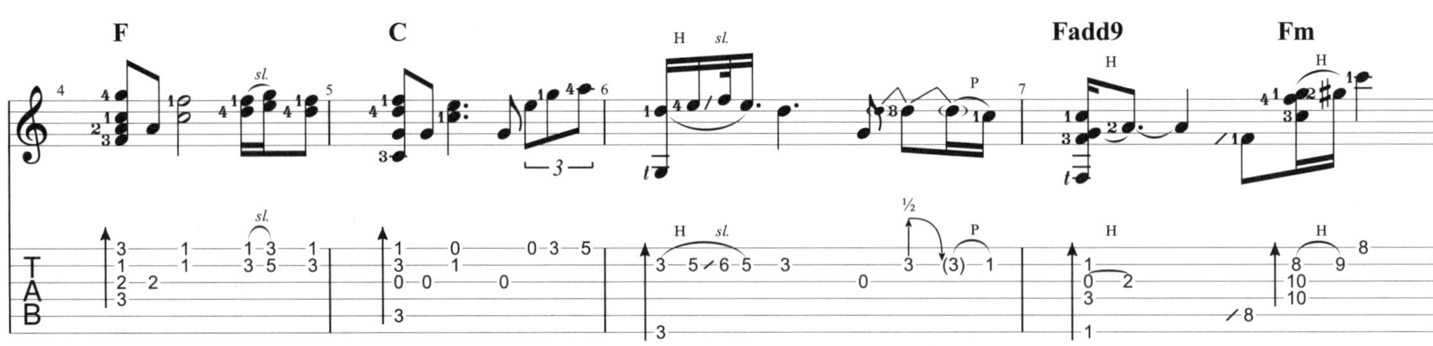

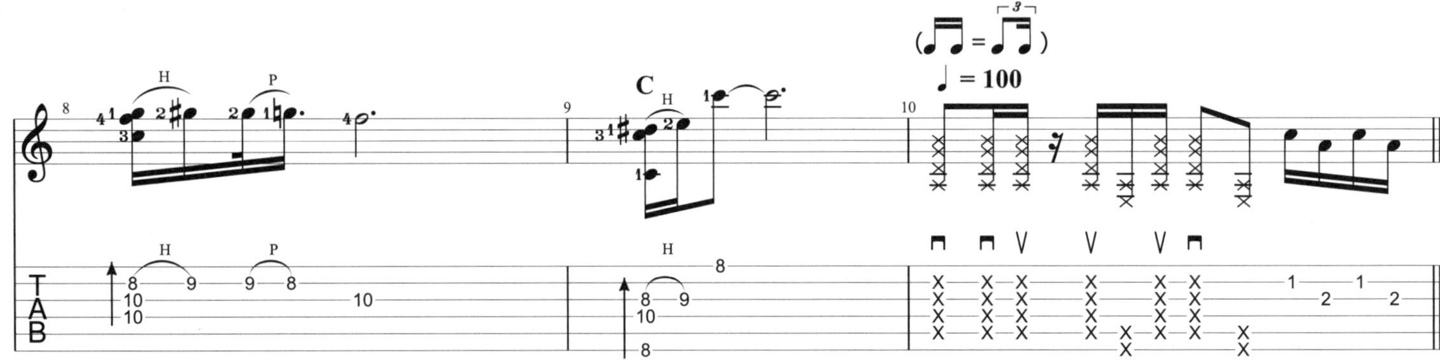

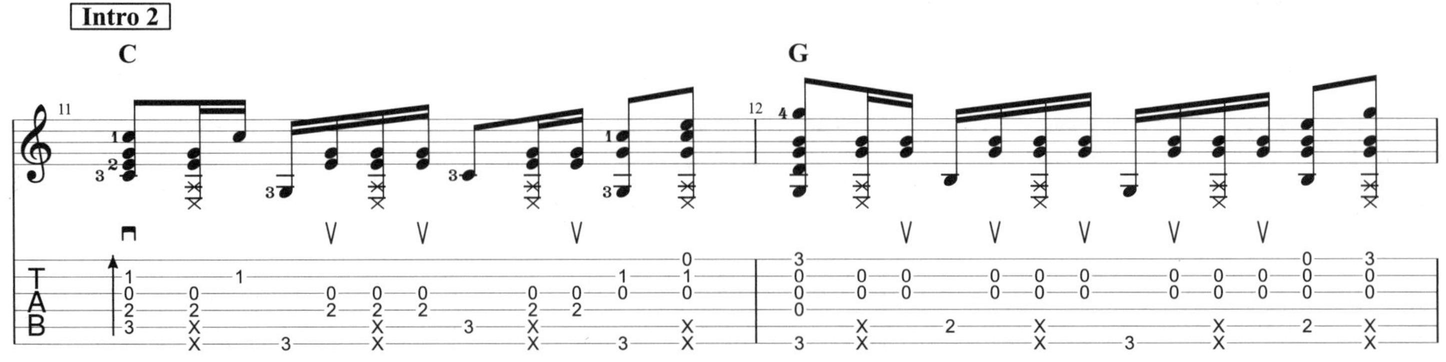

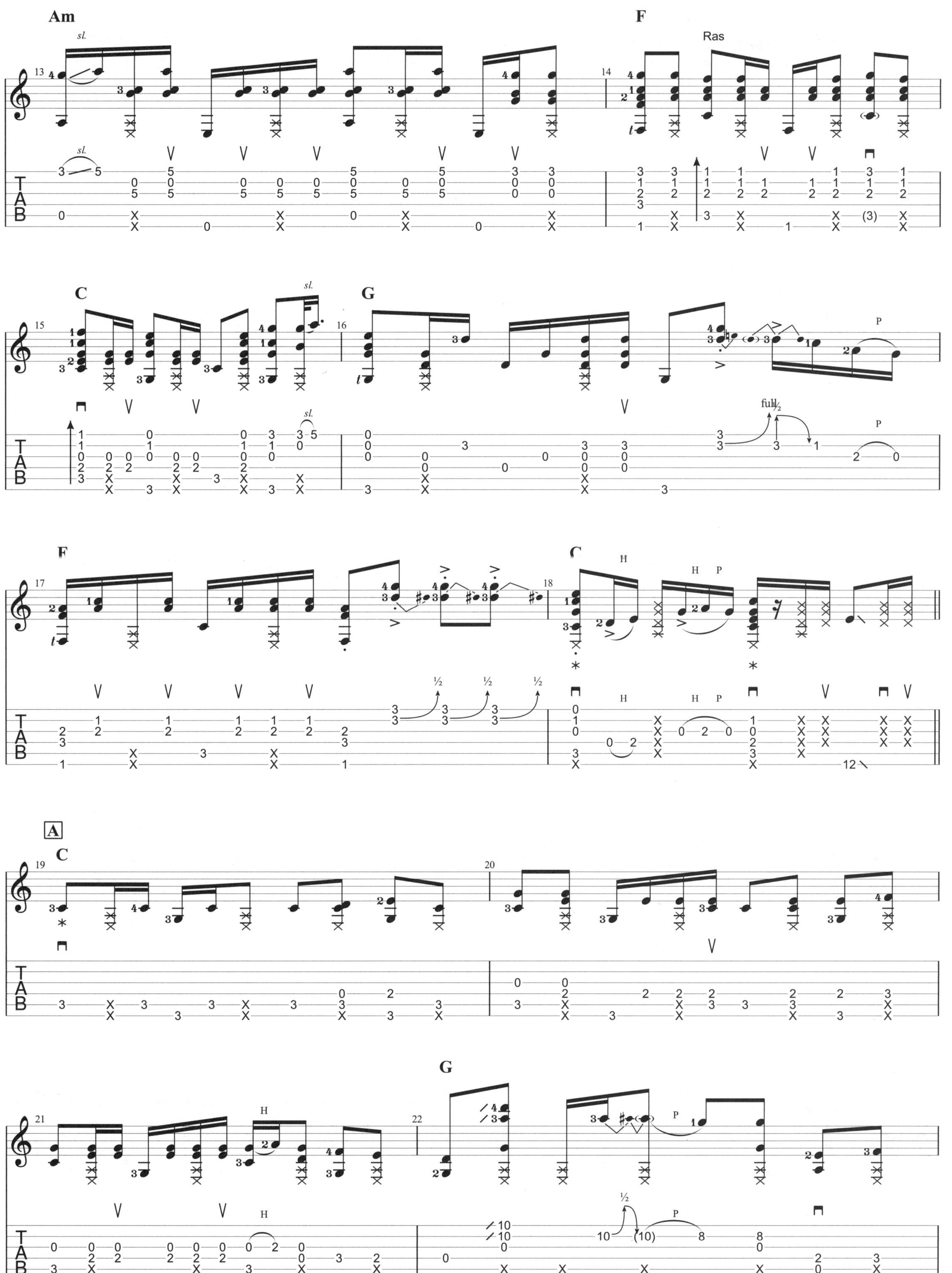

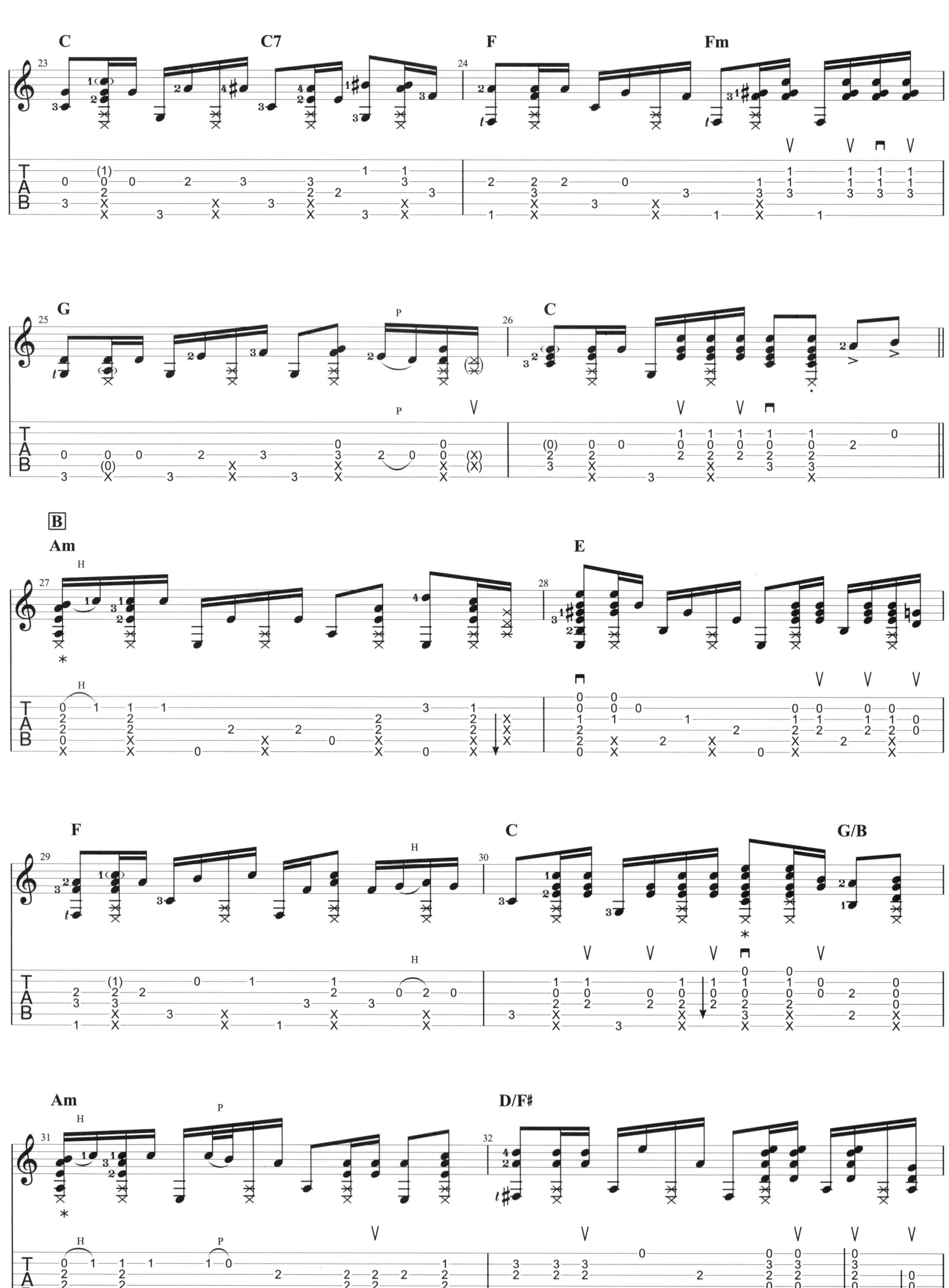

C
C7
F
Fm
G
C
B
Am
E
F
C
G/B
Am
D/F#

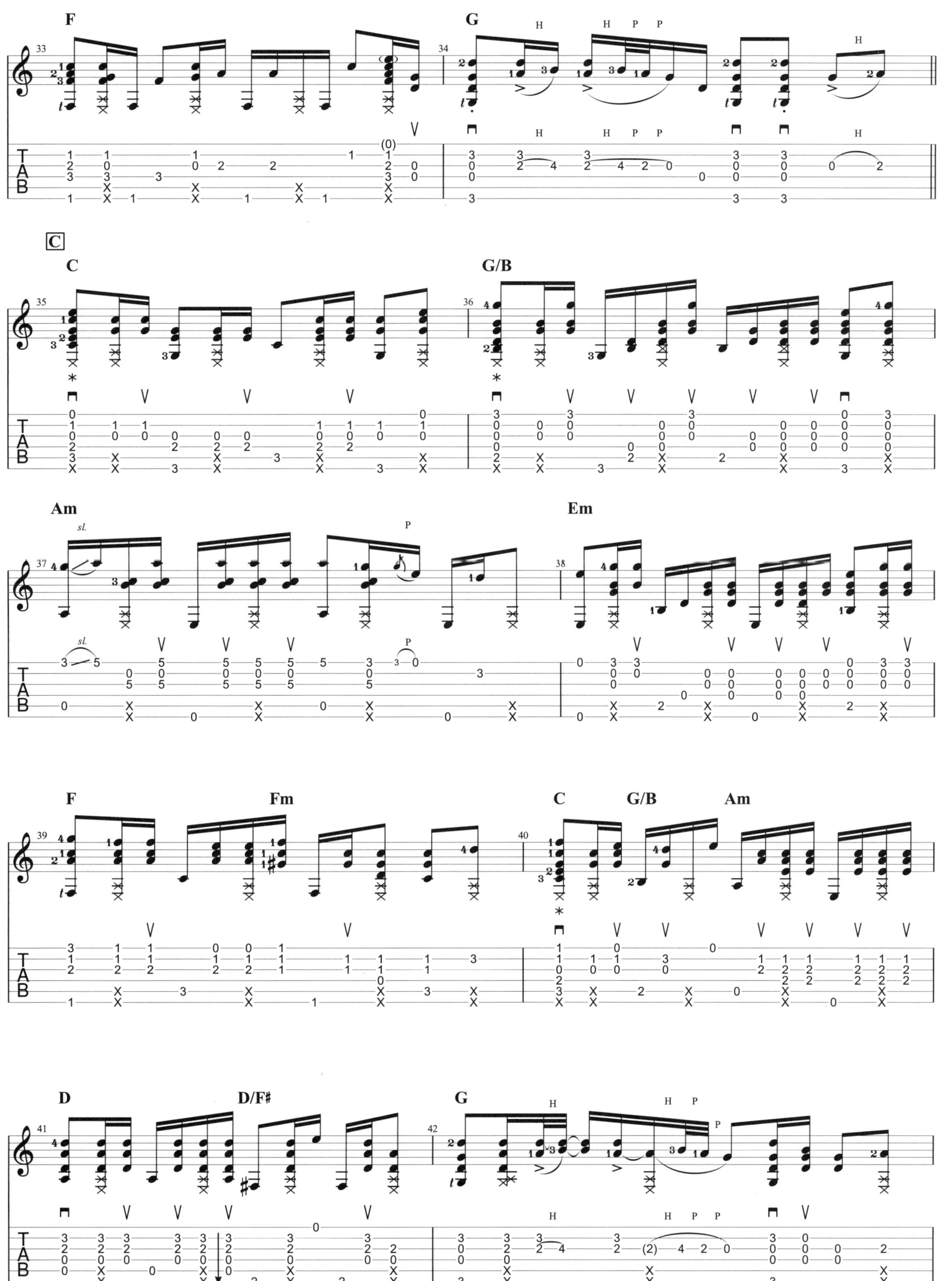

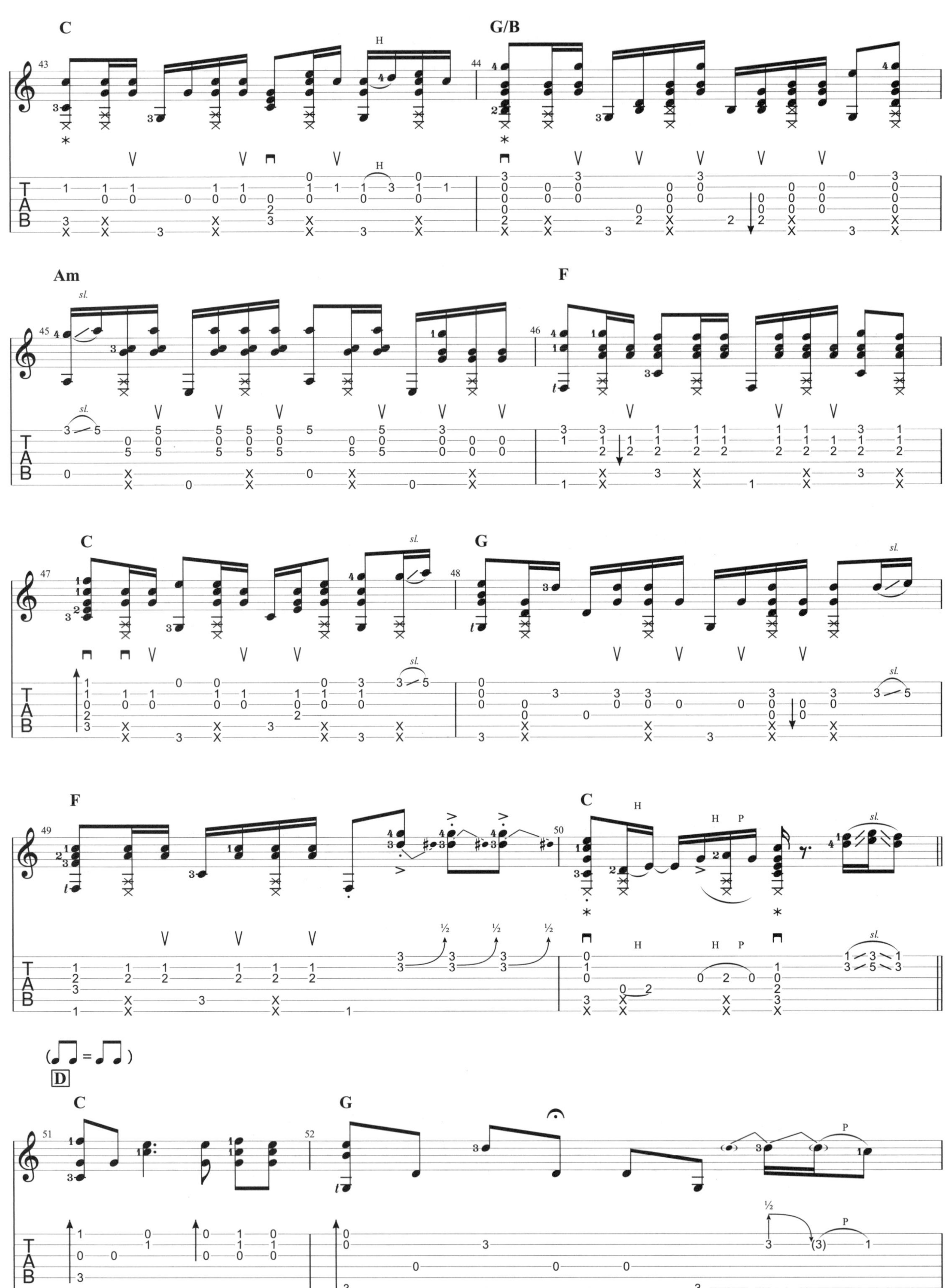

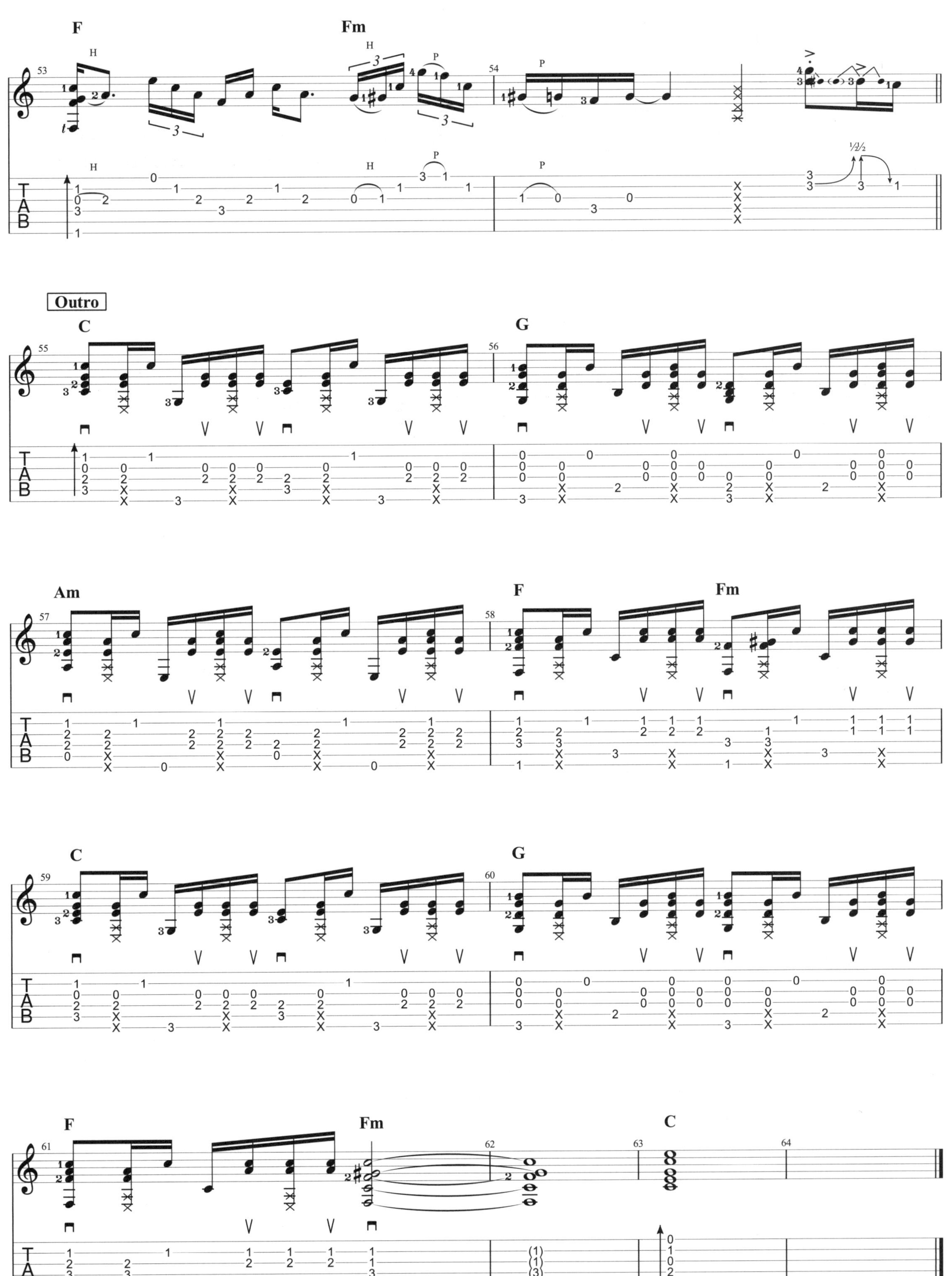
Outro

Guitar II

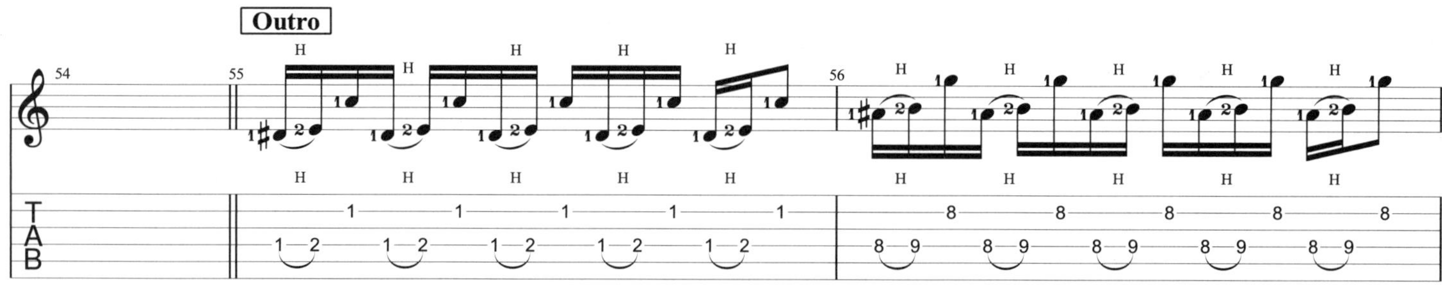

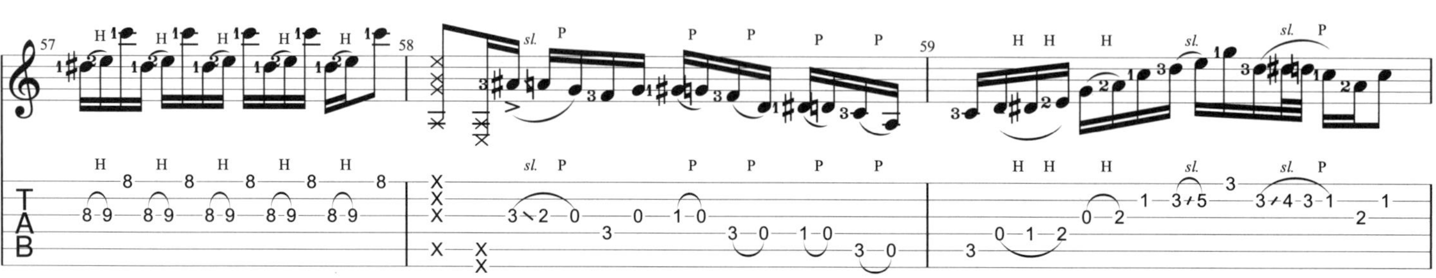

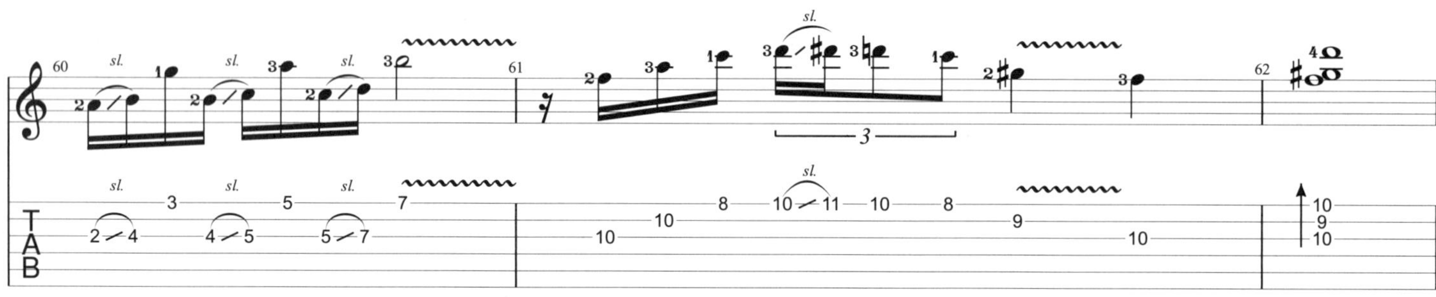

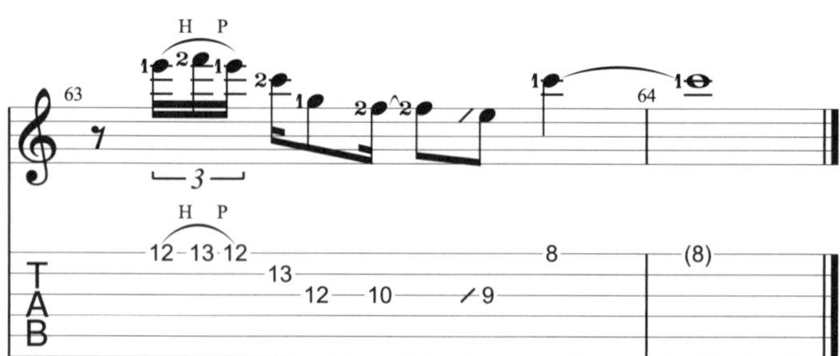

너에게 난 나에게 넌

입문곡 이었던 것

Standard tuning

♩ = 80

Intro

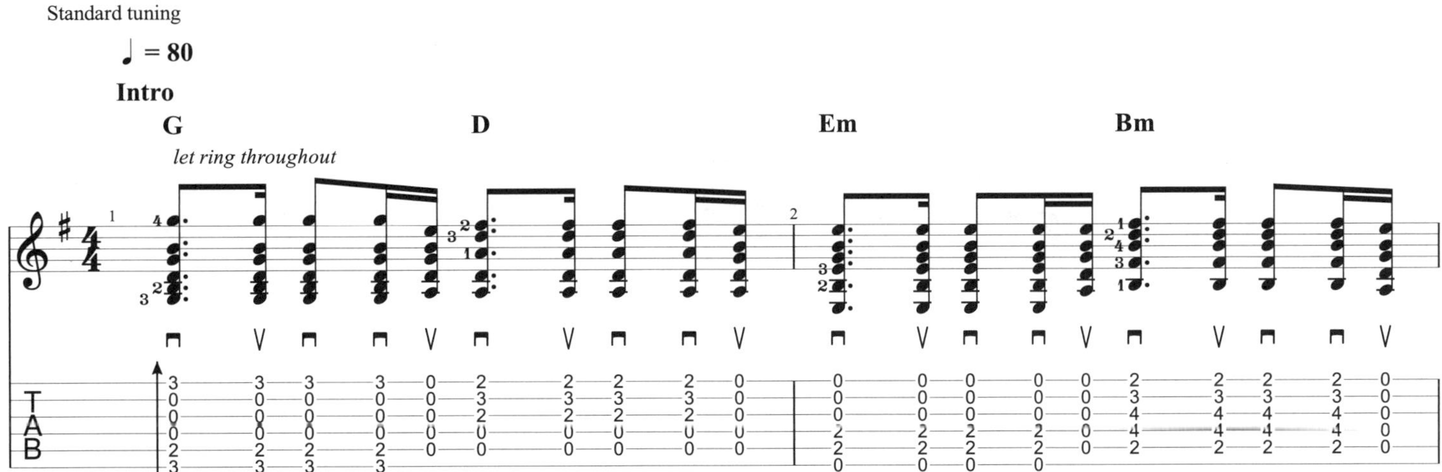

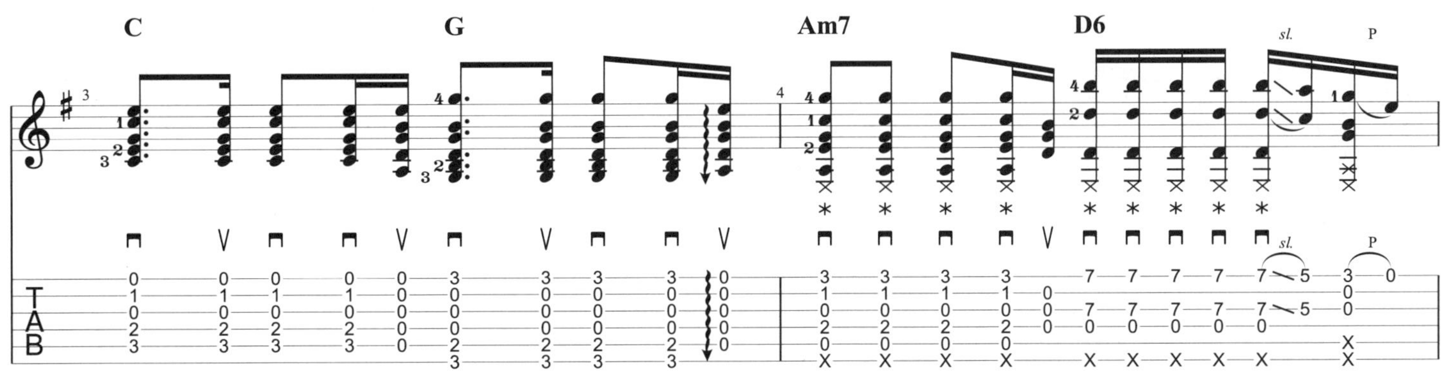

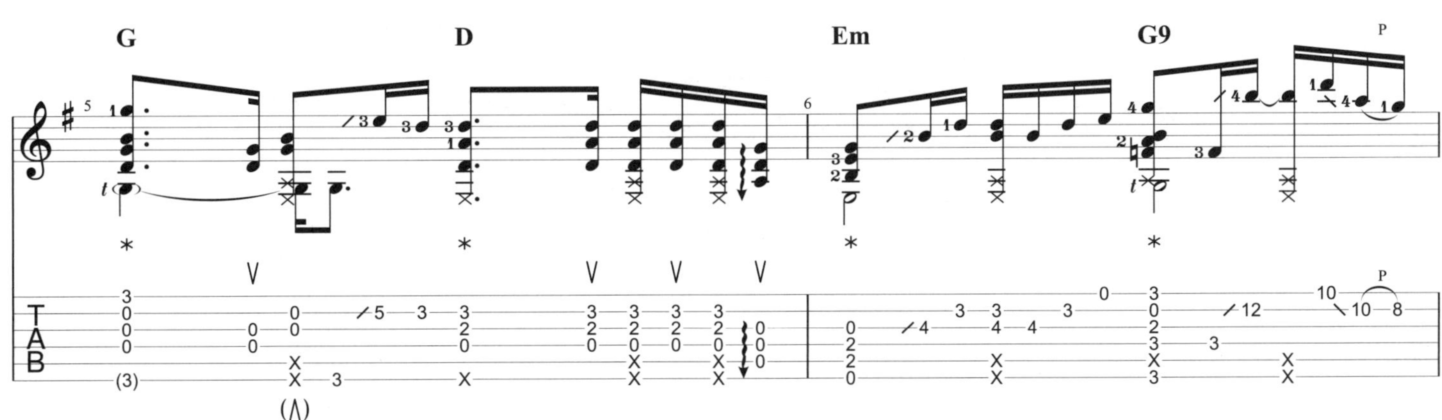

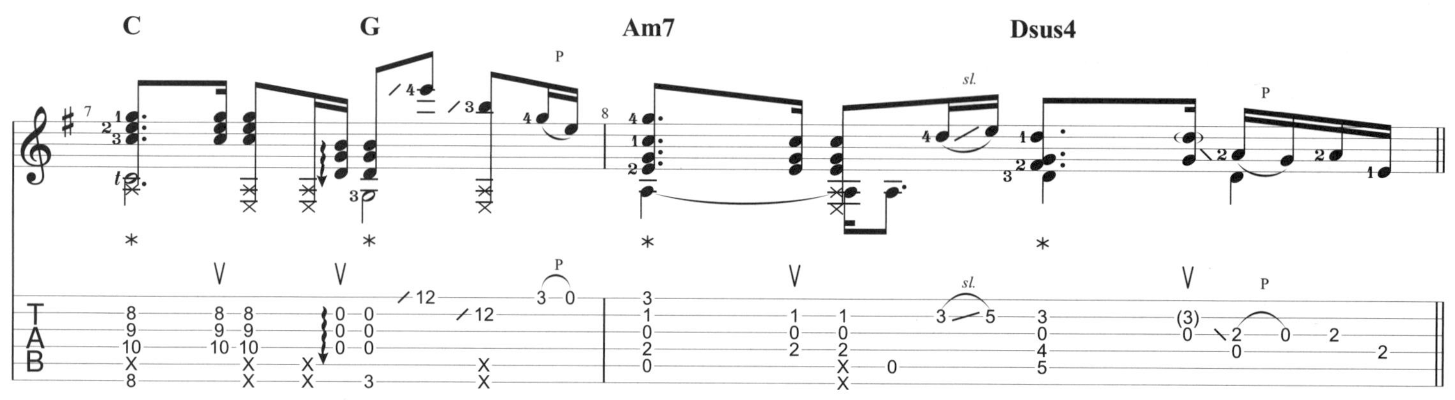

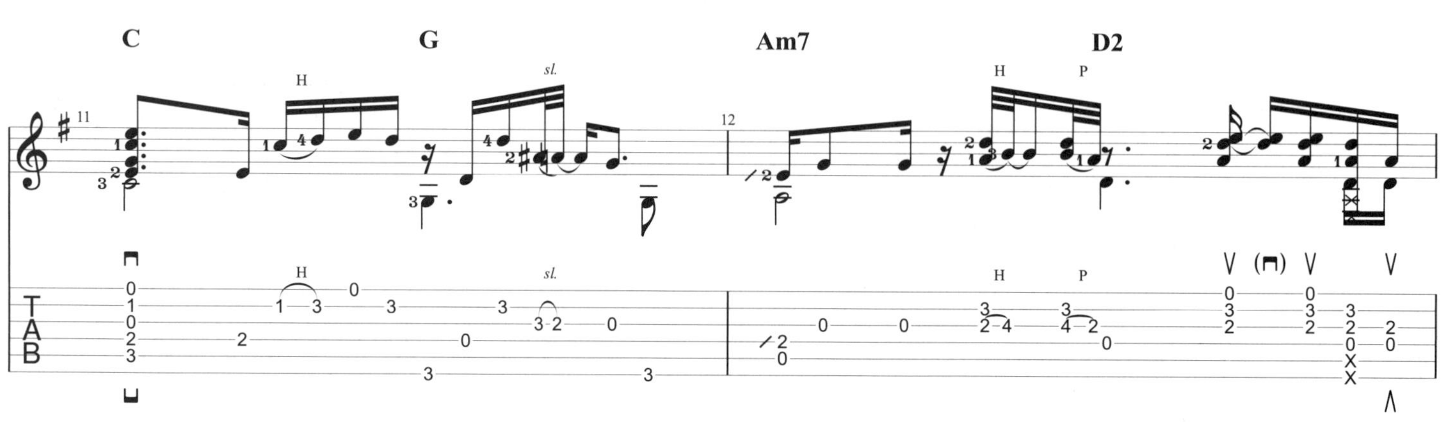

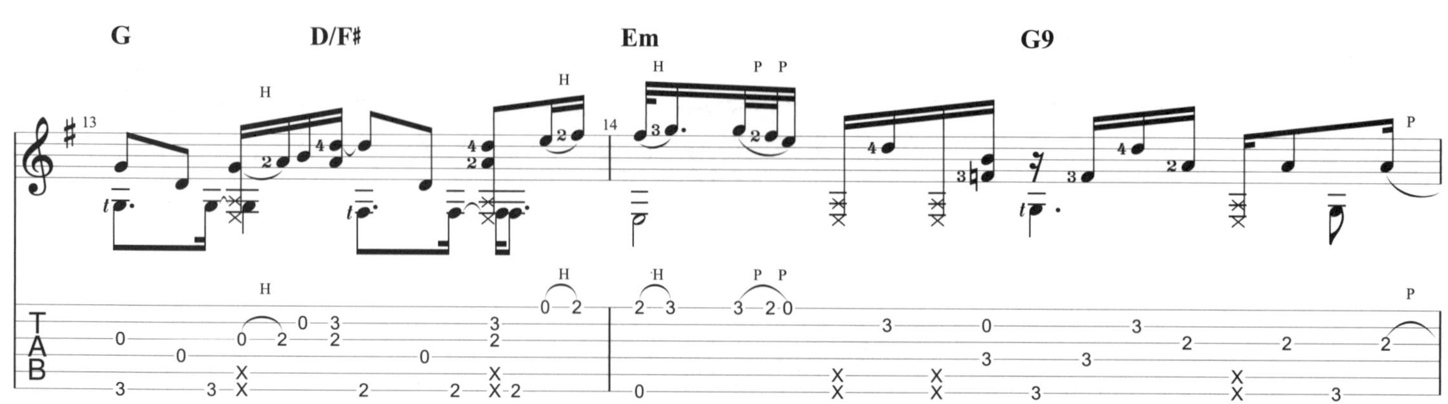

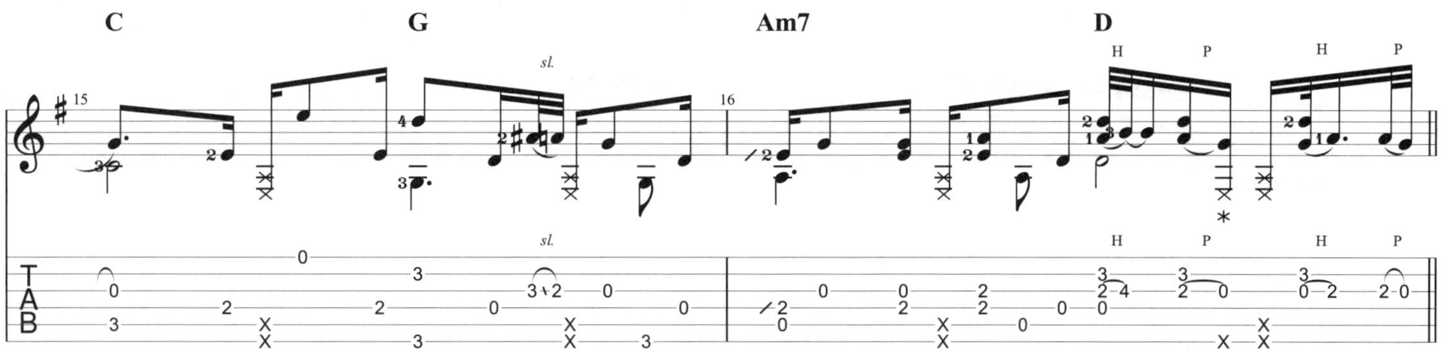
C
G
Am7
D

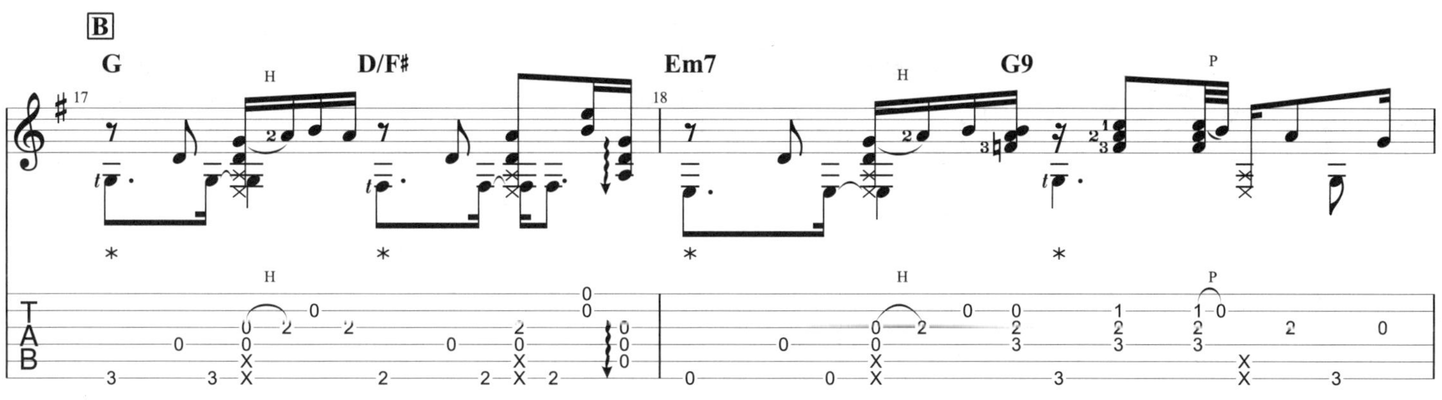
B
G
D/F#
Em7
G9

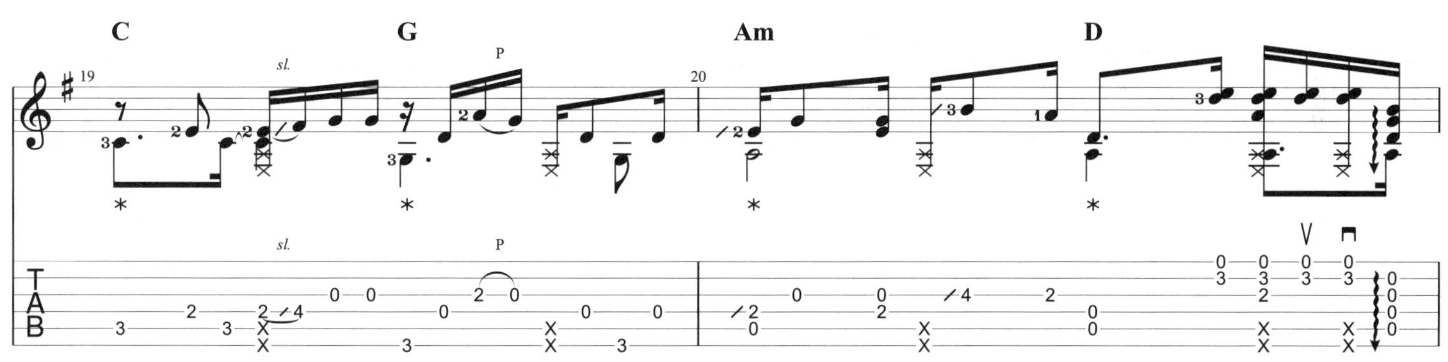
C
G
Am
D

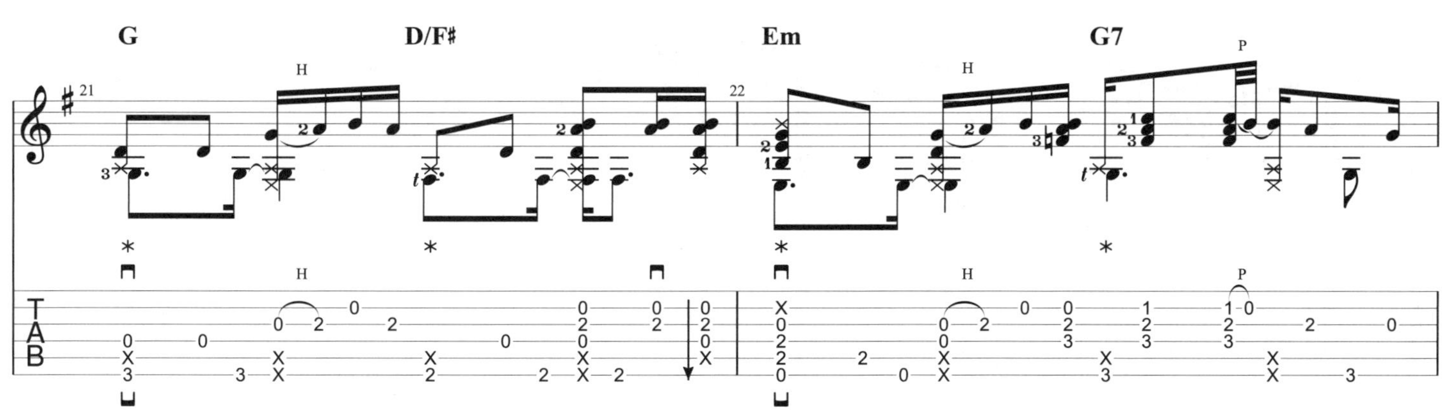
G
D/F#
Em
G7

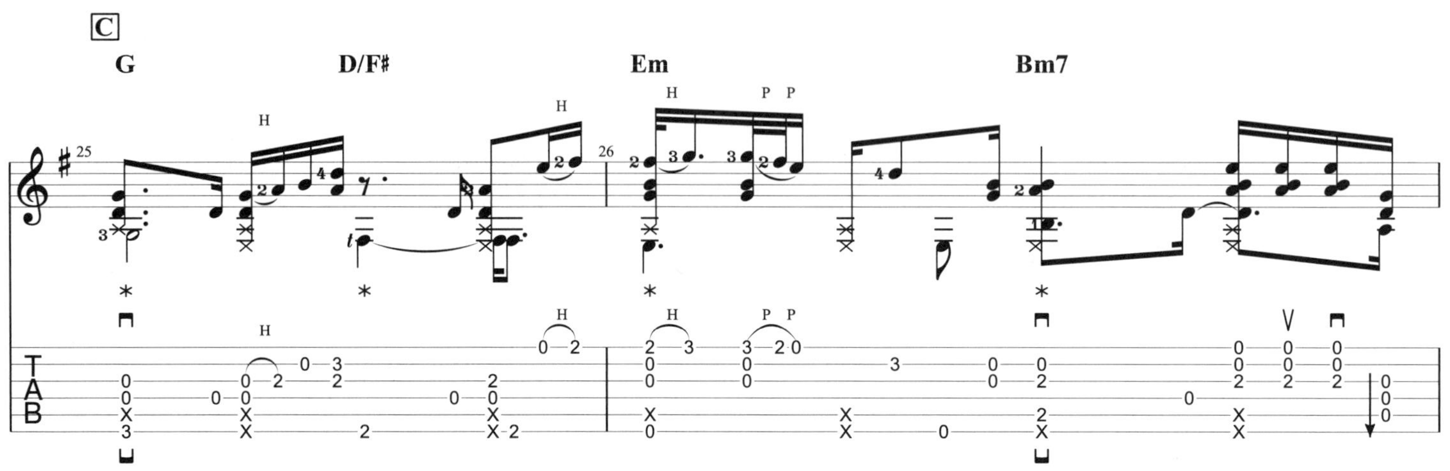

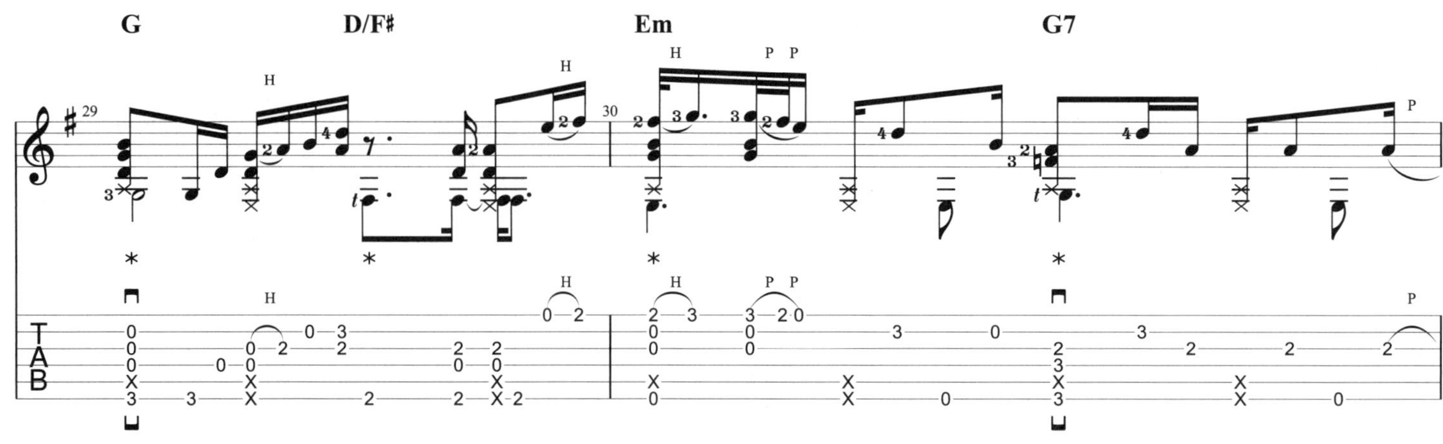

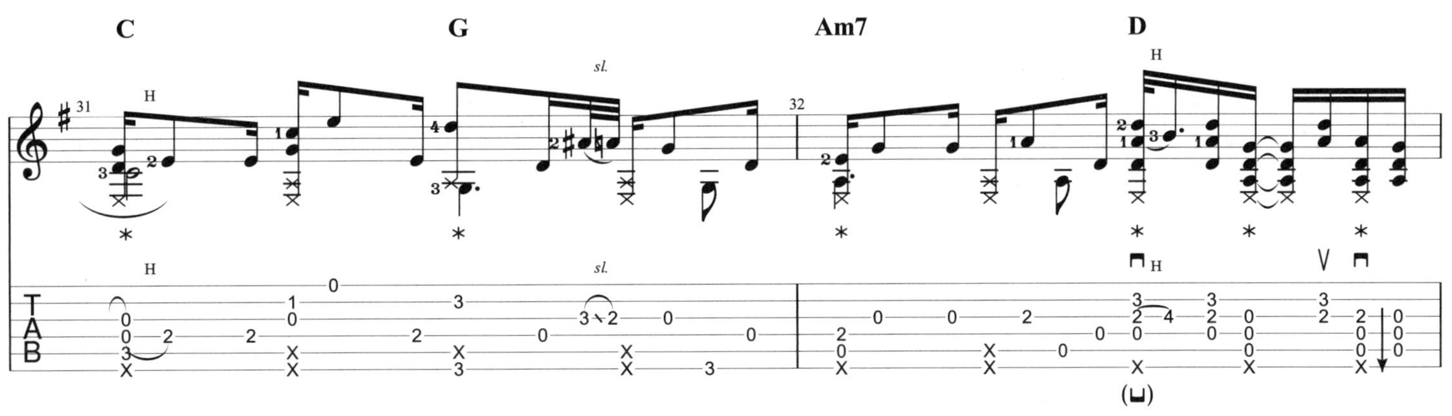

C
G
Am7
D

C

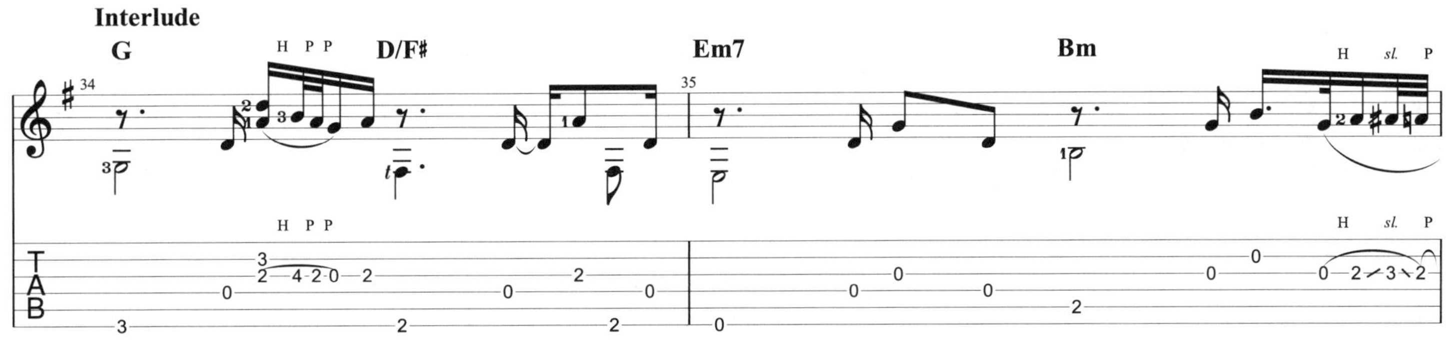

Interlude
G
D/F#
Em7
Bm

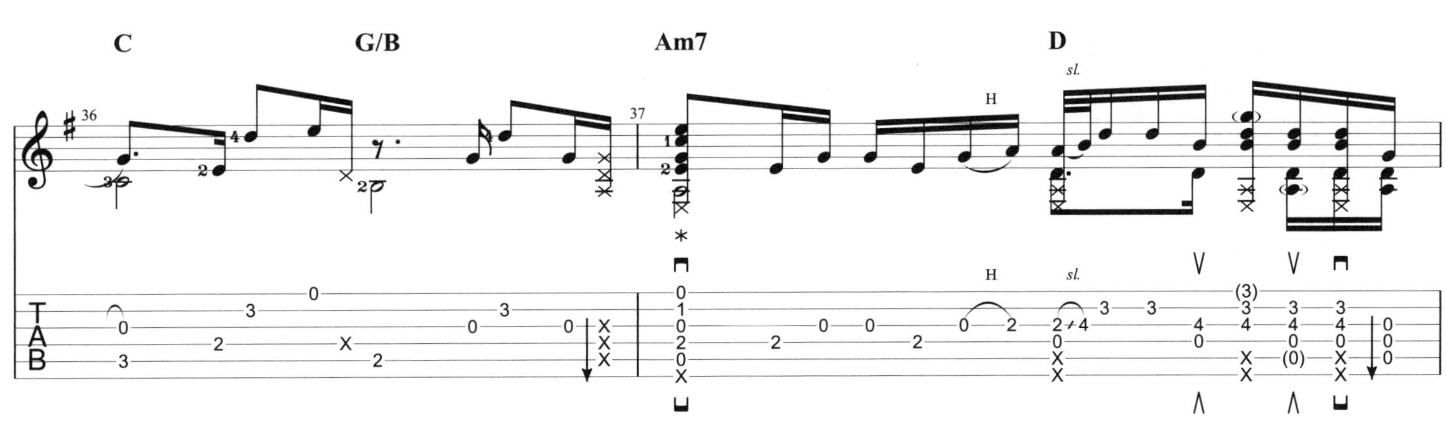

C
G/B
Am7
D

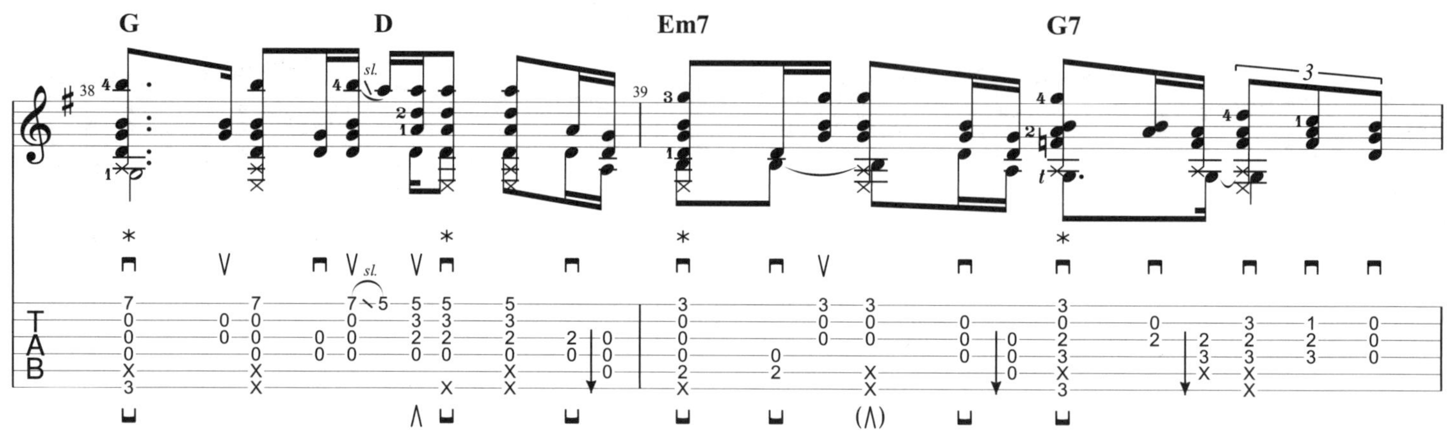
G
D
Em7
G7

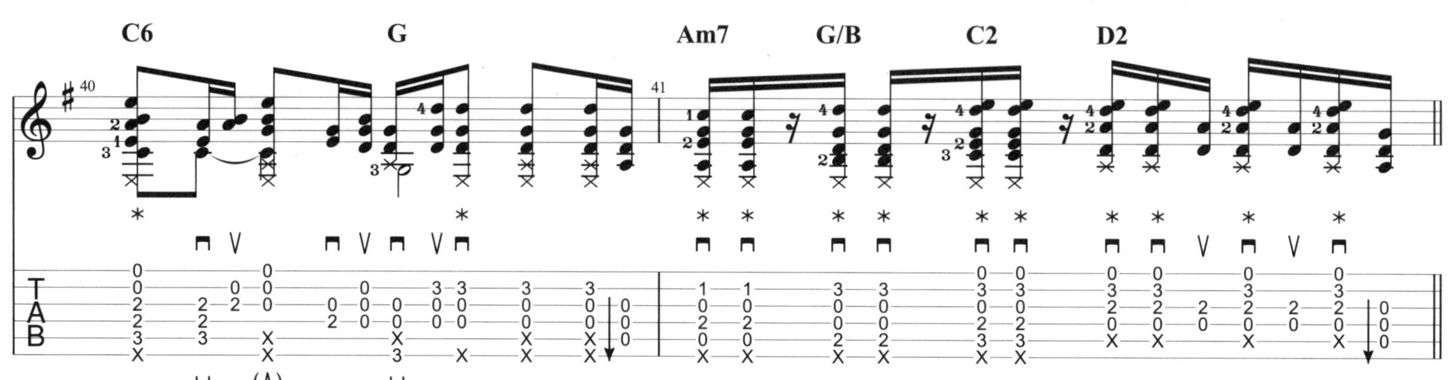
C6
G
Am7
G/B
C2
D2

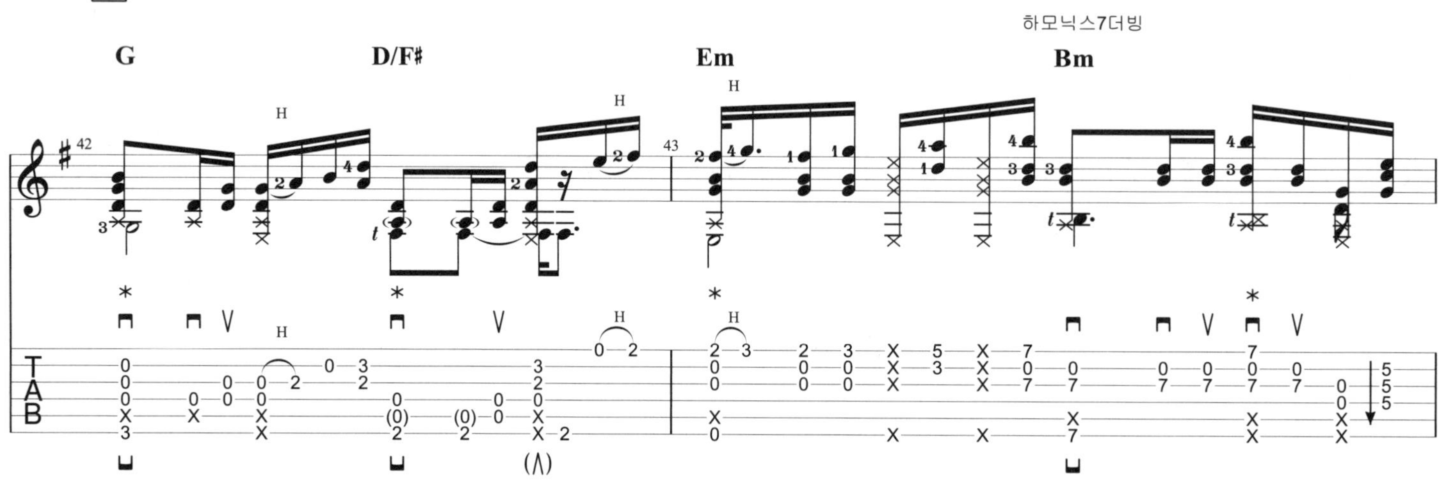
C'
하모닉스7더빙
G
D/F#
Em
Bm

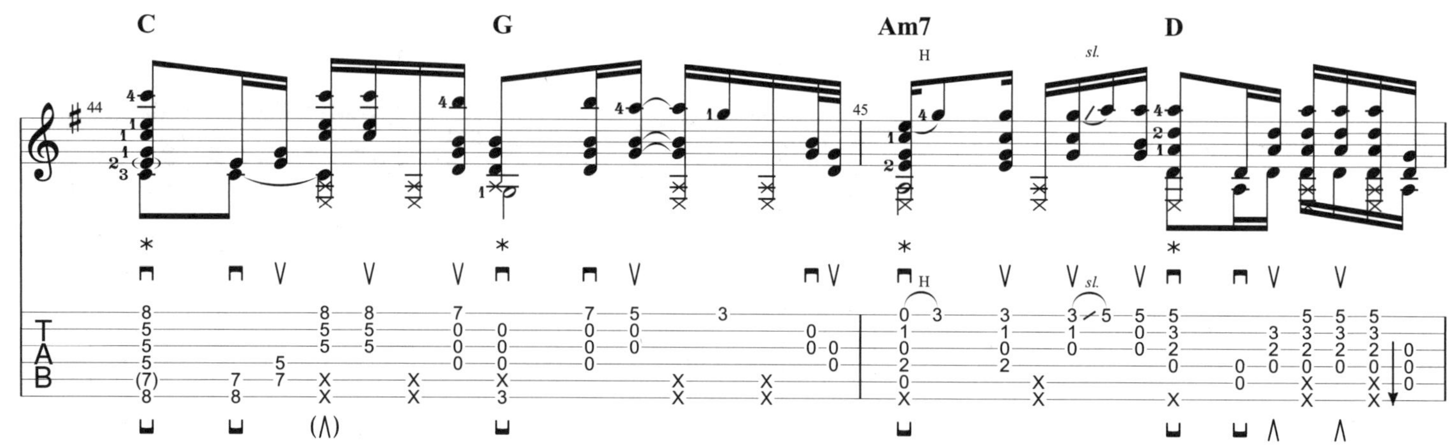
C
G
Am7
D

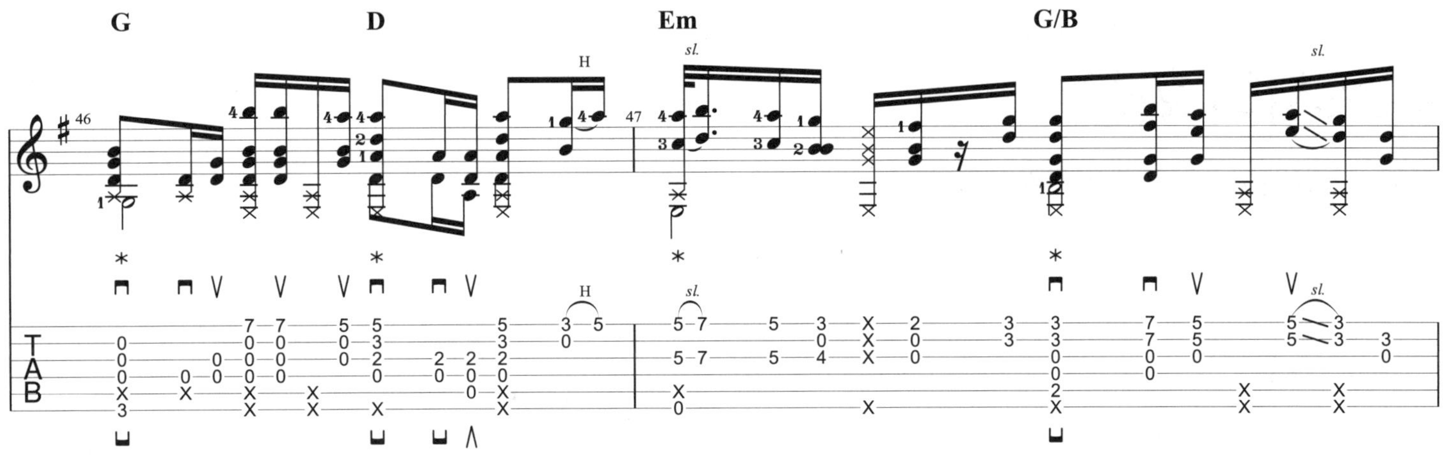

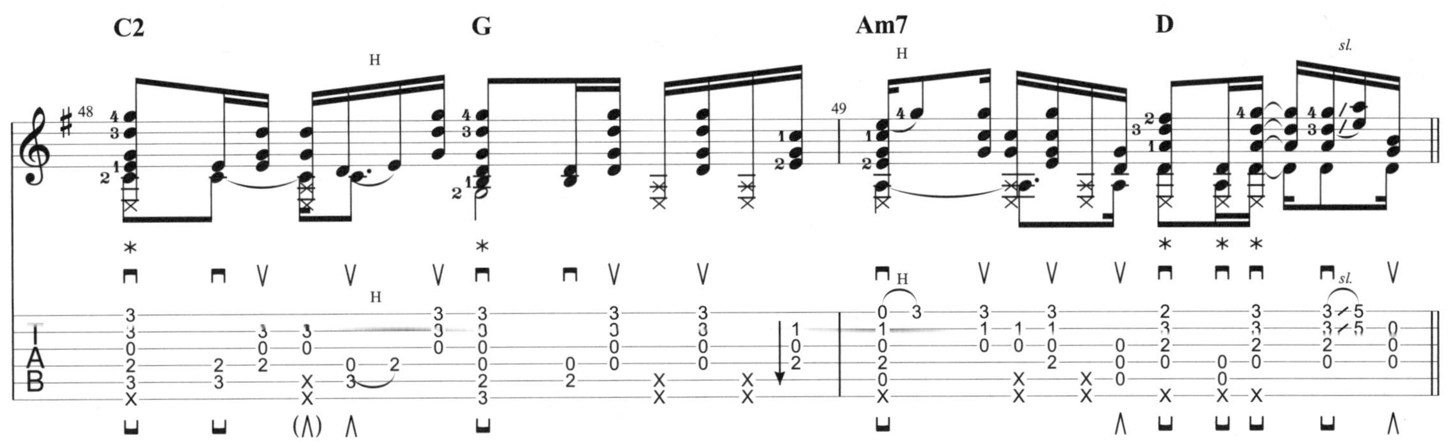

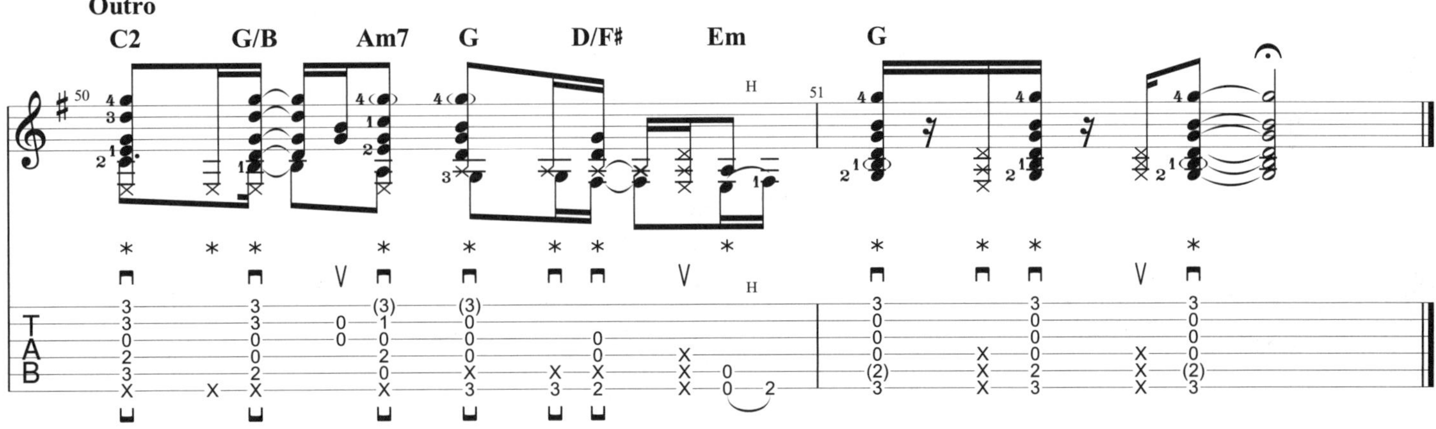

히로시의 회상

작곡 Hamaguchi Shiro

아빠, 나 알겠어요? 짱구는 못말려 OST.

Bridge
A/C#   Am   Adim7   Cm/A   D7b9
sl.

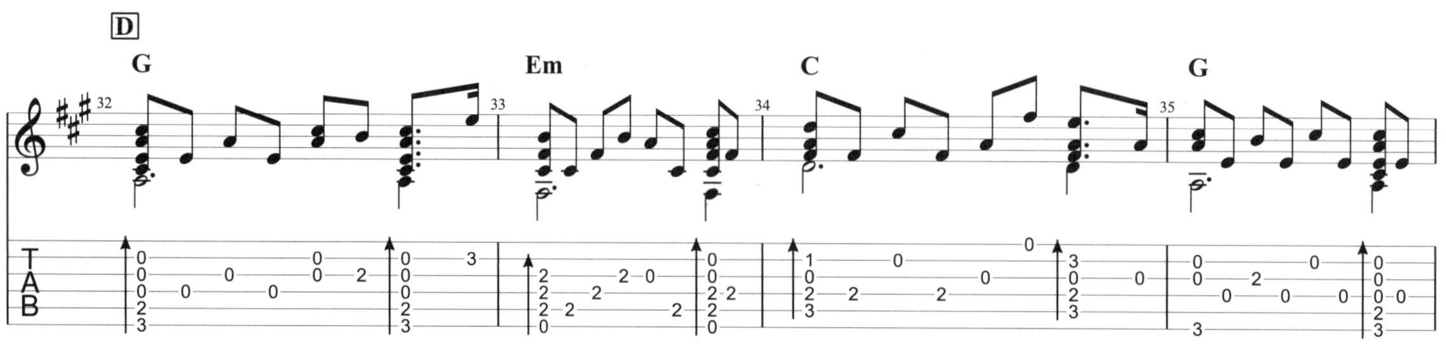

D
G   Em   C   G

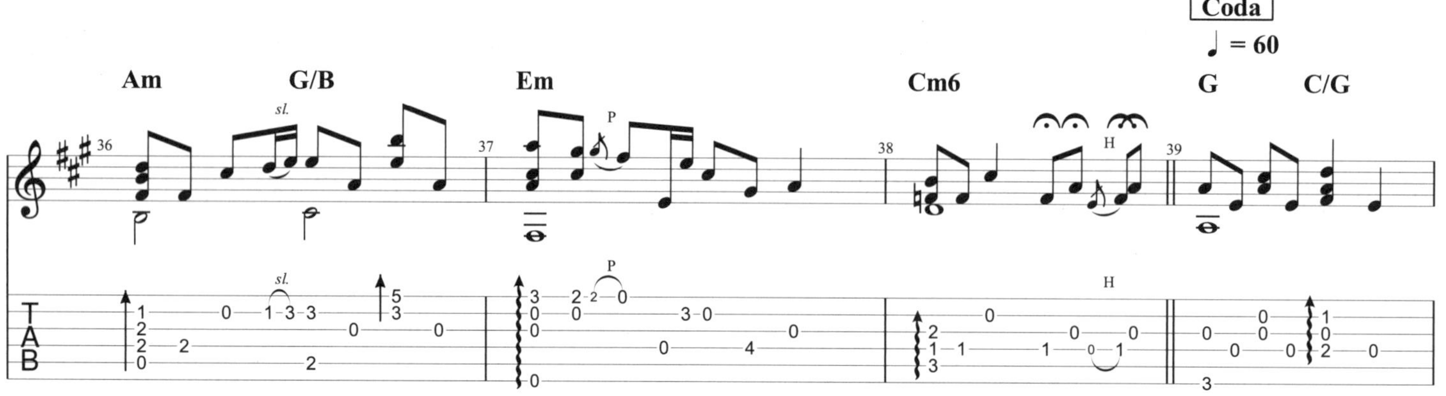

Coda
♩ = 60
Am   G/B   Em   Cm6   G   C/G
sl.   P   H

♩ = 50
G   C/G   G   C/G   G   C/G

나는야 인기인

작사 Rinozuka Reo
작곡 Kosugi Yasuo
채보 아린

하나 둘 셋 야! 짱구는 못말려 OST.

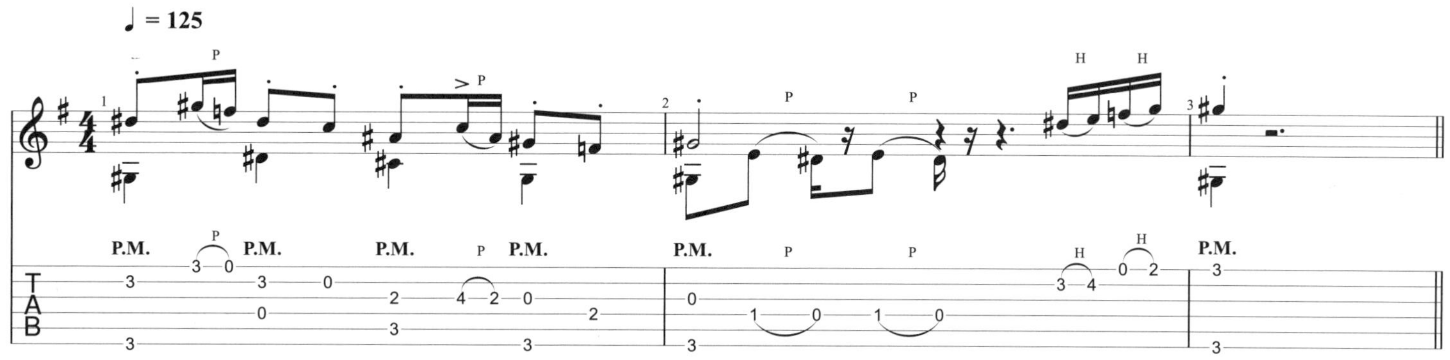

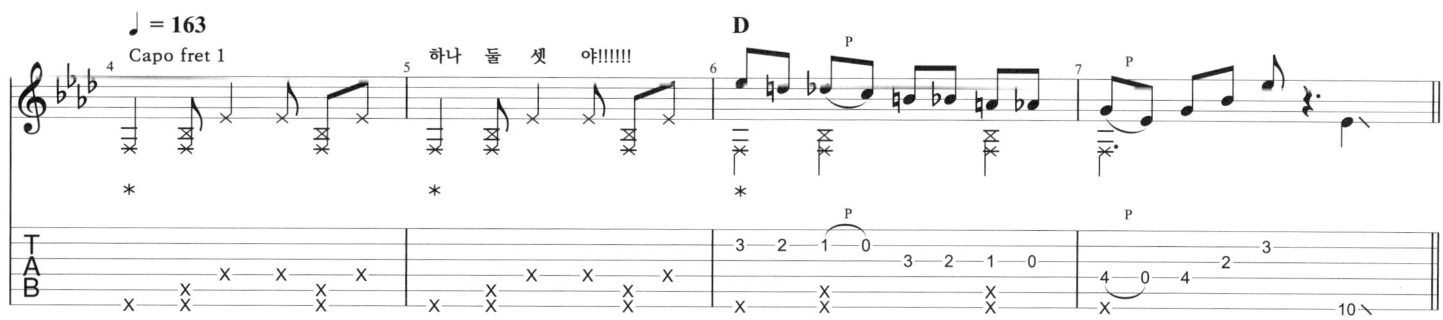

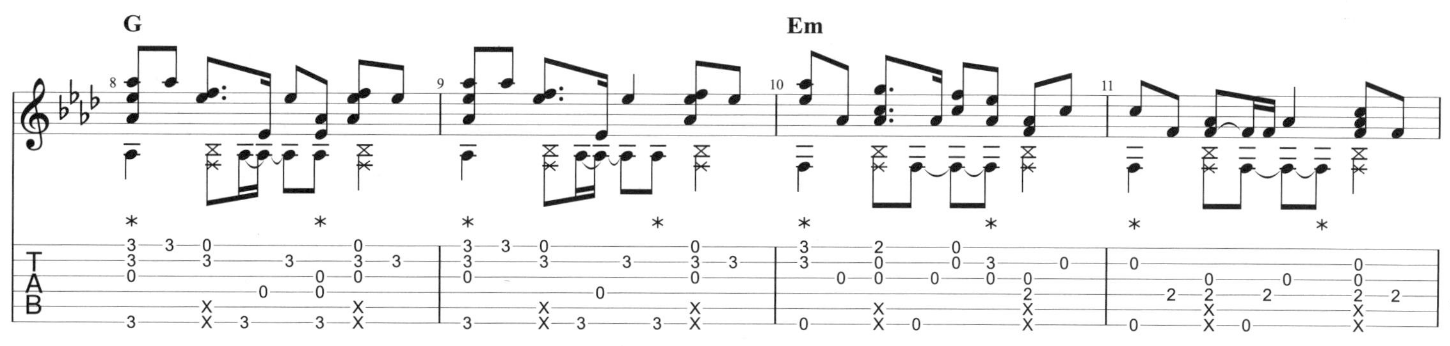

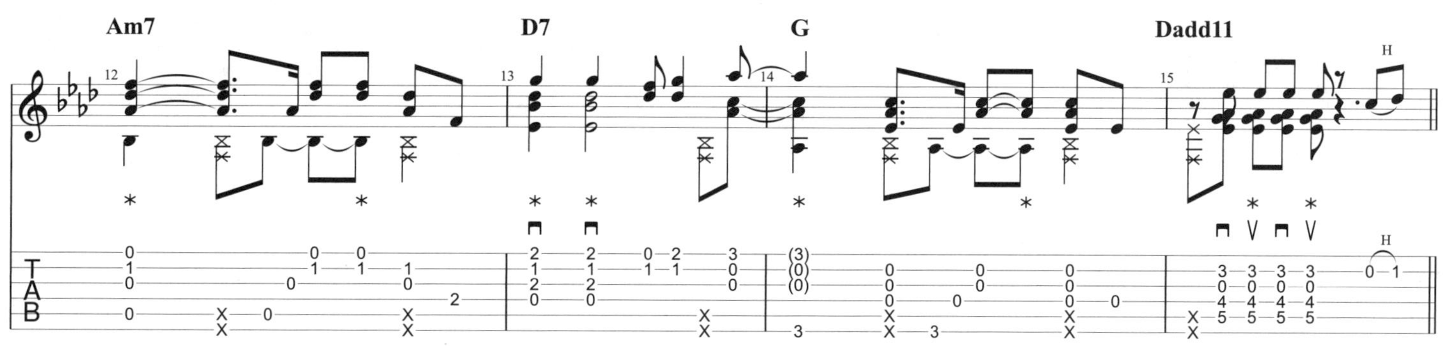

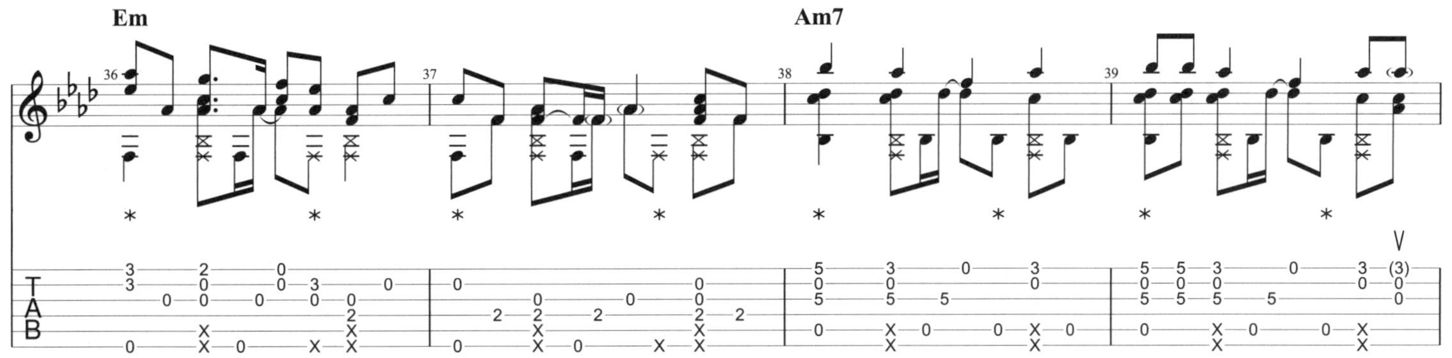

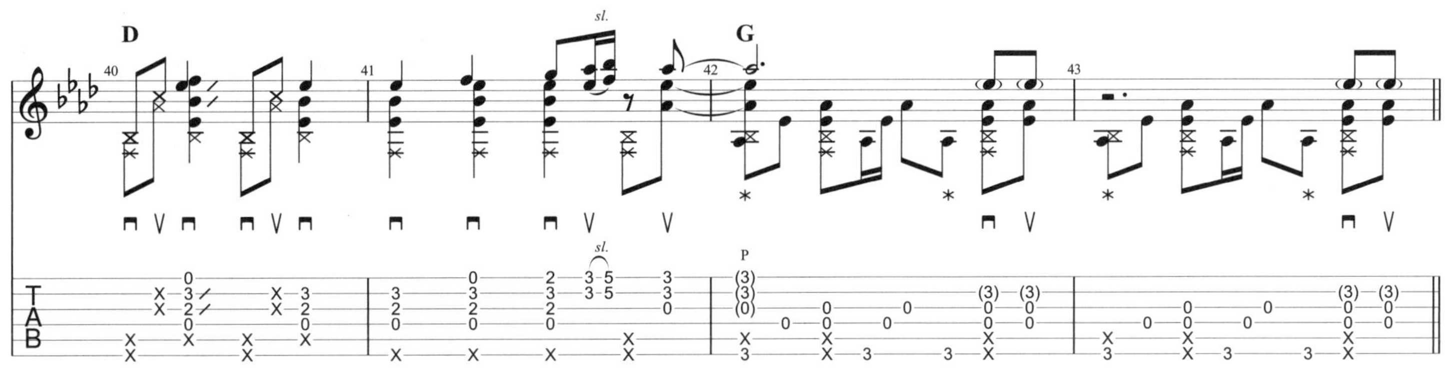

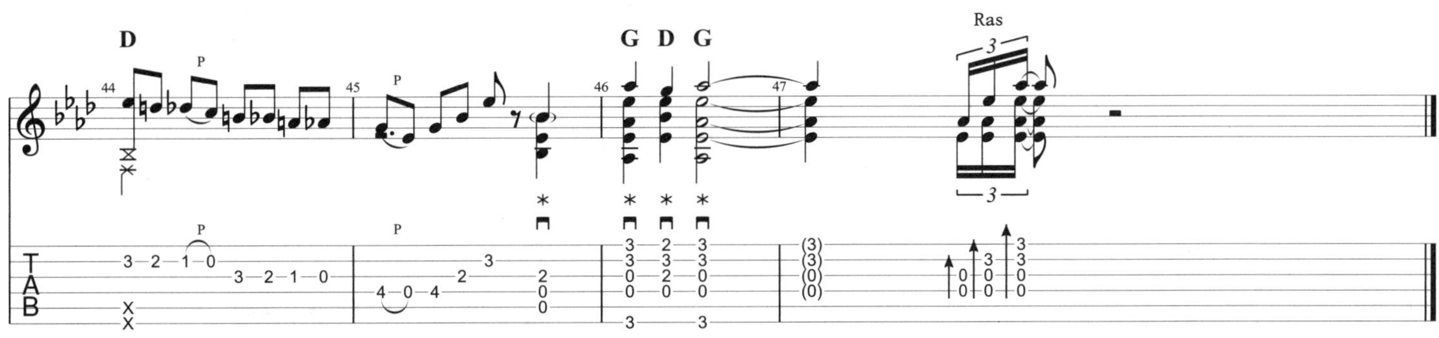

아빠와 크레파스

아빠의 개쩌는 크레파스

노래 배따라기
작사 이혜민
작곡 이혜민
채보 GrooveGuitar

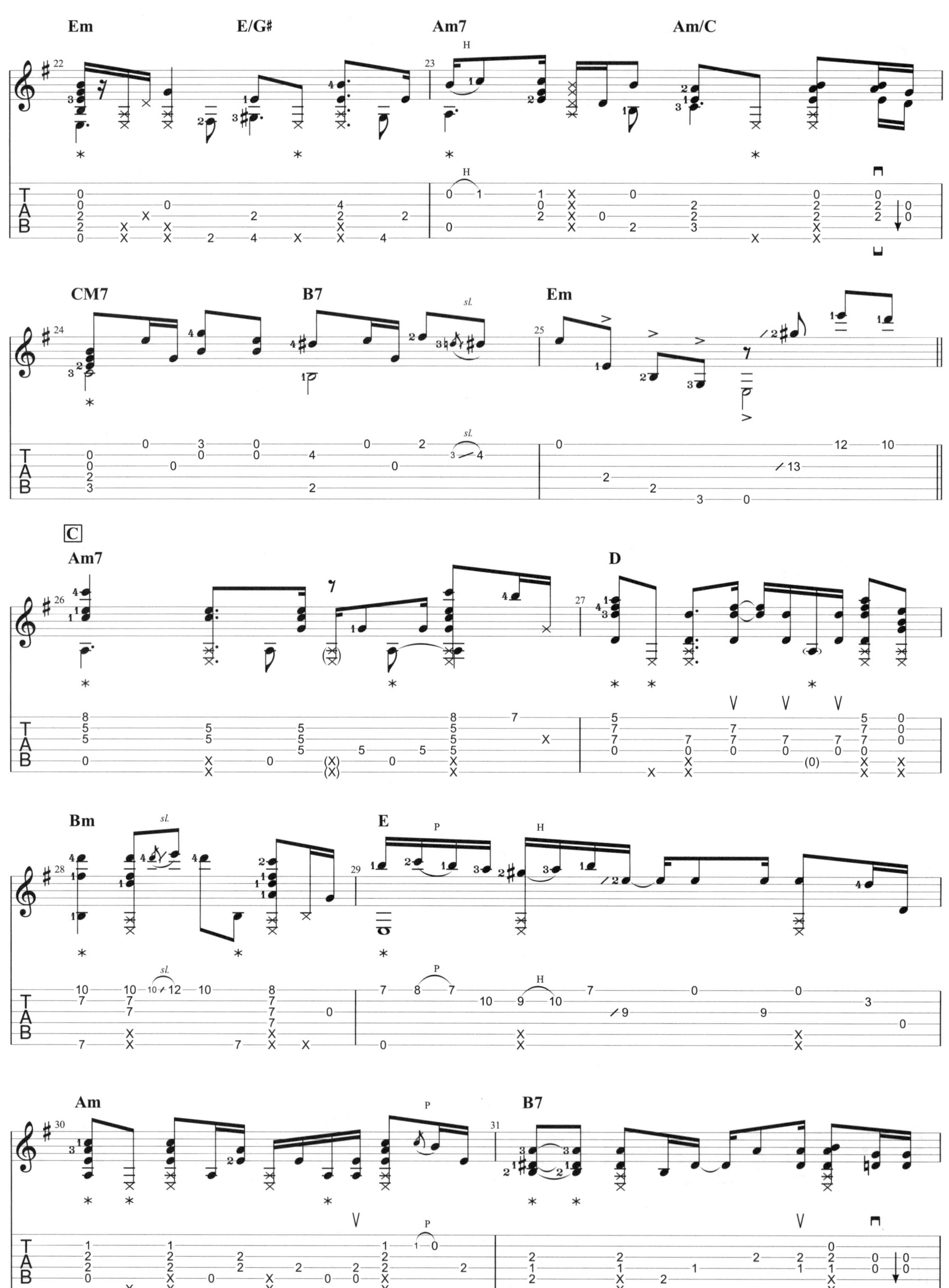

잘 있어요

작사 석종서
작곡 Itou Syungo

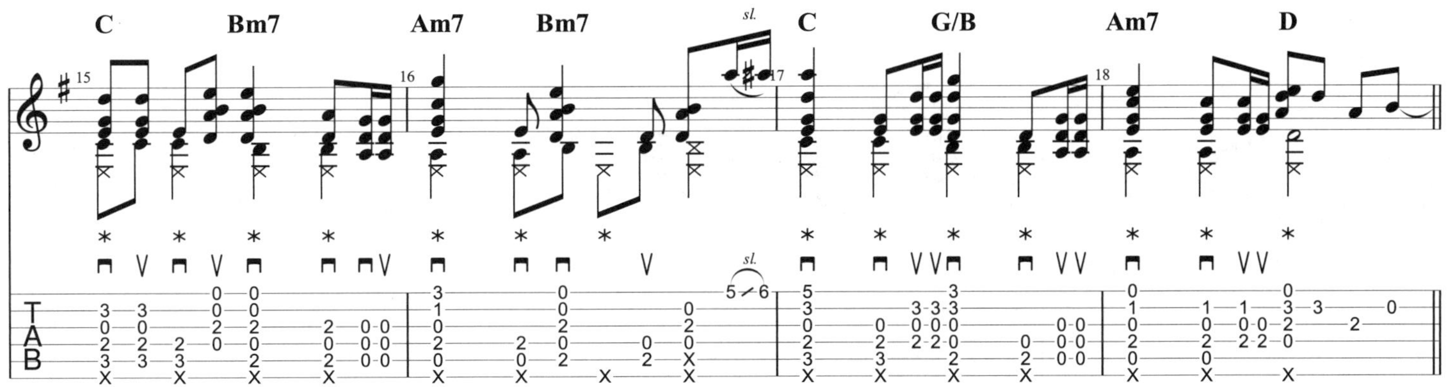
C
Bm7
Am7
Bm7
sl.
C
G/B
Am7
D

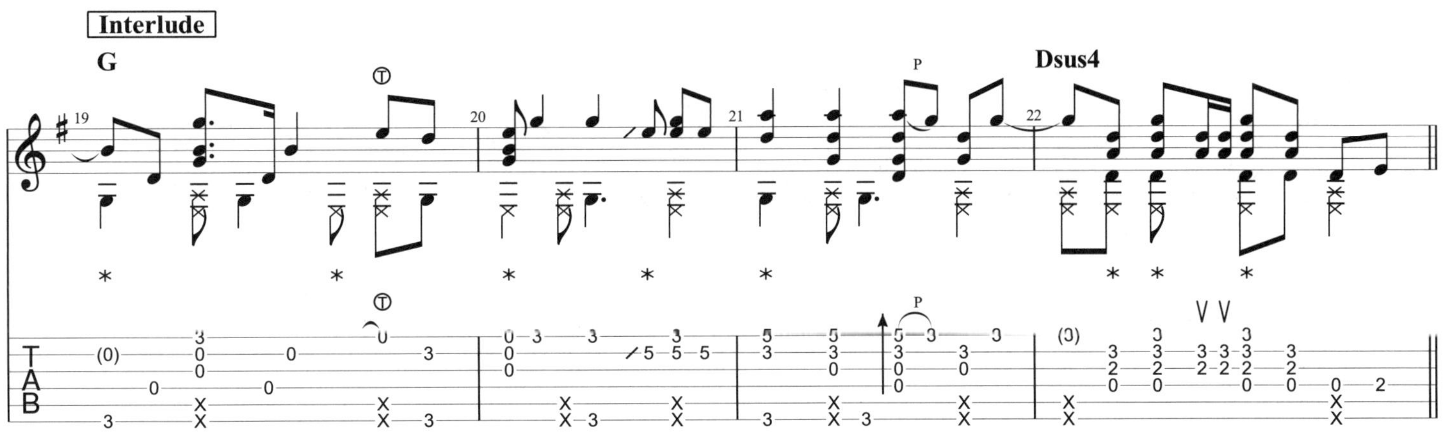
Interlude
G
Dsus4

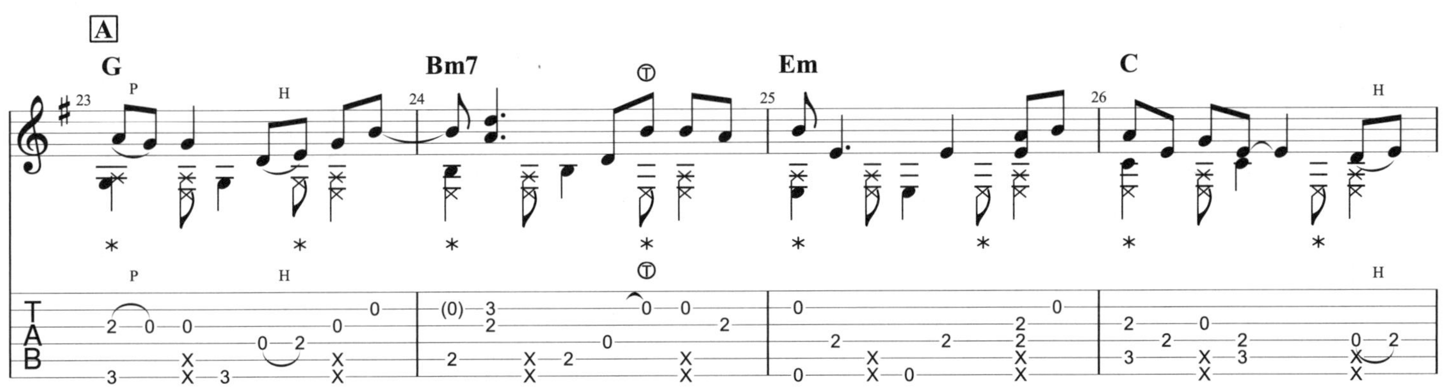
A
G
Bm7
Em
C

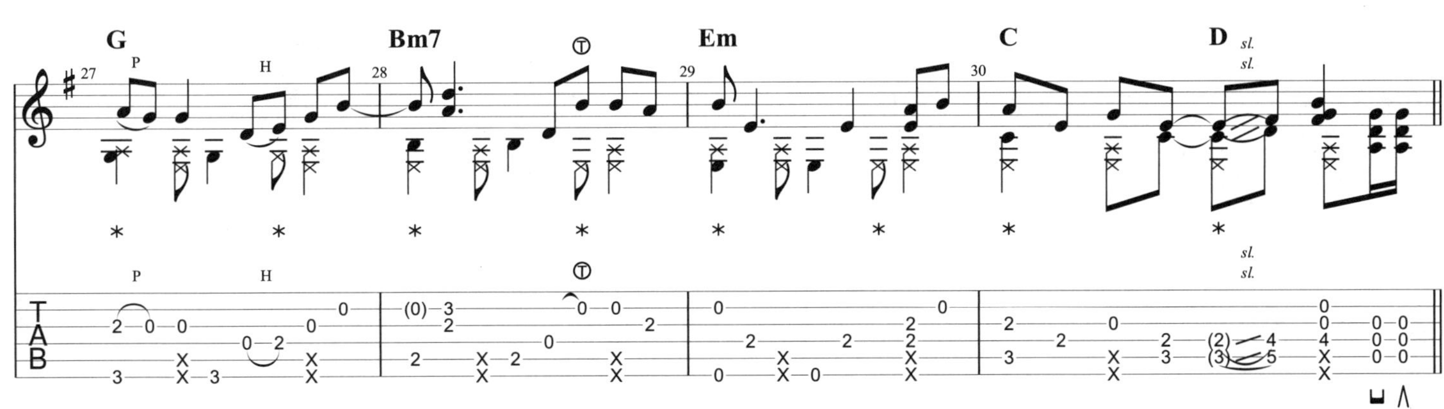
G
Bm7
Em
C
D
sl.

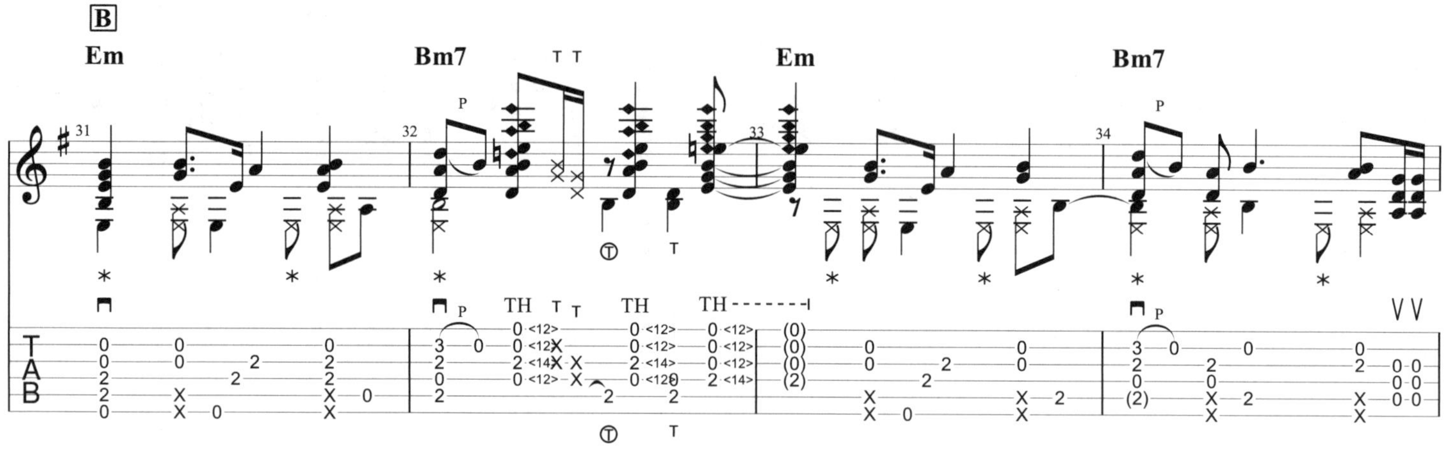
B
Em
Bm7
Em
Bm7

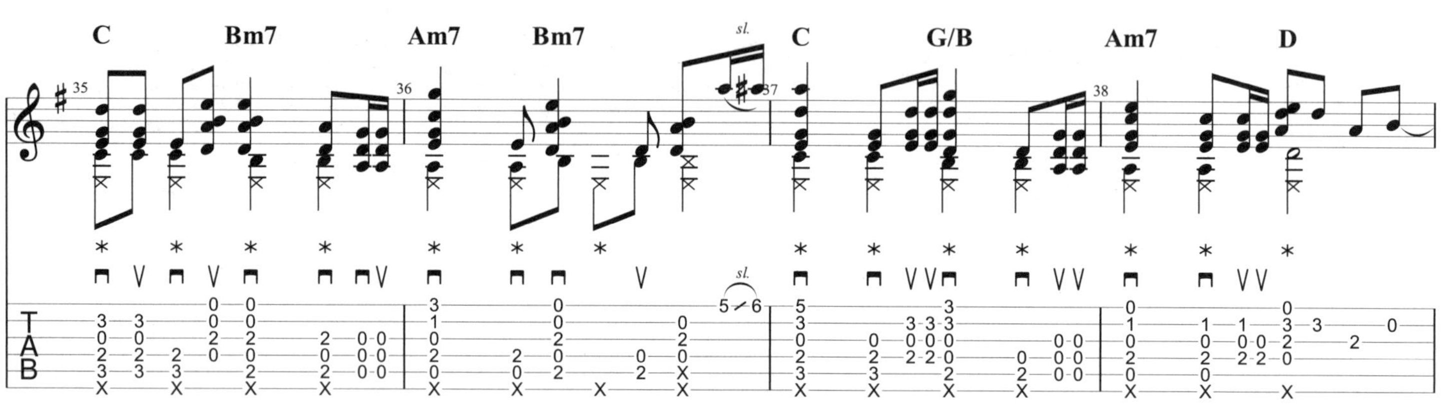
C
Bm7
Am7
Bm7
sl.
C
G/B
Am7
D

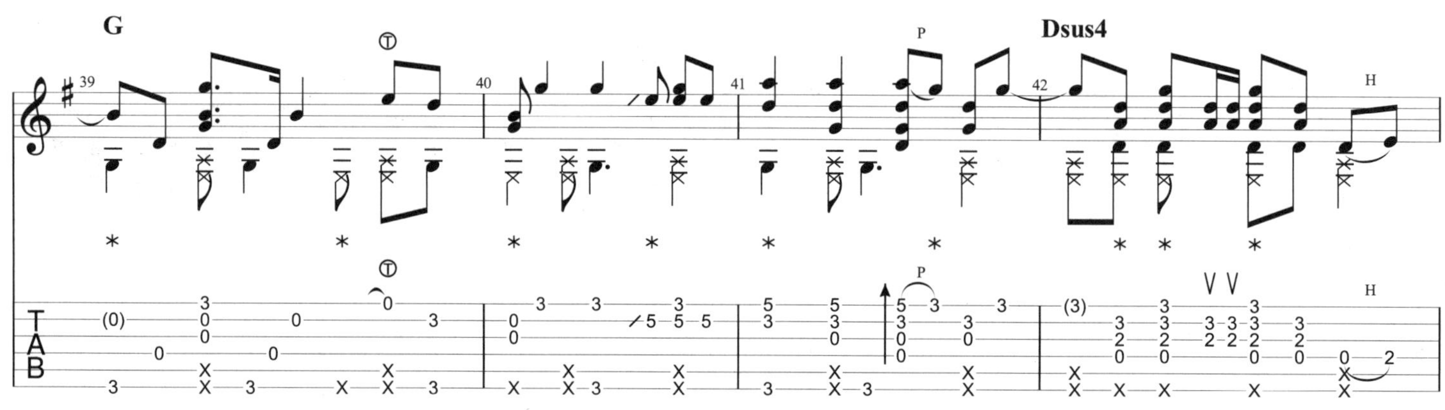
G
Dsus4

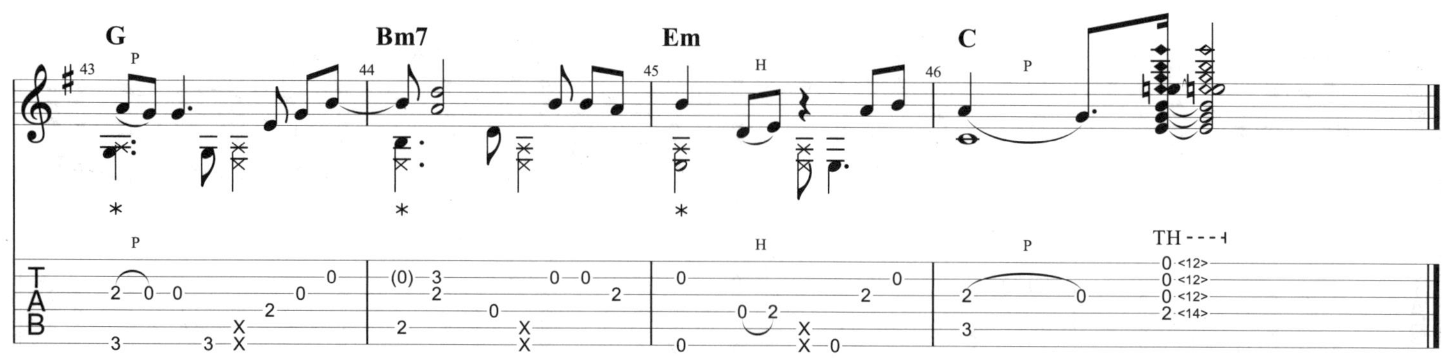
G
Bm7
Em
C

스폰지밥 엔딩 테마

이 노래 나오면 하루 끝이었는데 스폰지밥 OST.

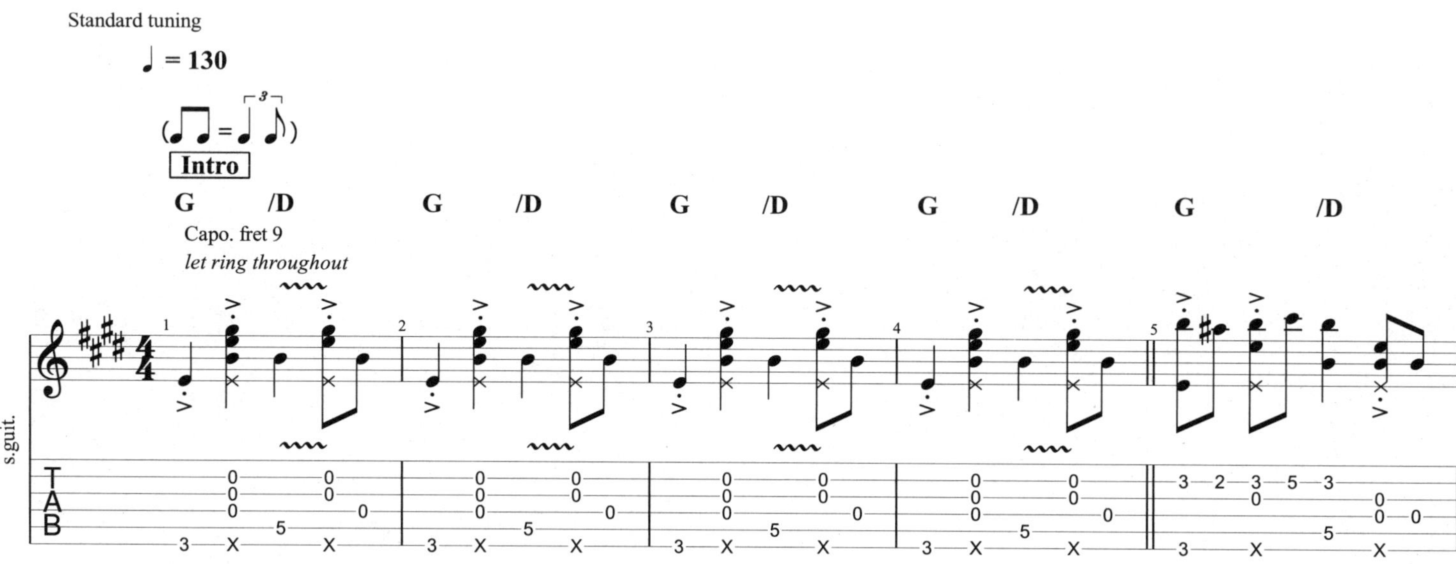

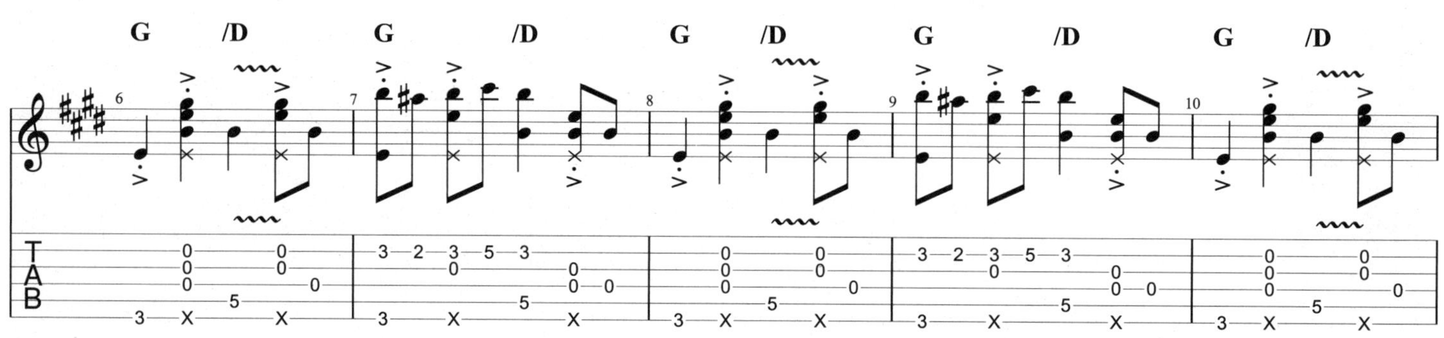

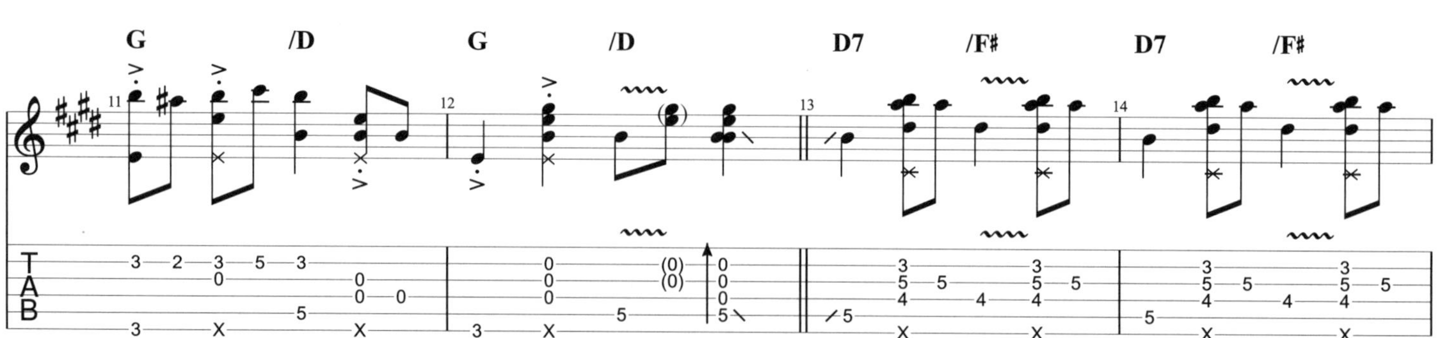

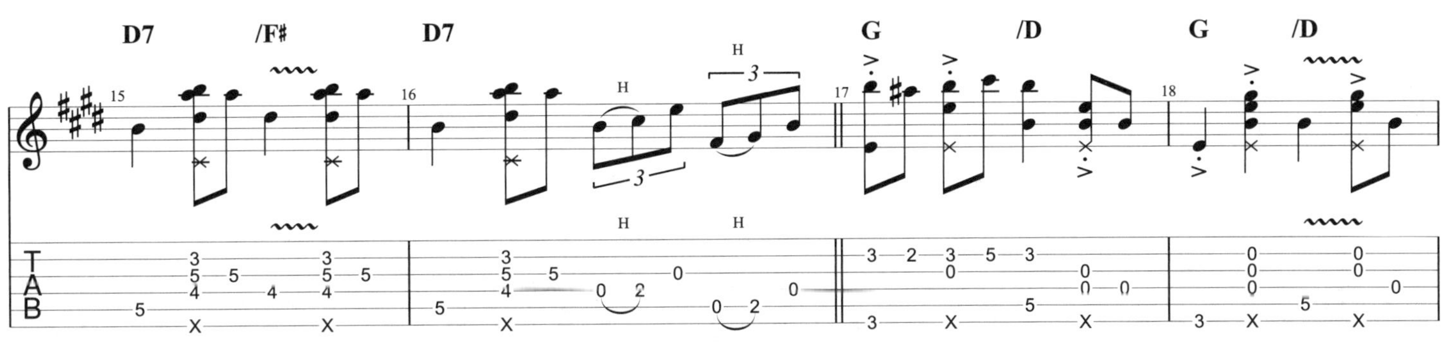

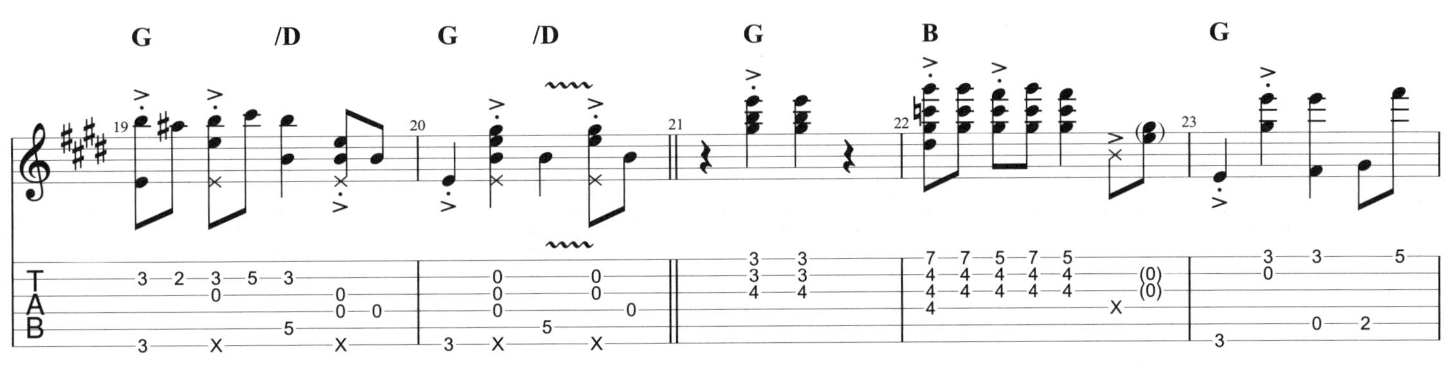

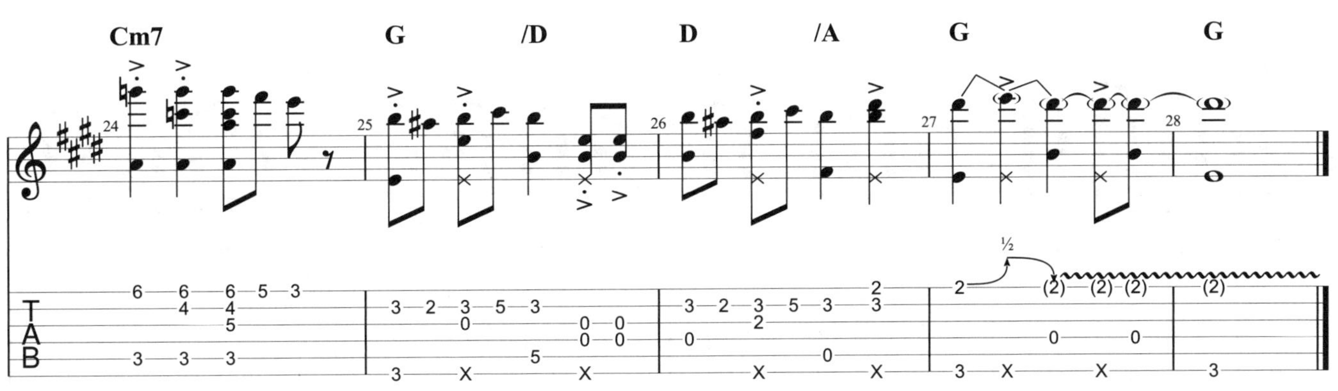

질풍가도

노래 유정석
작사 신동식
작곡 박정식

노래방 성대 파괴술 쾌걸 근육맨 2세 OST.

Dropped D
⑥ = D

♩ = 156

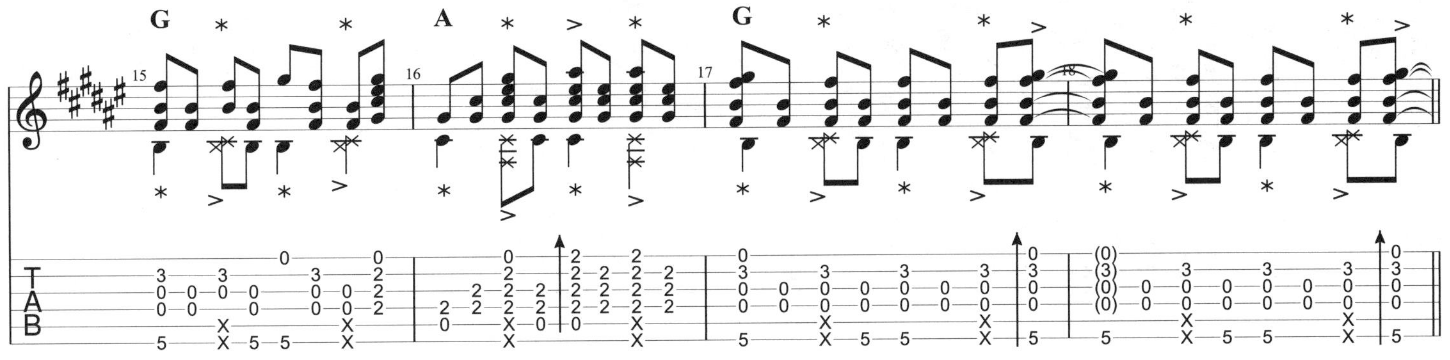

G
A
G
TAB

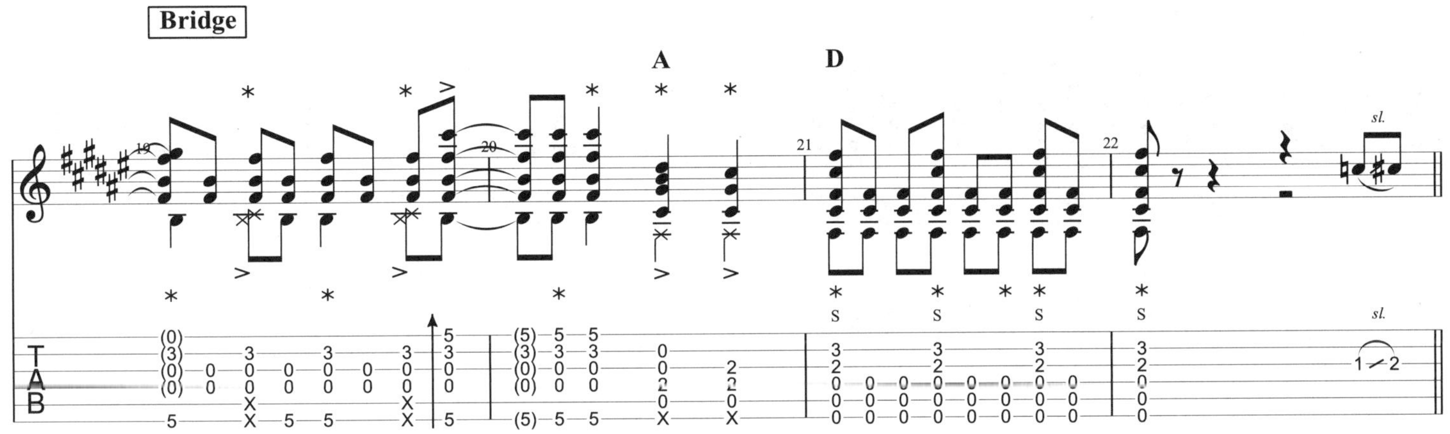

Bridge
A
D
TAB
sl.
S S S S
sl.

B
D
A/C#
Bm7
A
H
TAB

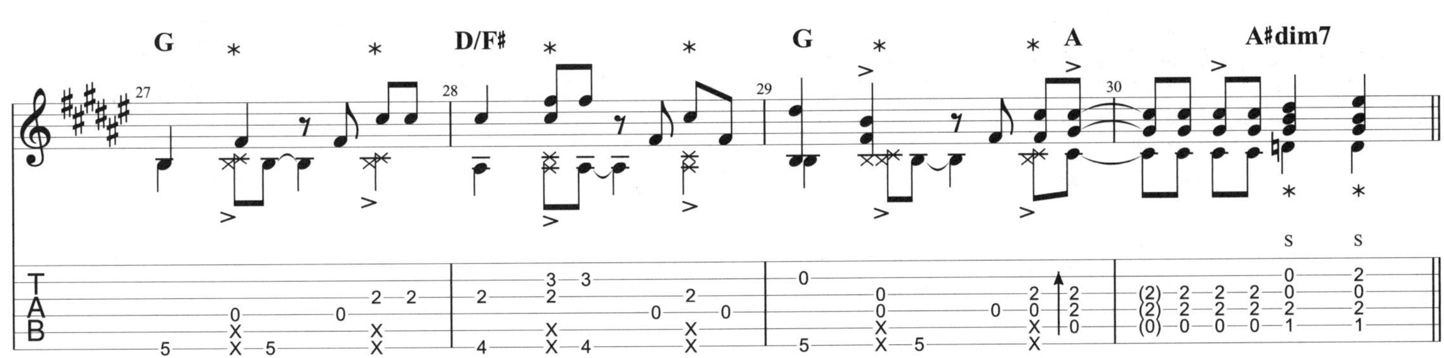

G
D/F#
G
A
A#dim7
TAB
S S

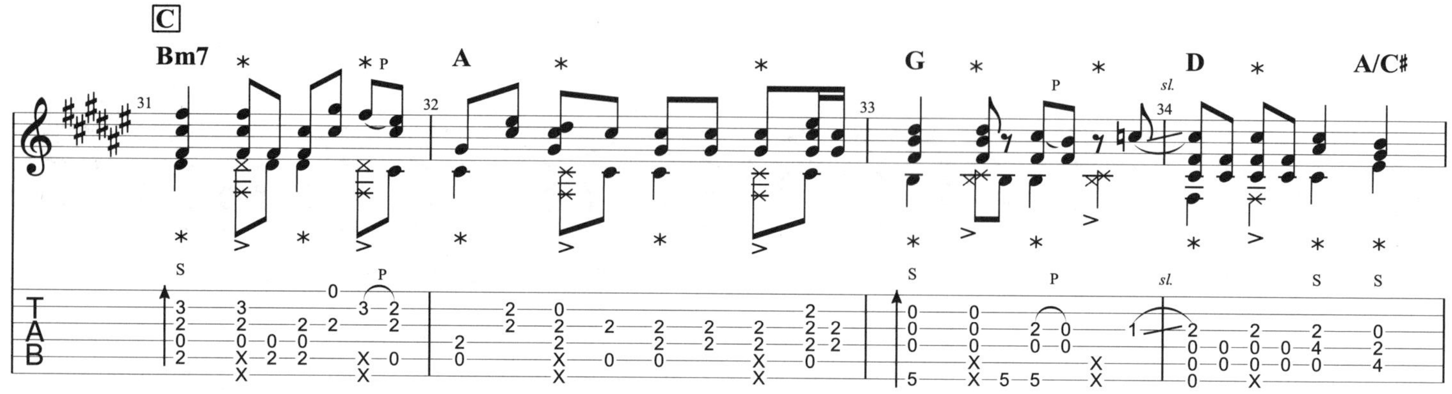
C
Bm7
A
G
D
A/C#
TAB

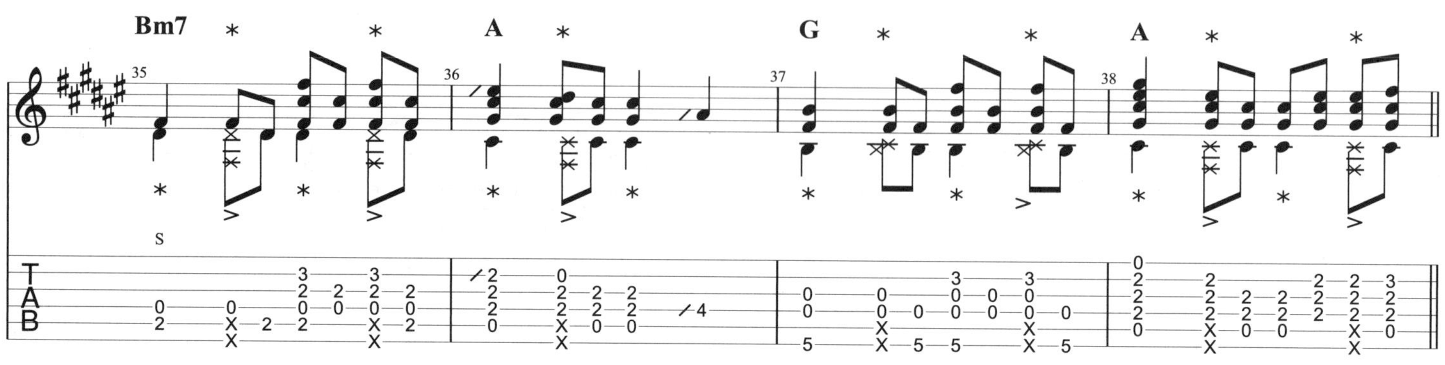
Bm7
A
G
A
TAB

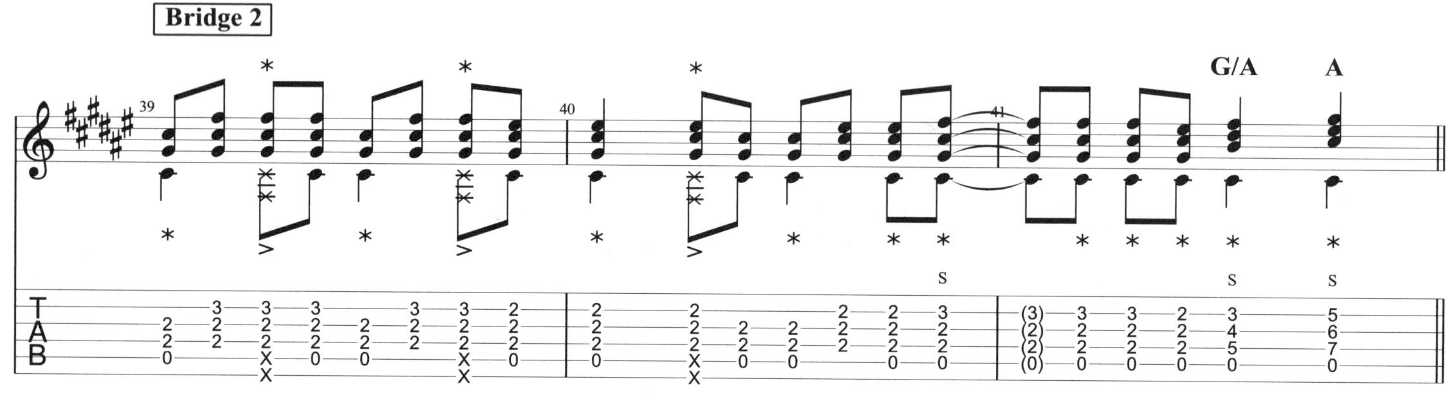
Bridge 2
G/A
A
TAB

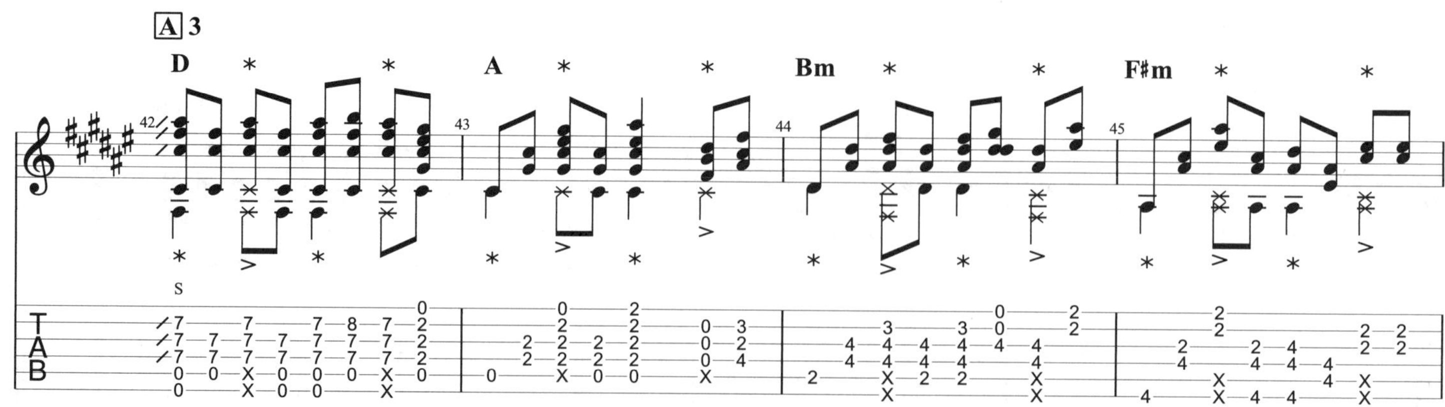
A 3
D
A
Bm
F#m
TAB

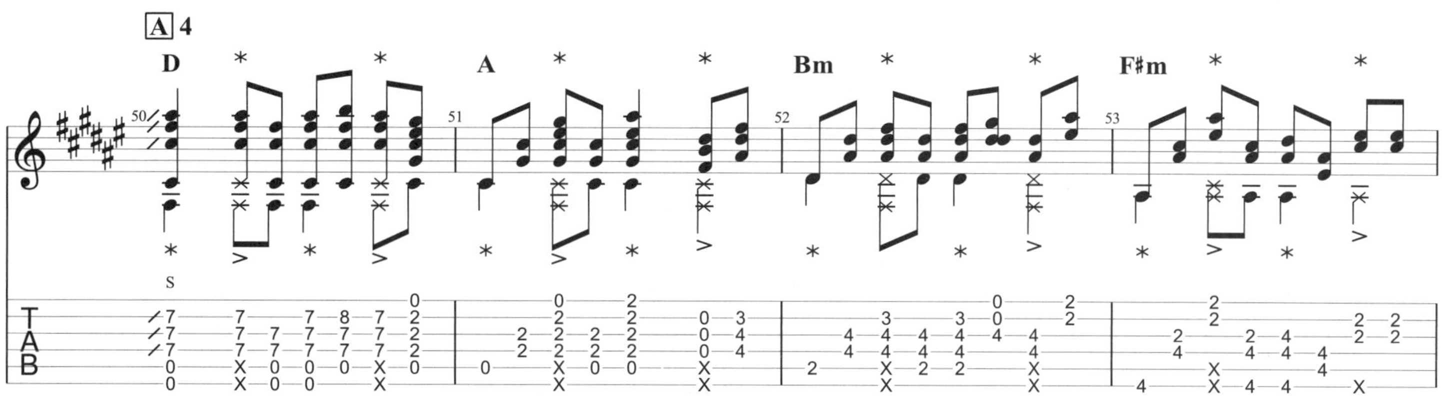

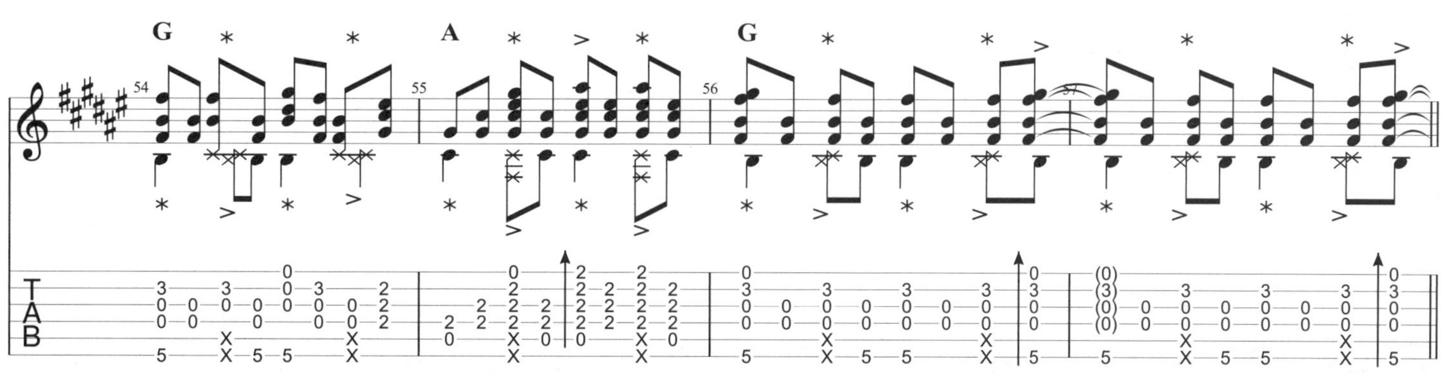

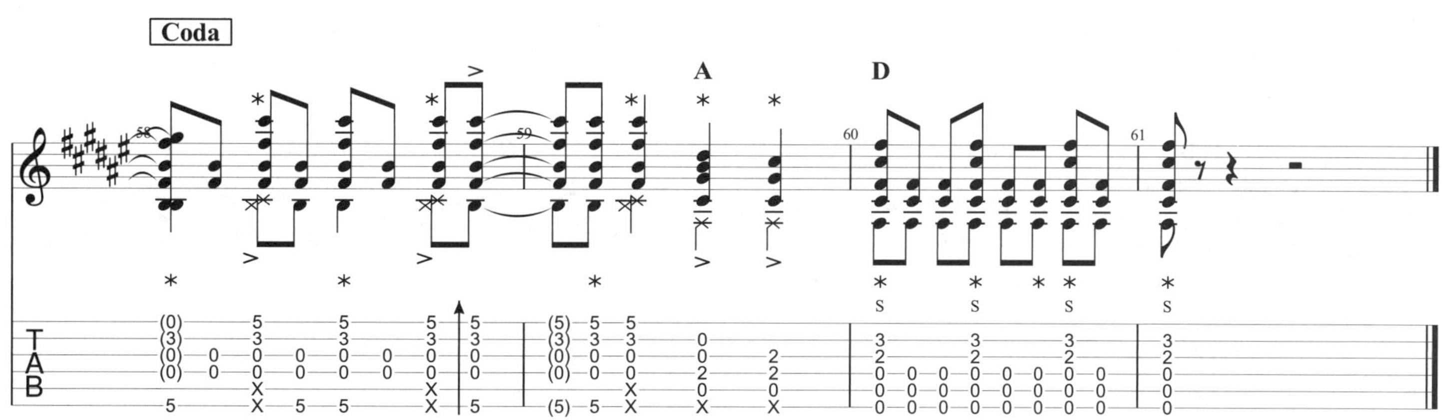

할아버지의 시계

할아버지의 롤렉스 시계

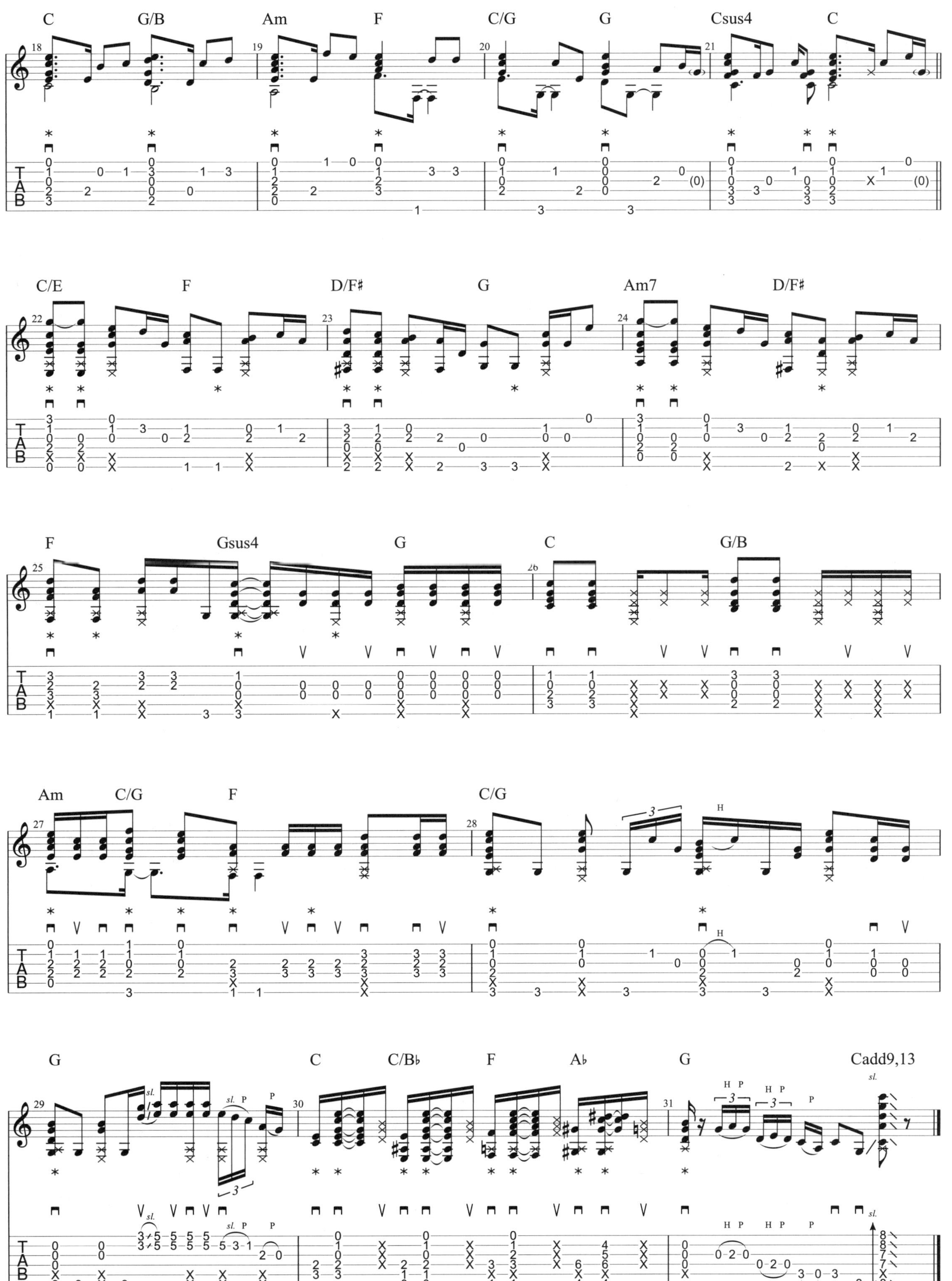

안녕 디지몬

어릴 땐 나도 선택받은 아이 아닐까 했어 디지몬 어드벤처 OST.

노래 장숙희
작사 김주희
작곡 Alex Bang
채보 아린

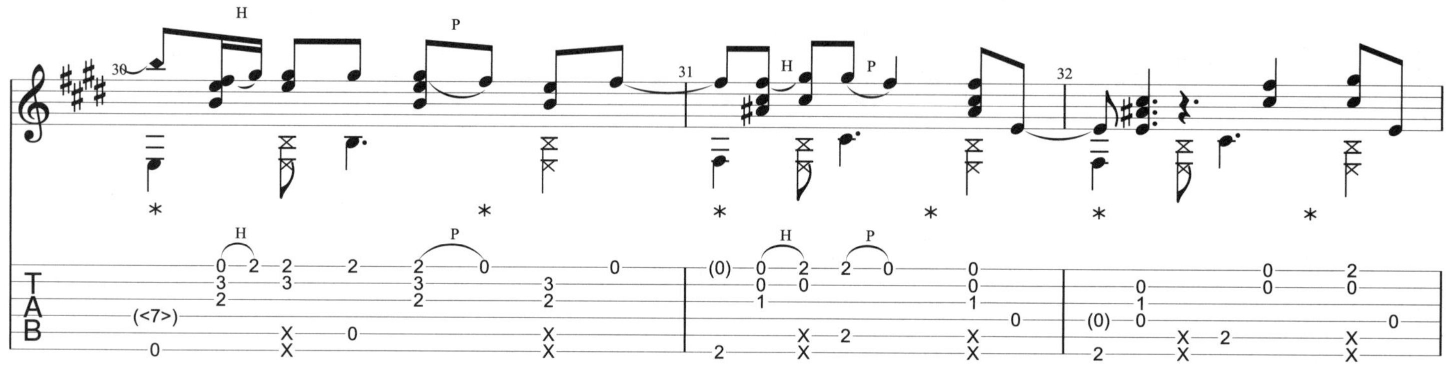
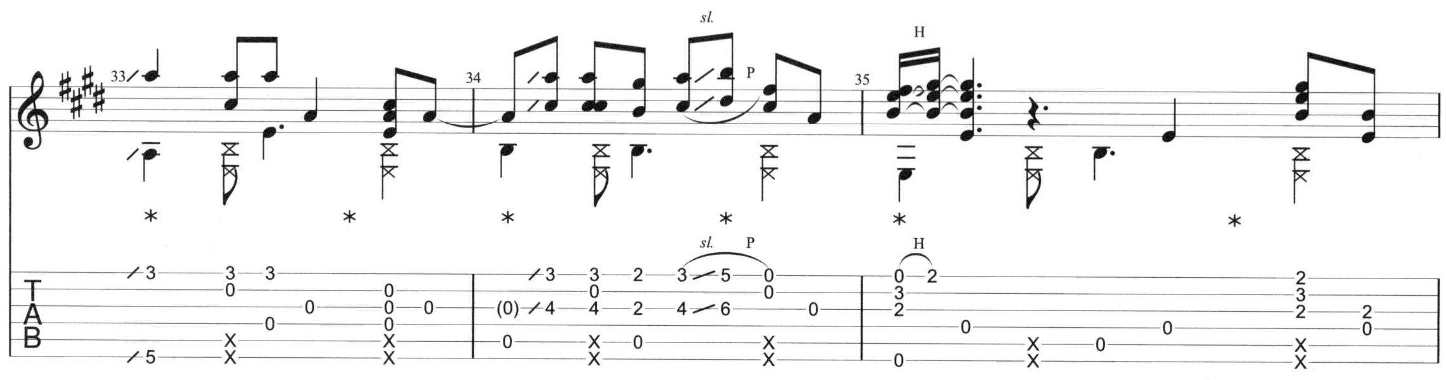

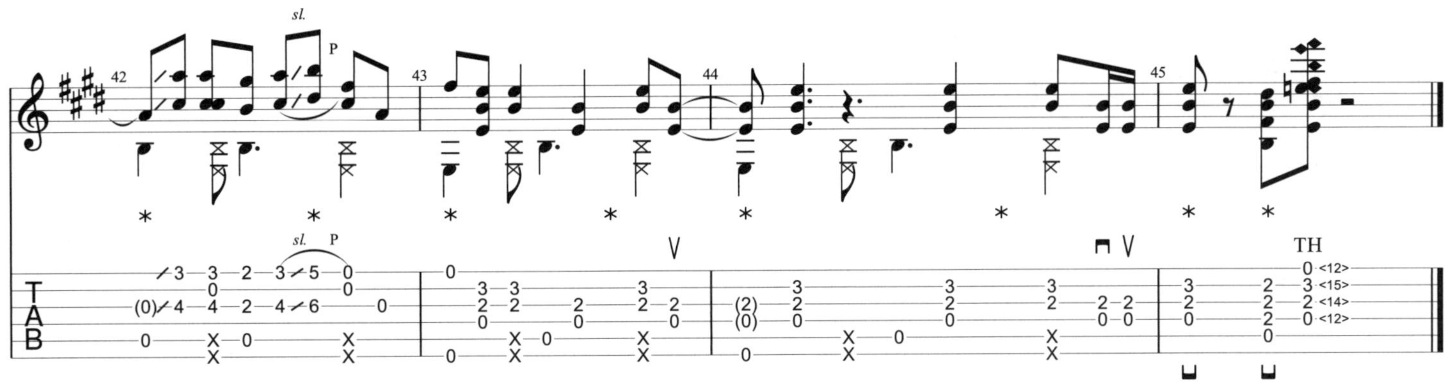

인생의 회전목마

작곡 Hisaishi Joe

하울의 무빙 오지는 성 하울의 움직이는 성 OST.

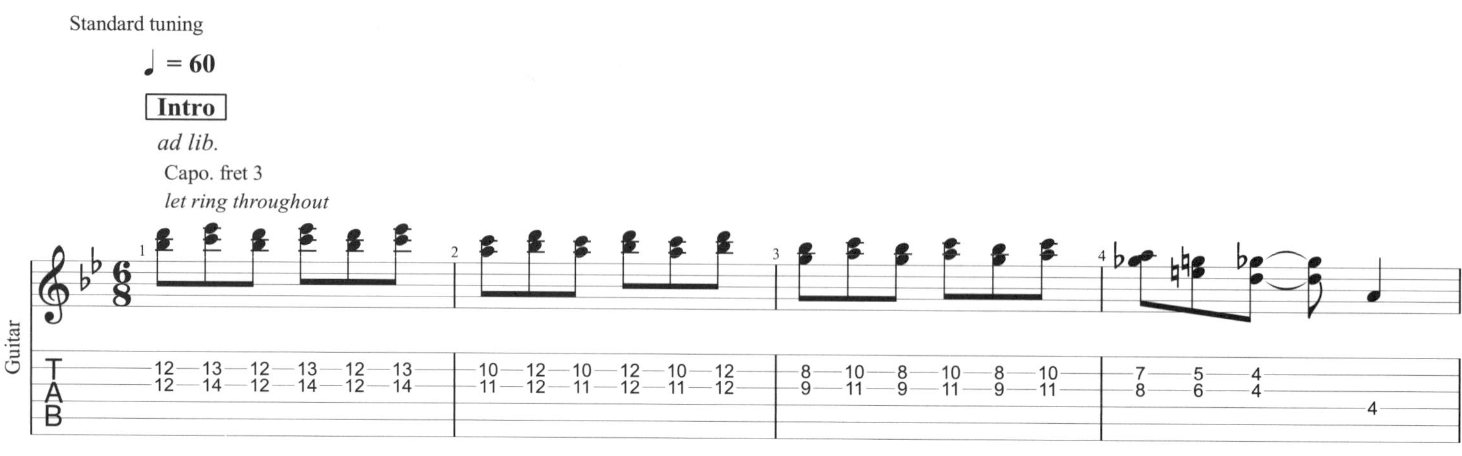

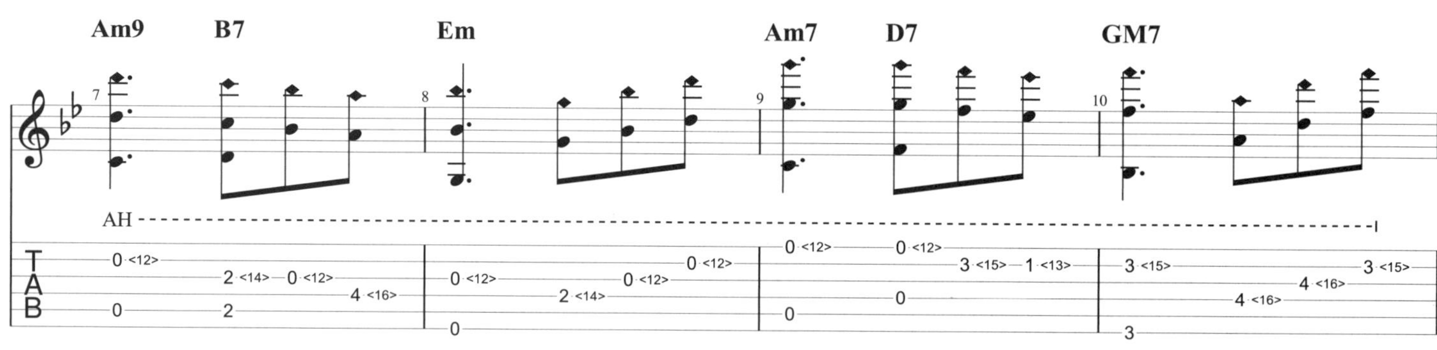

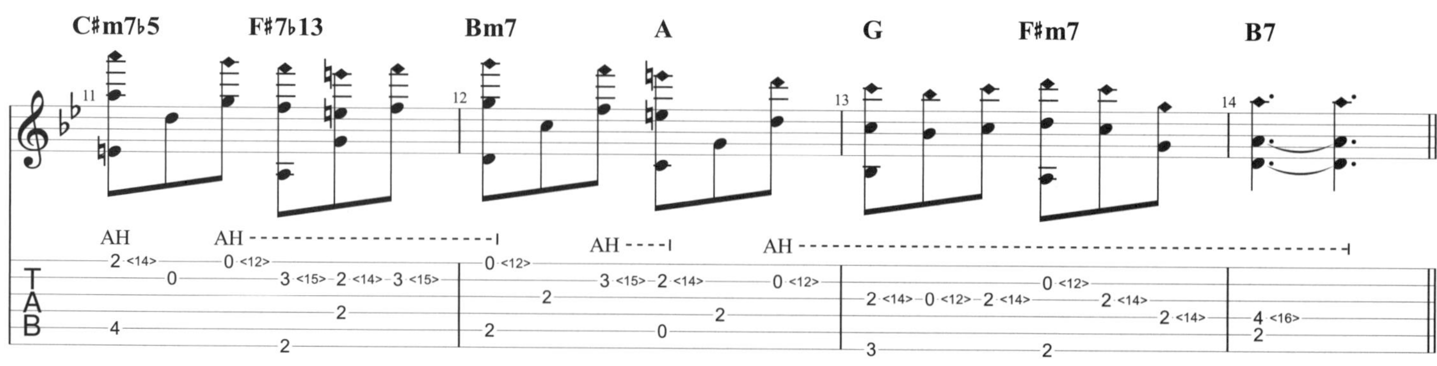

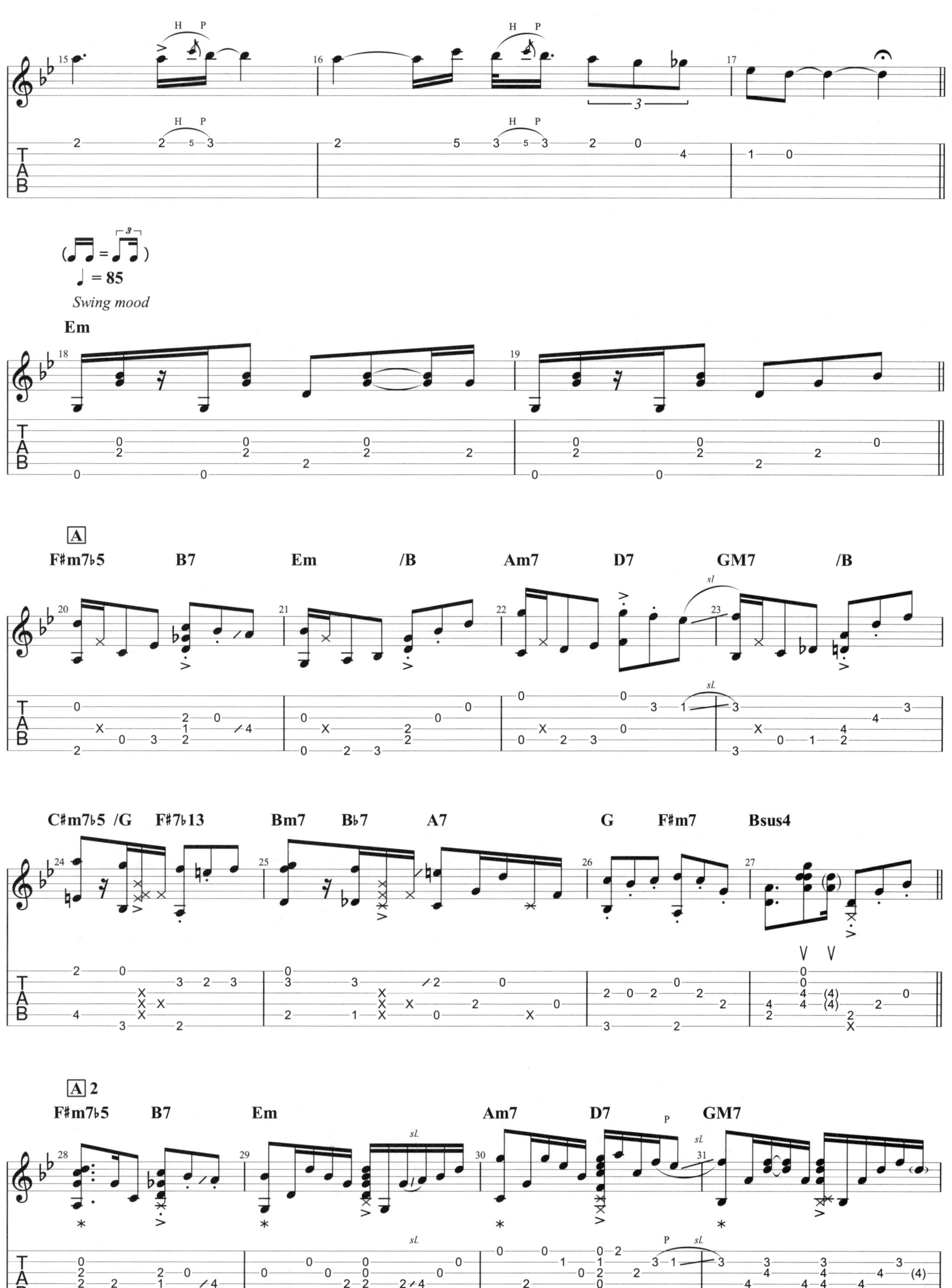
Swing mood
♩ = 85
Em
F#m7♭5   B7   Em   /B   Am7   D7   GM7   /B
C#m7♭5   /G   F#7♭13   Bm7   B♭7   A7   G   F#m7   Bsus4
F#m7♭5   B7   Em   Am7   D7   GM7

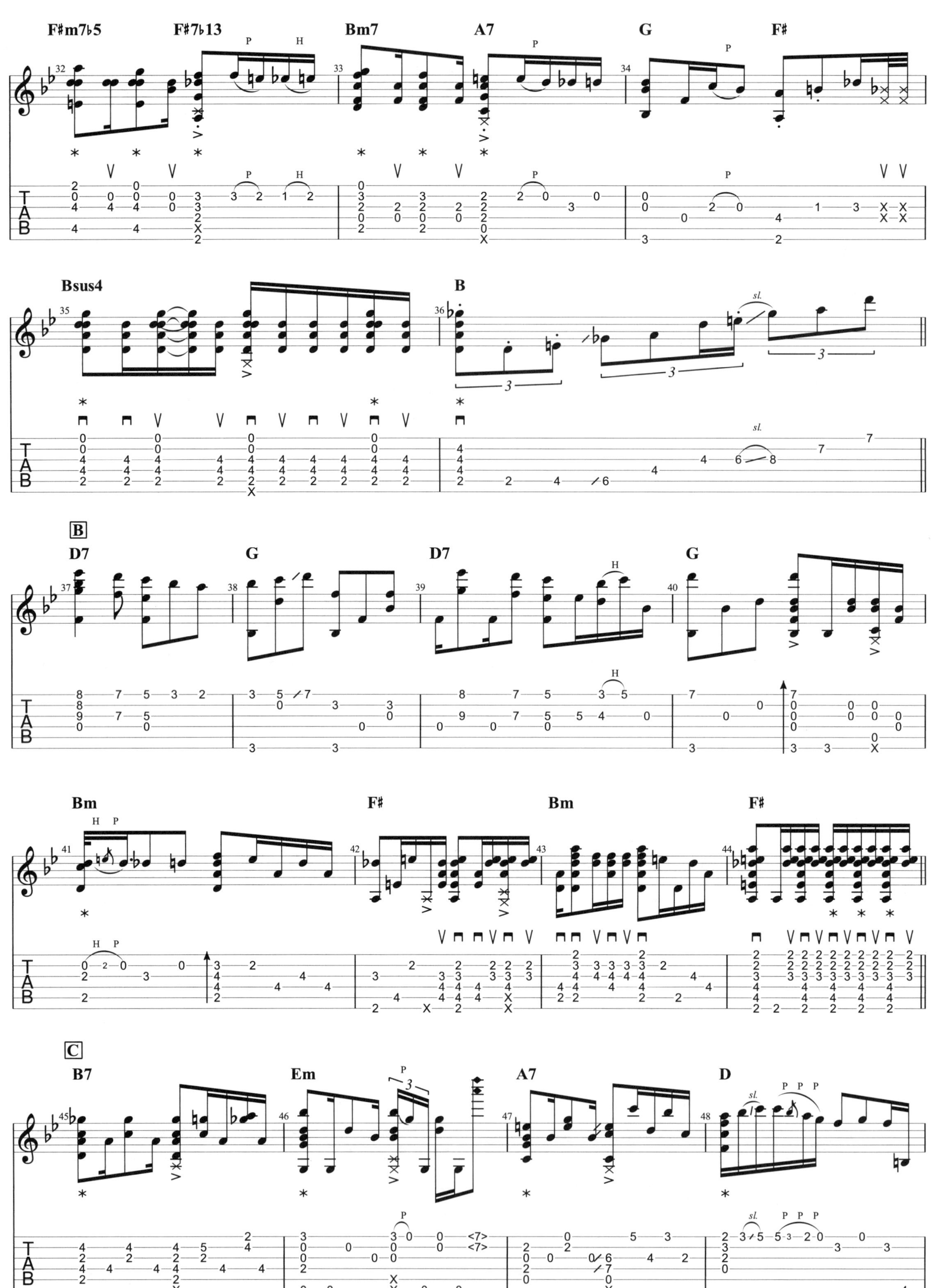

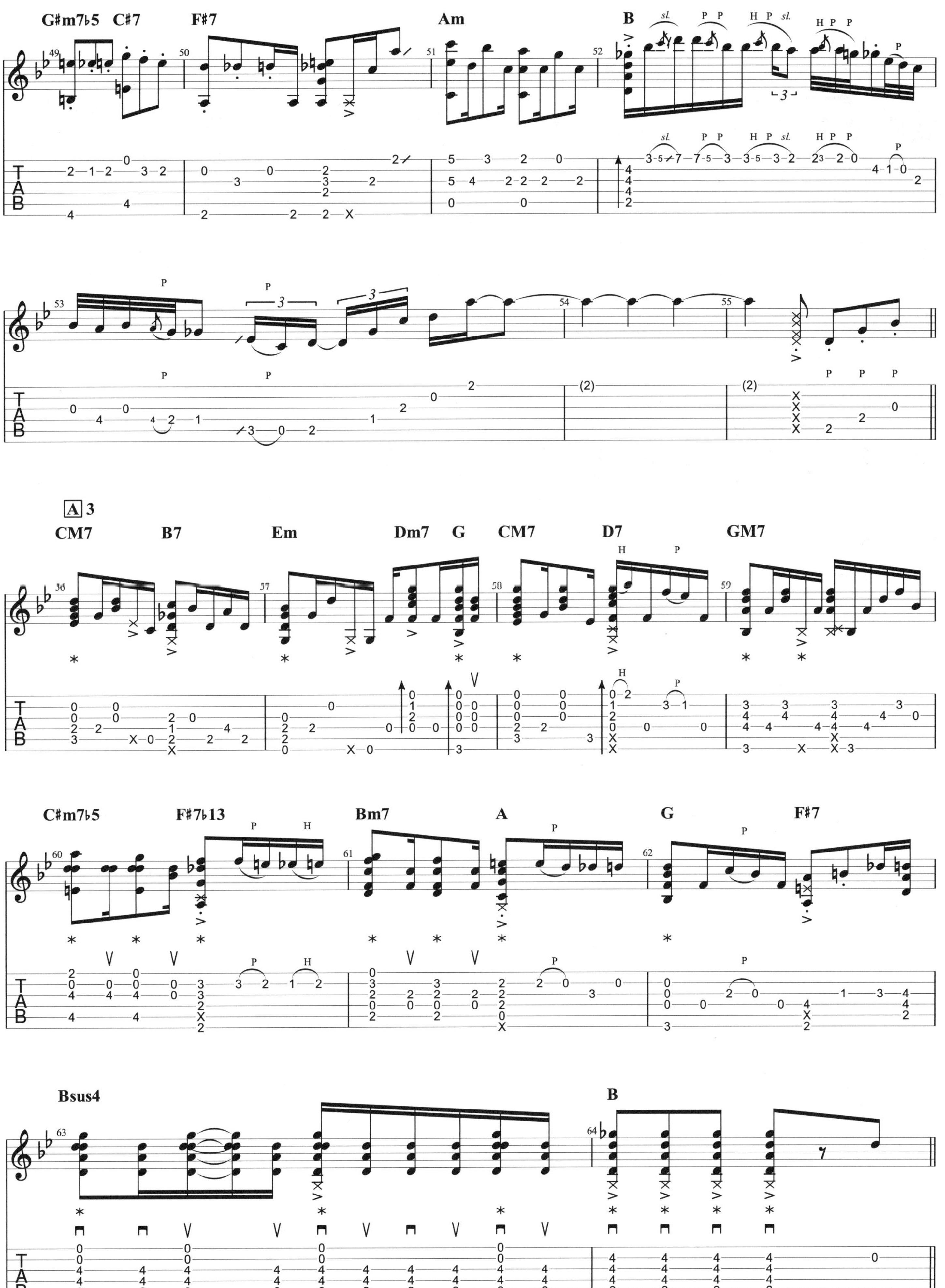

G#m7b5 C#7 F#7 Am B
A 3
CM7 B7 Em Dm7 G CM7 D7 GM7
C#m7b5 F#7b13 Bm7 A G F#7
Bsus4 B

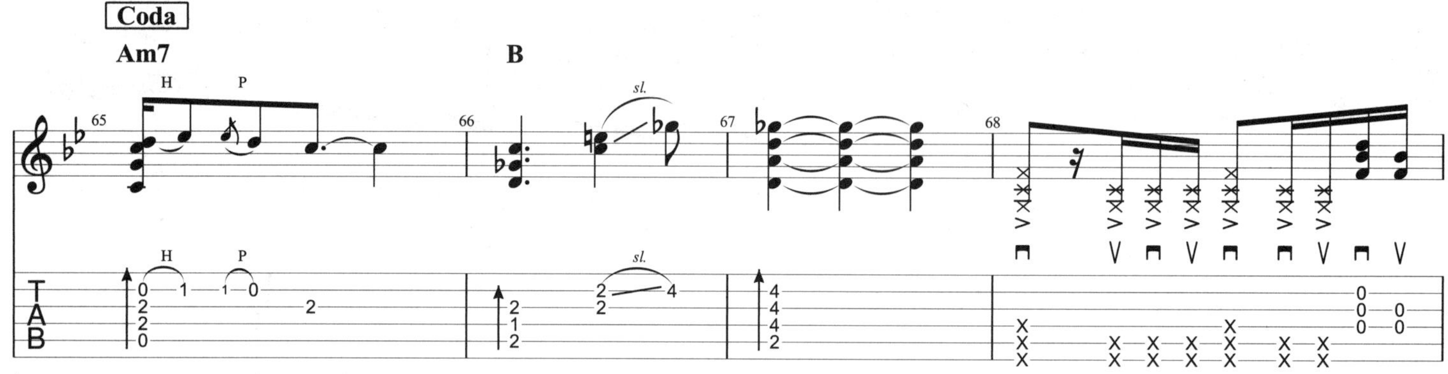
Am7
B
H   P
sl.
65   66   67   68

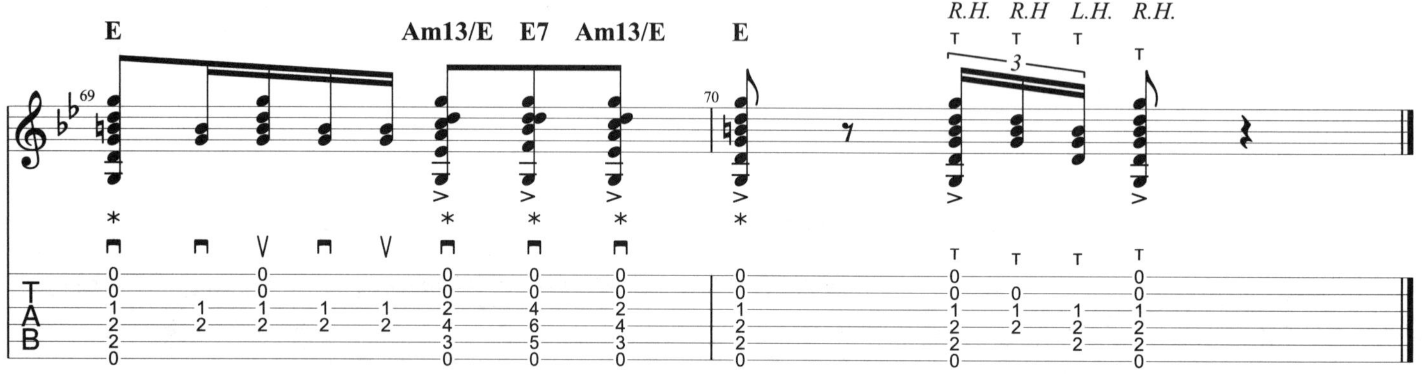
E
Am13/E   E7   Am13/E
E
R.H.   R.H.   L.H.   R.H.
69   70
3

네모의 꿈

노래 W.H.I.T.E.
작사 유영석
작곡 유영석

형님, 네모 이 자식 자면서 웃는데요?

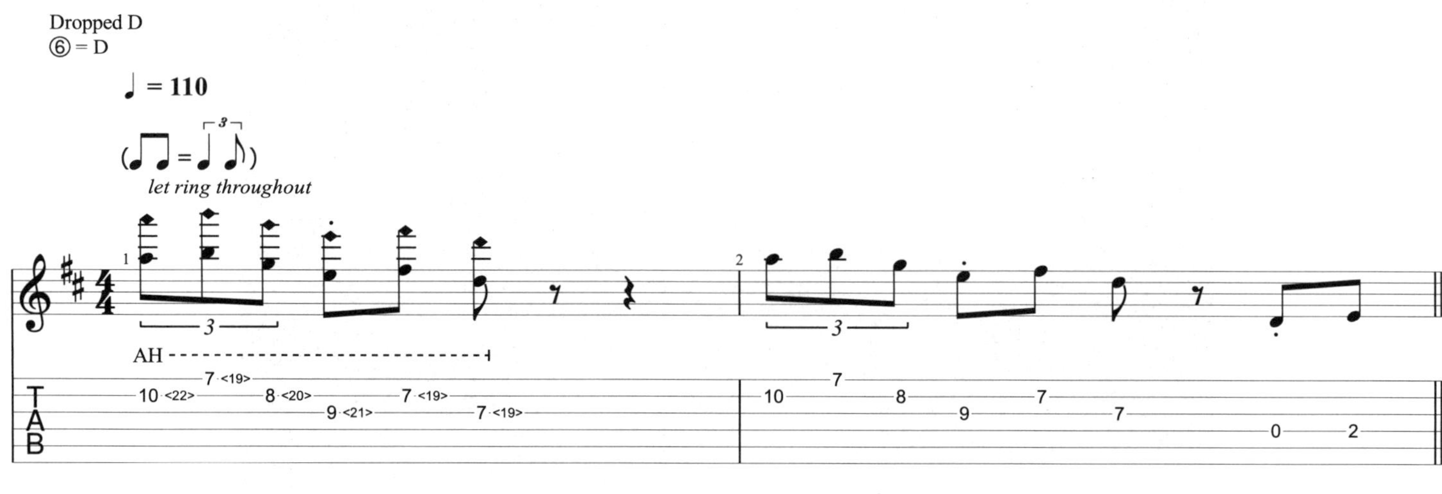

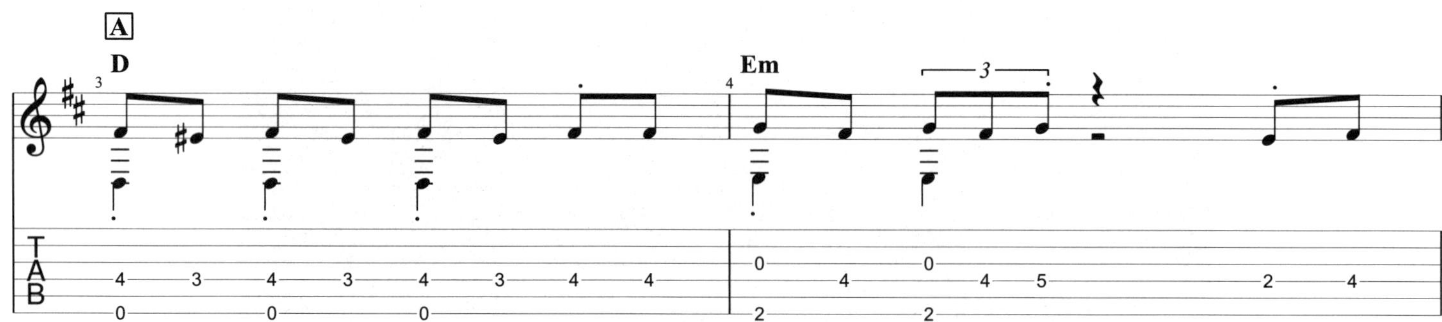

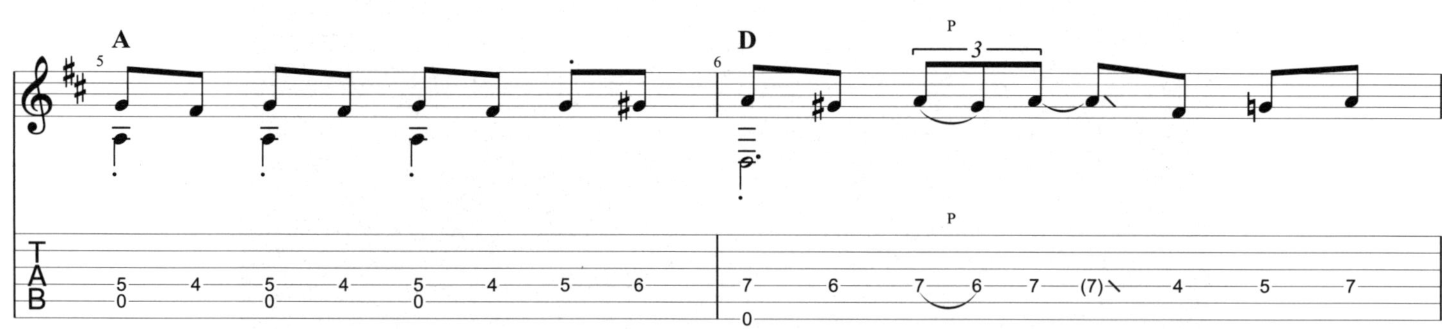

네모의 꿈

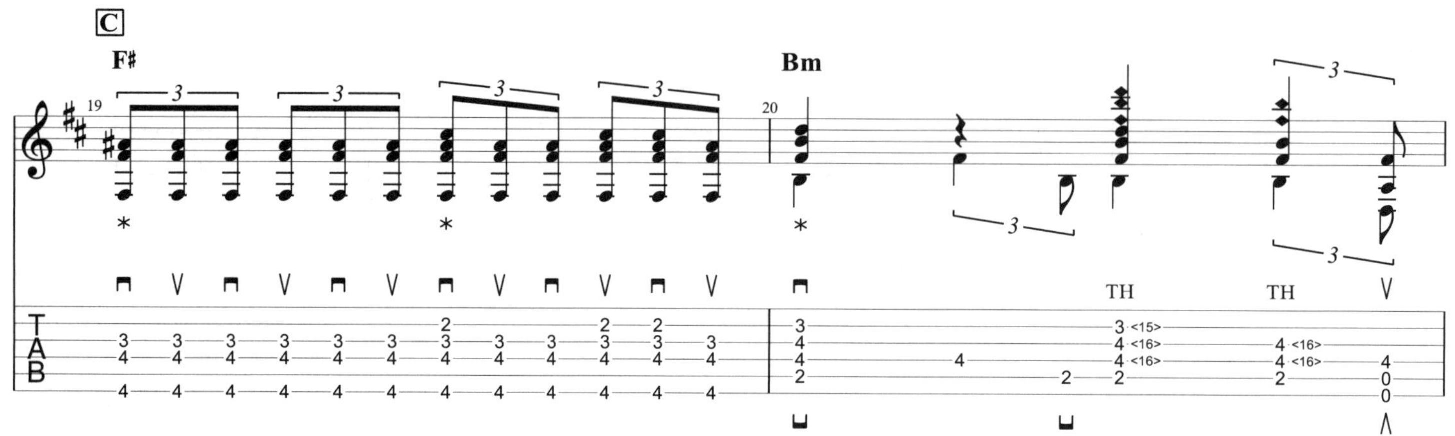

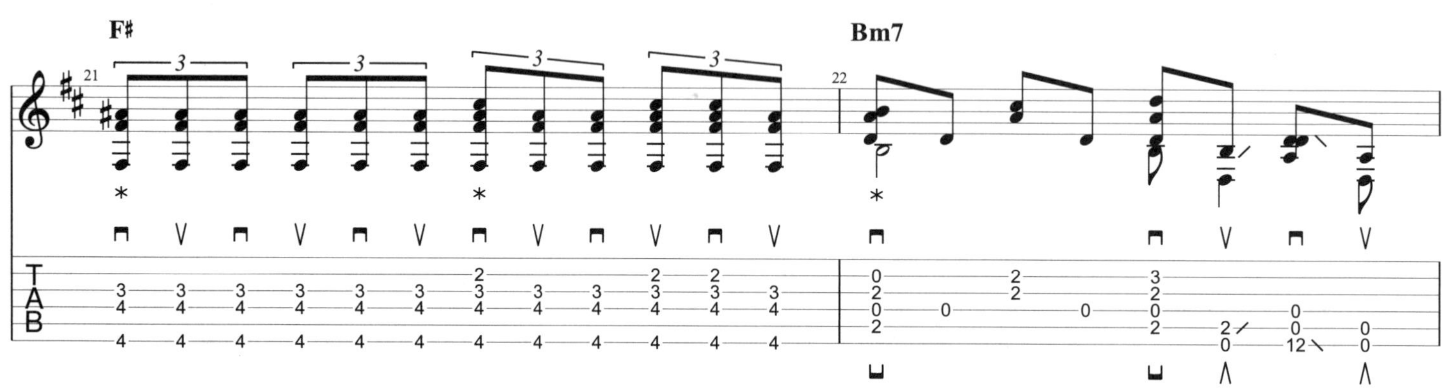

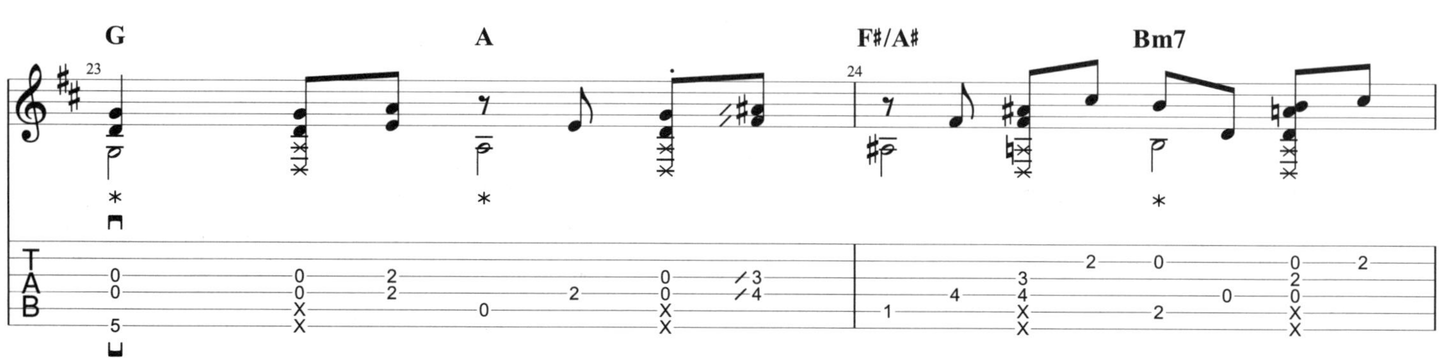

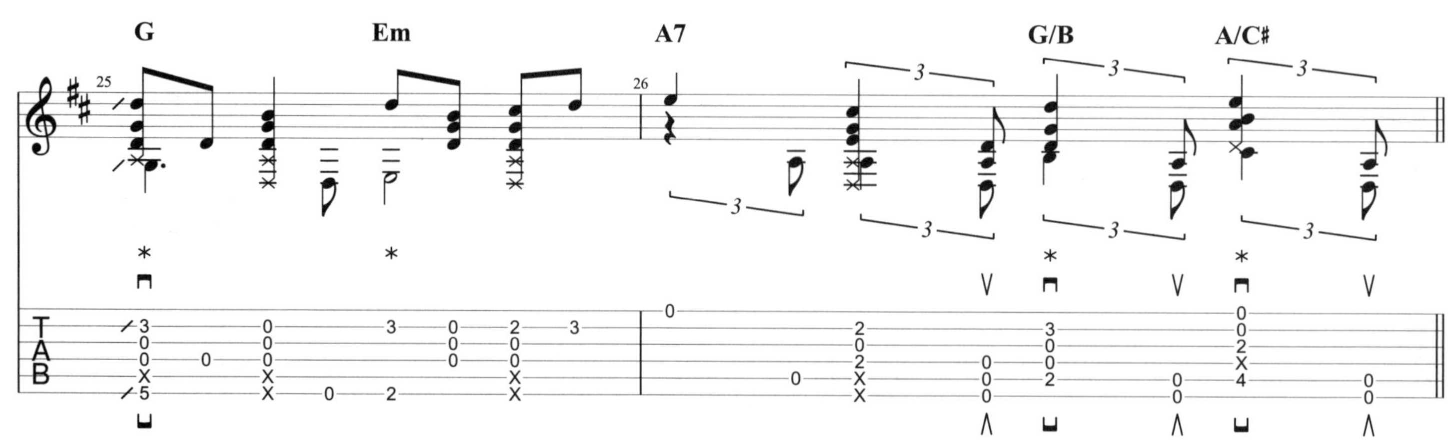

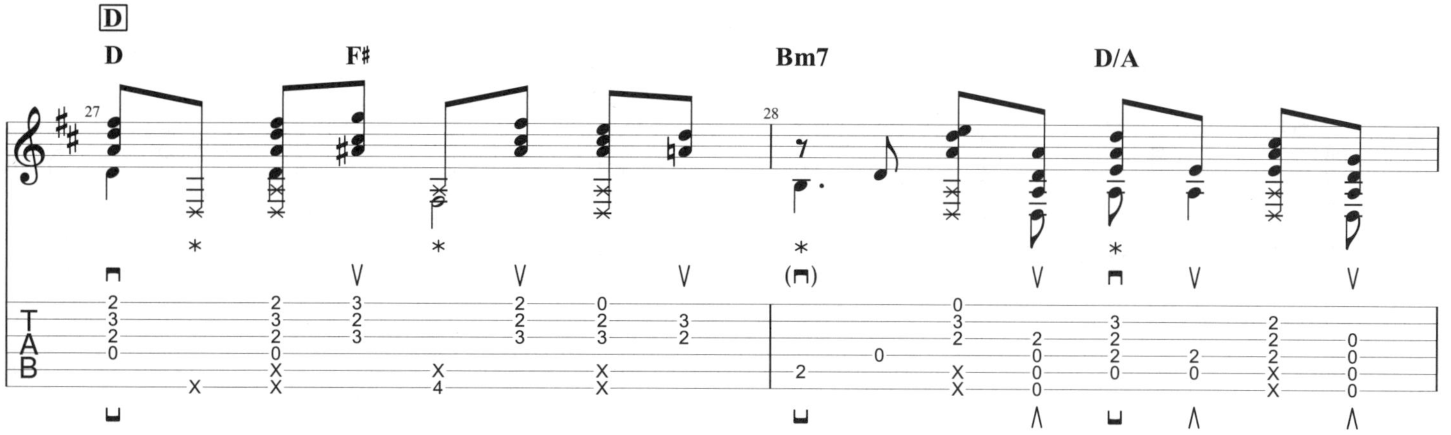

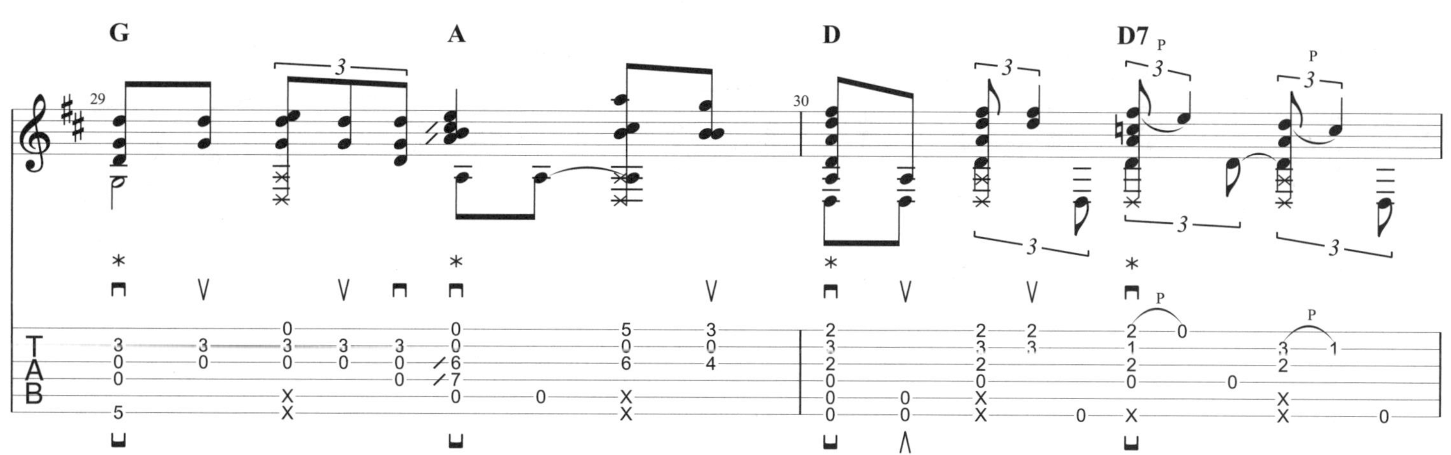

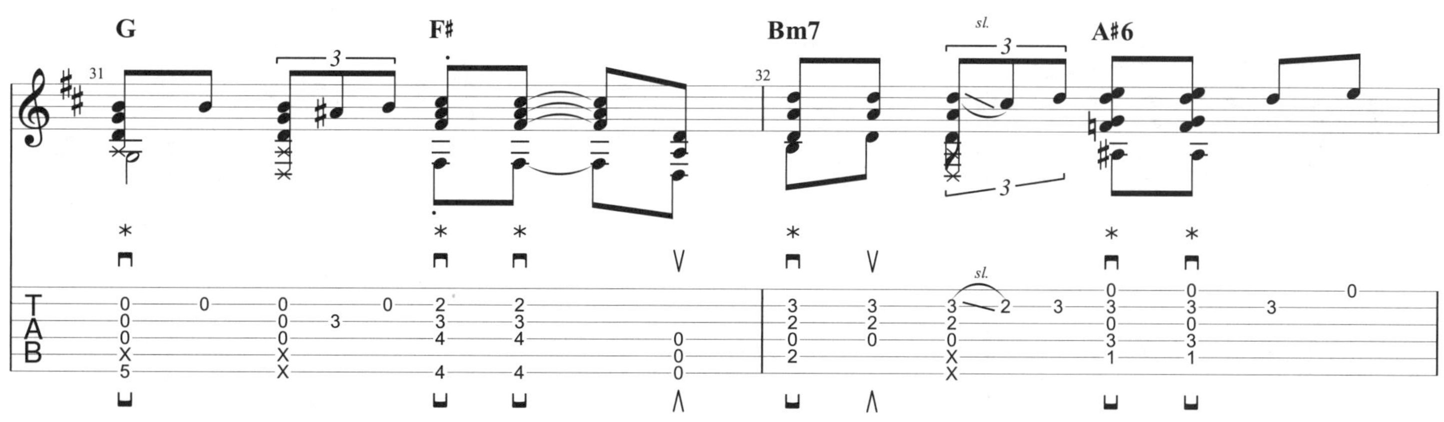

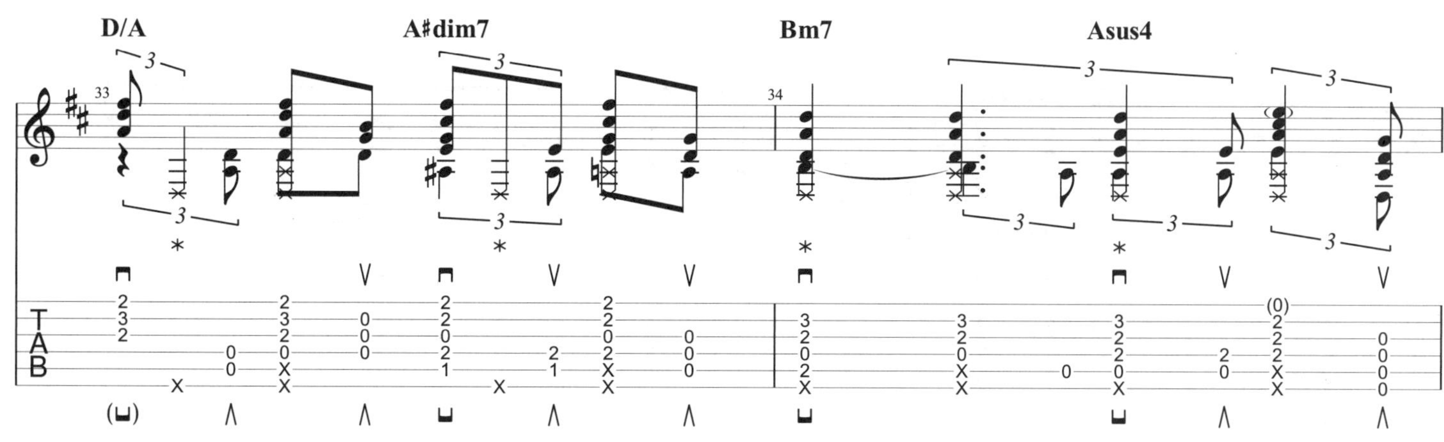

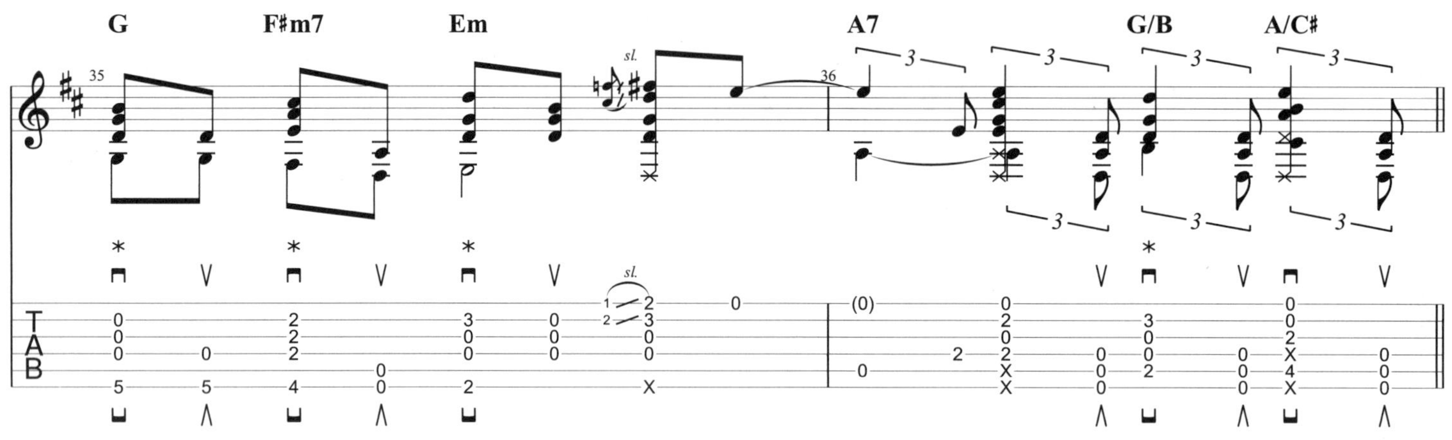

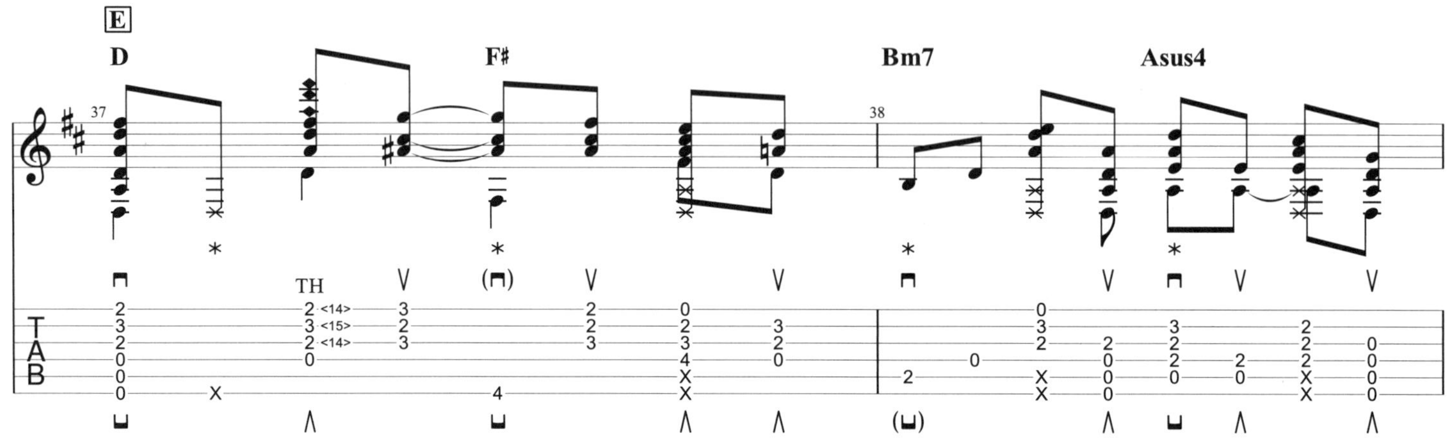

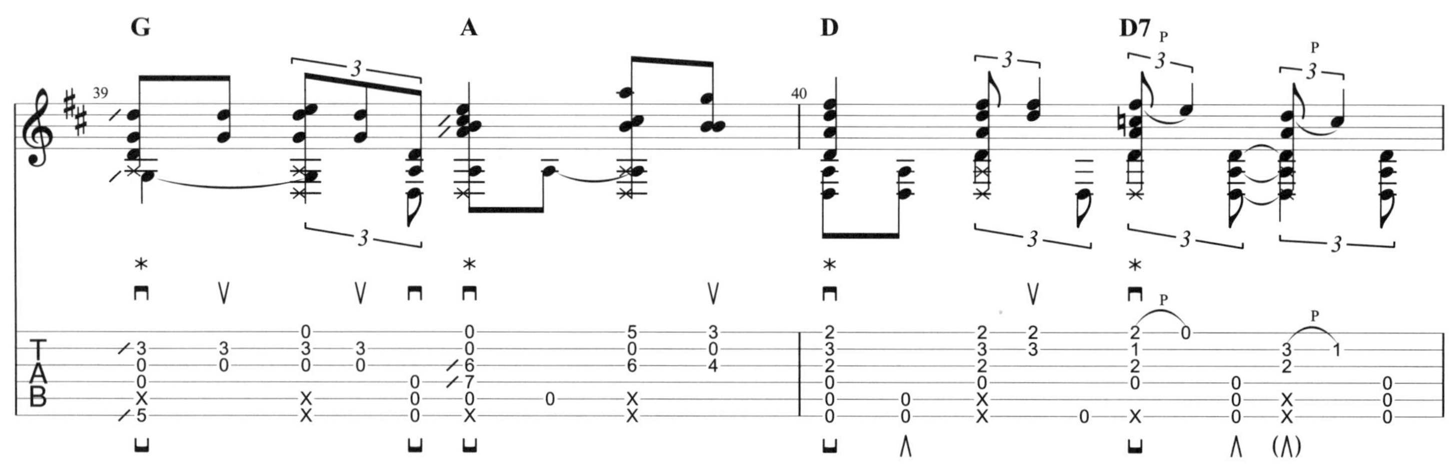

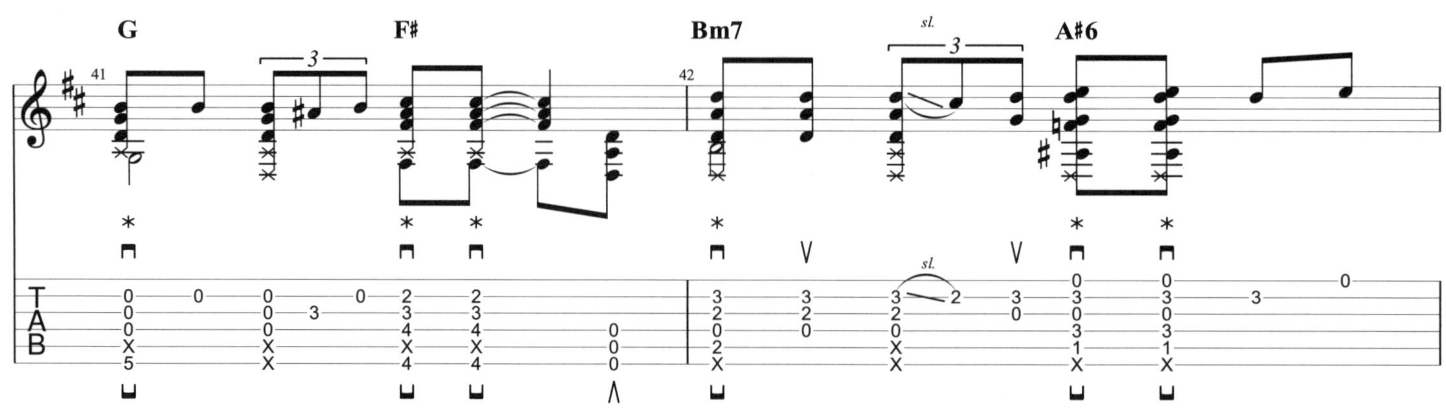

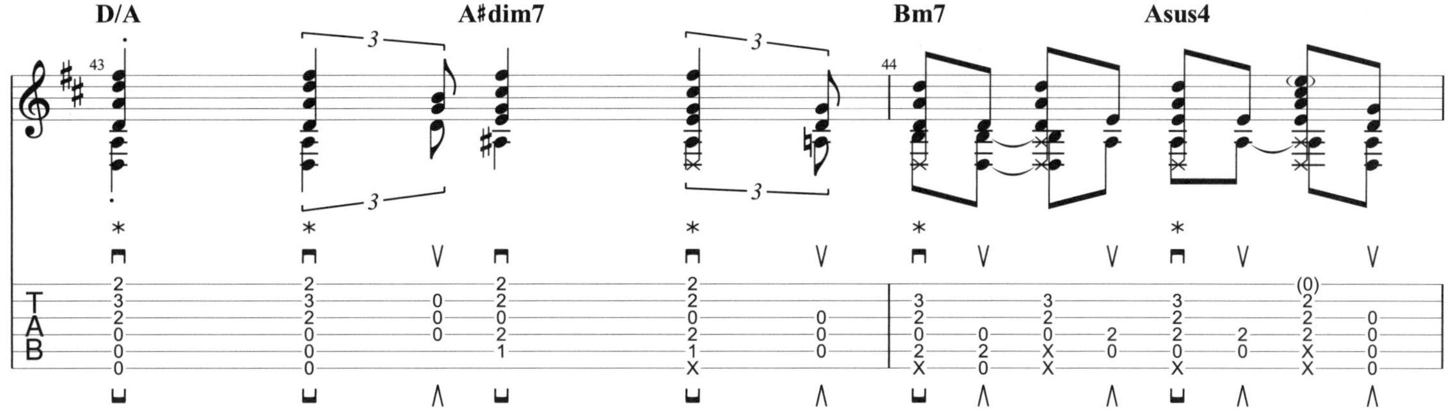

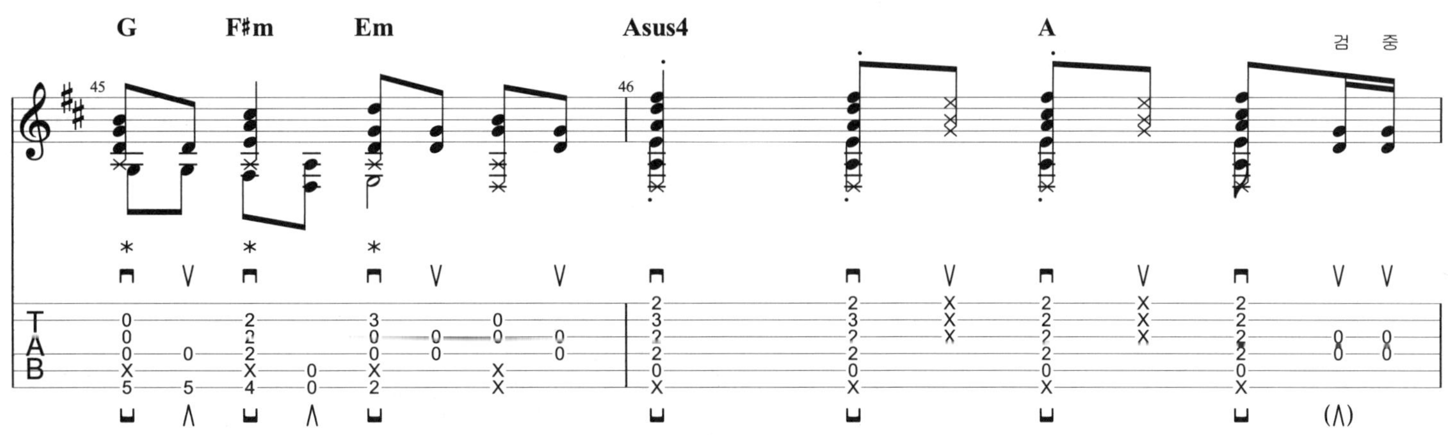

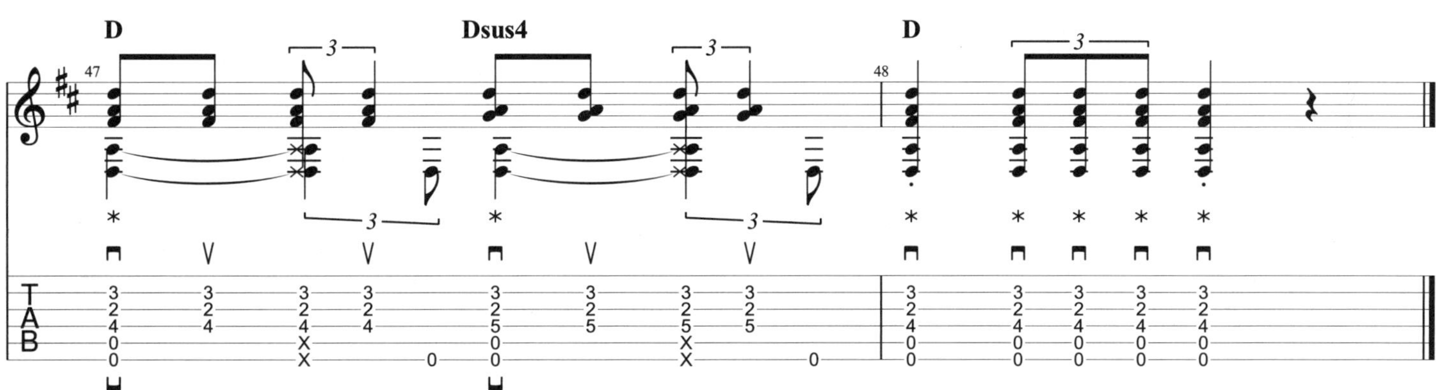

바다가 보이는 마을

오션뷰 지리는 마을

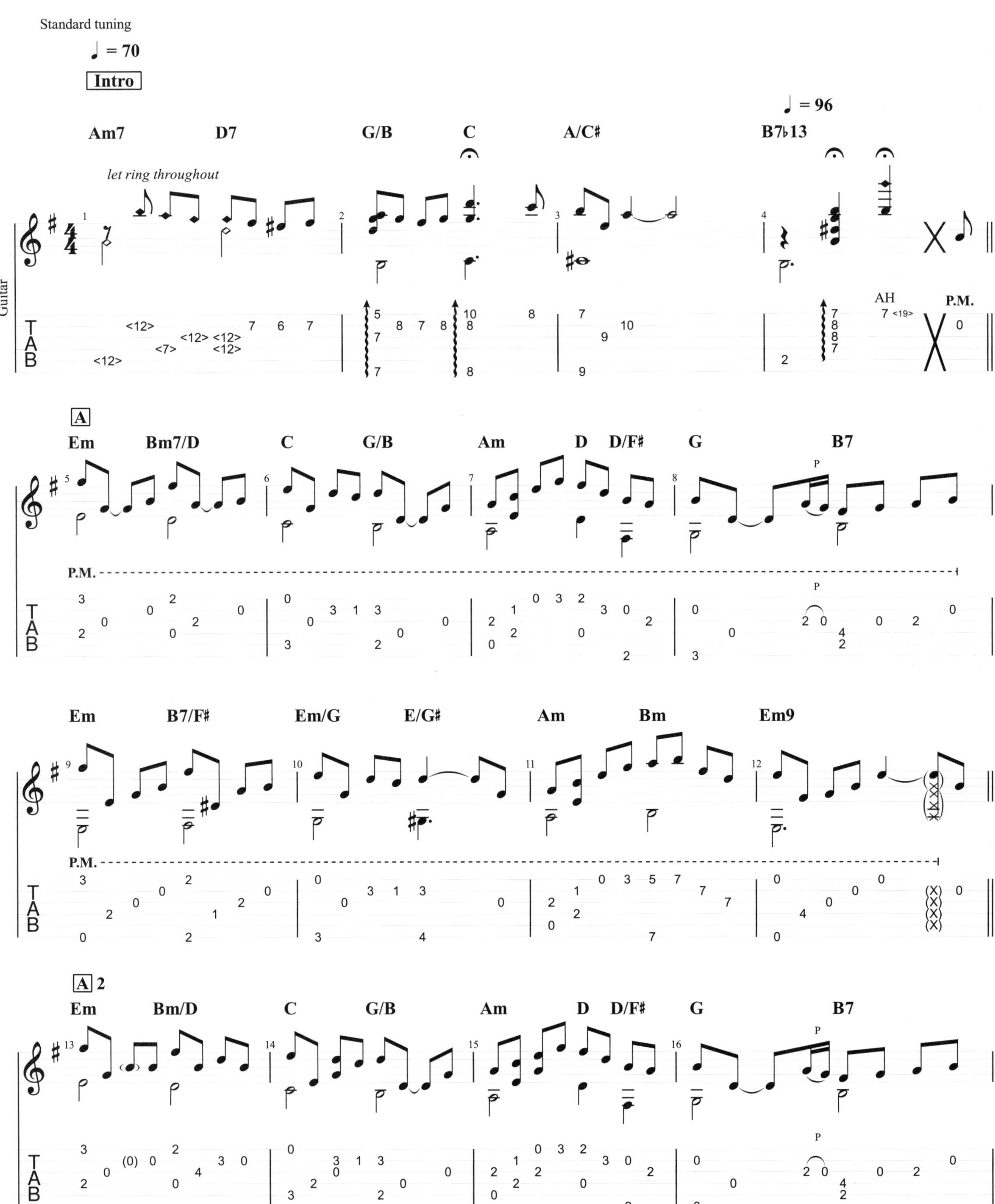

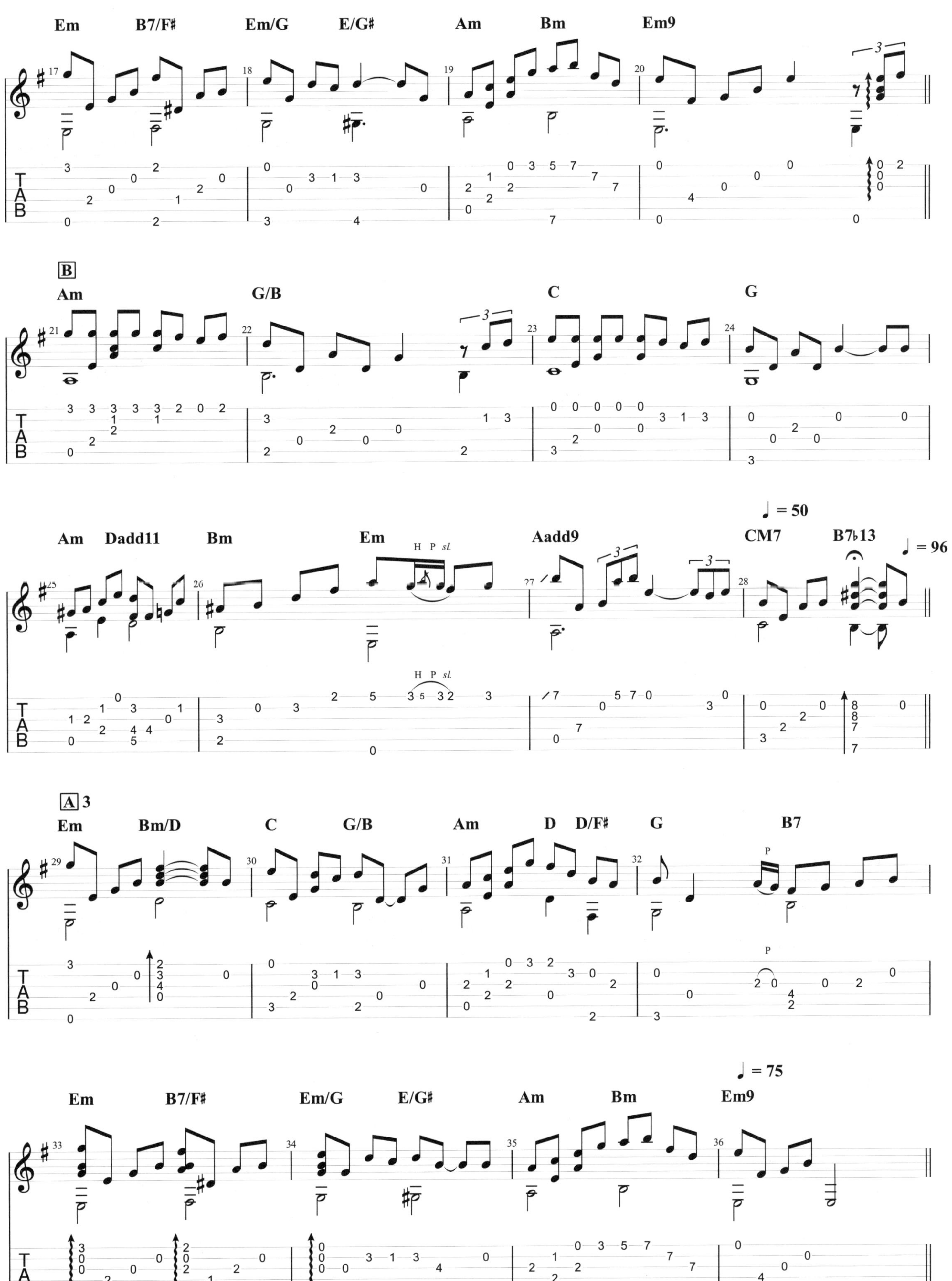

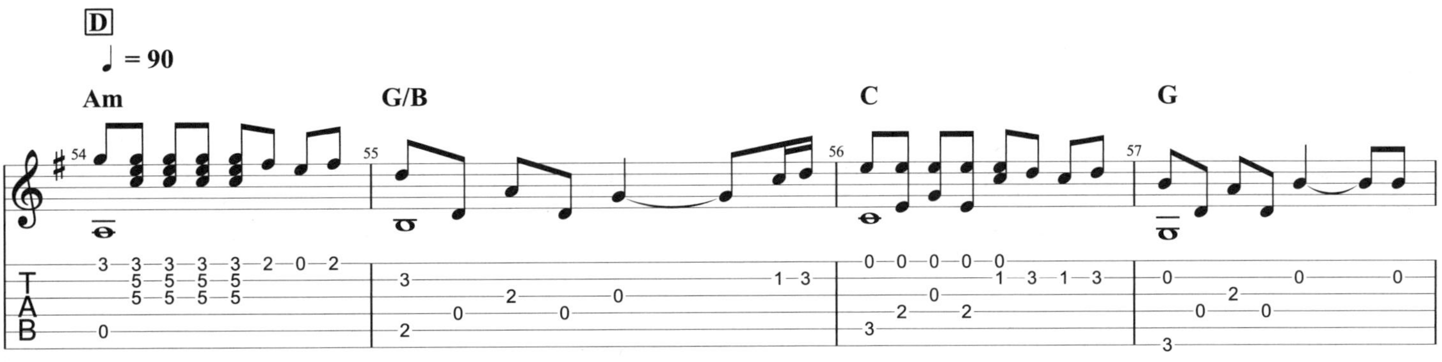

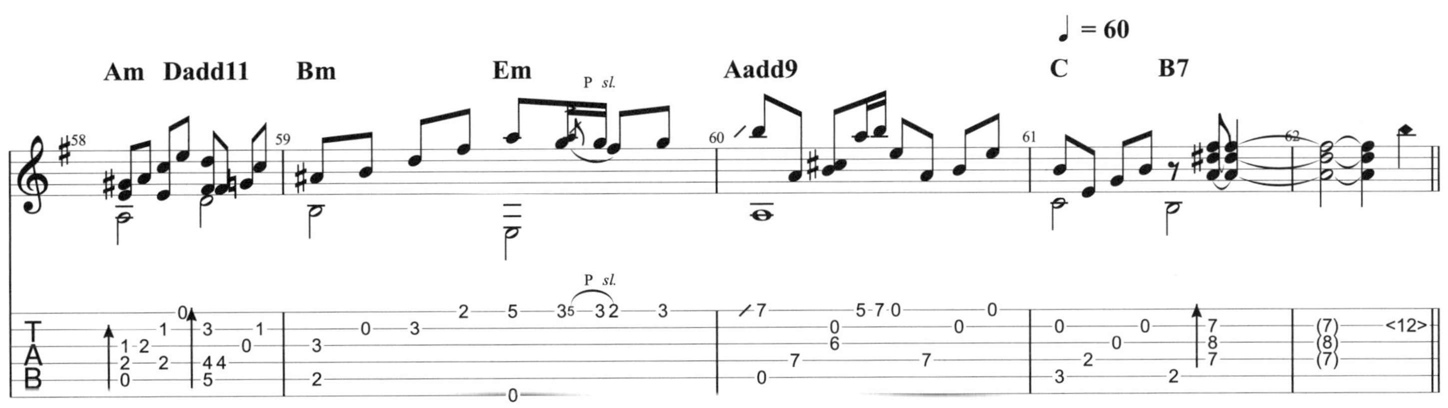

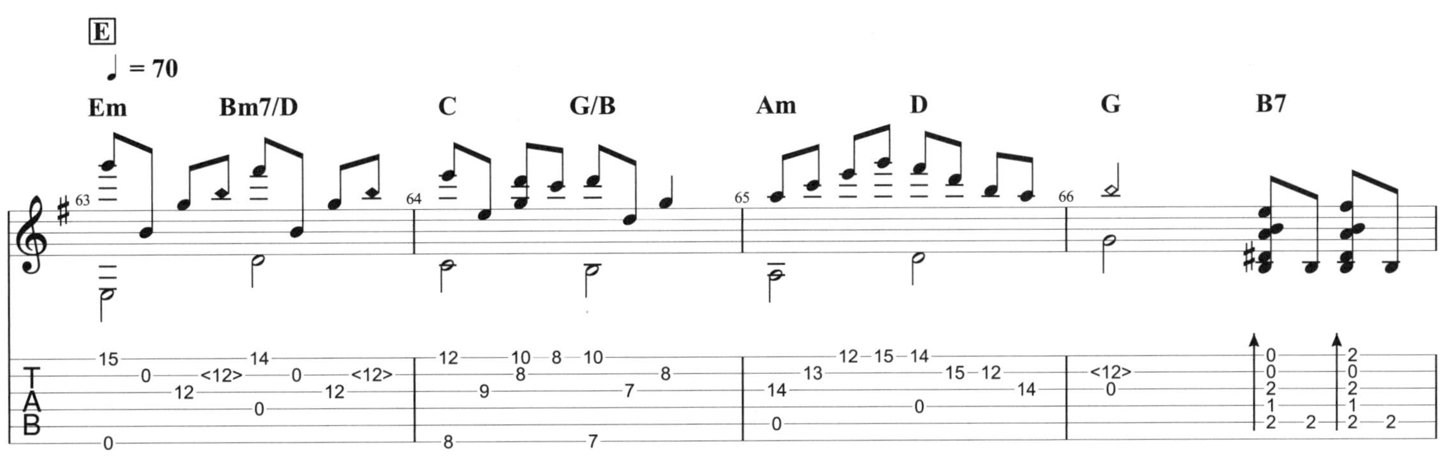

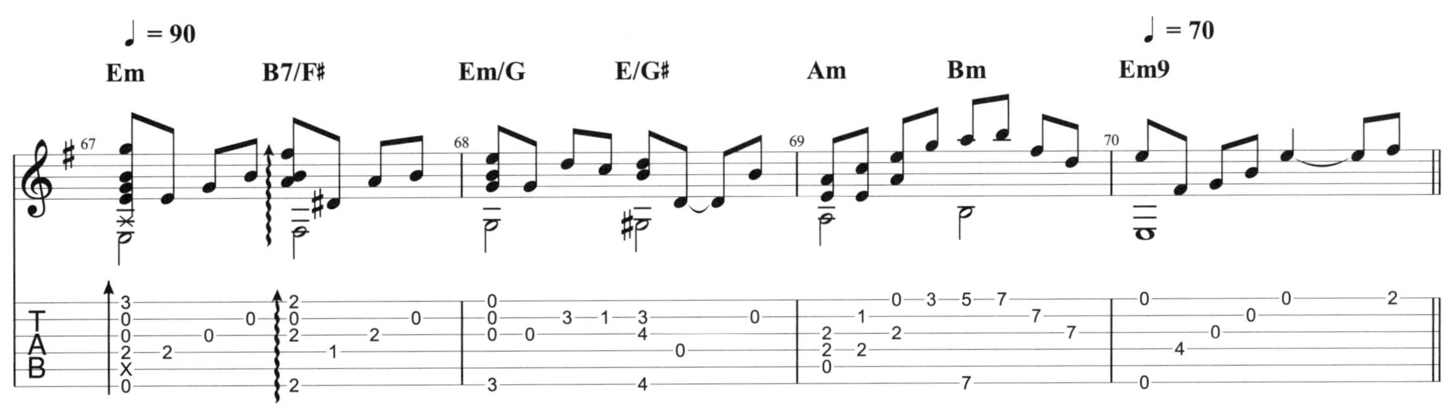

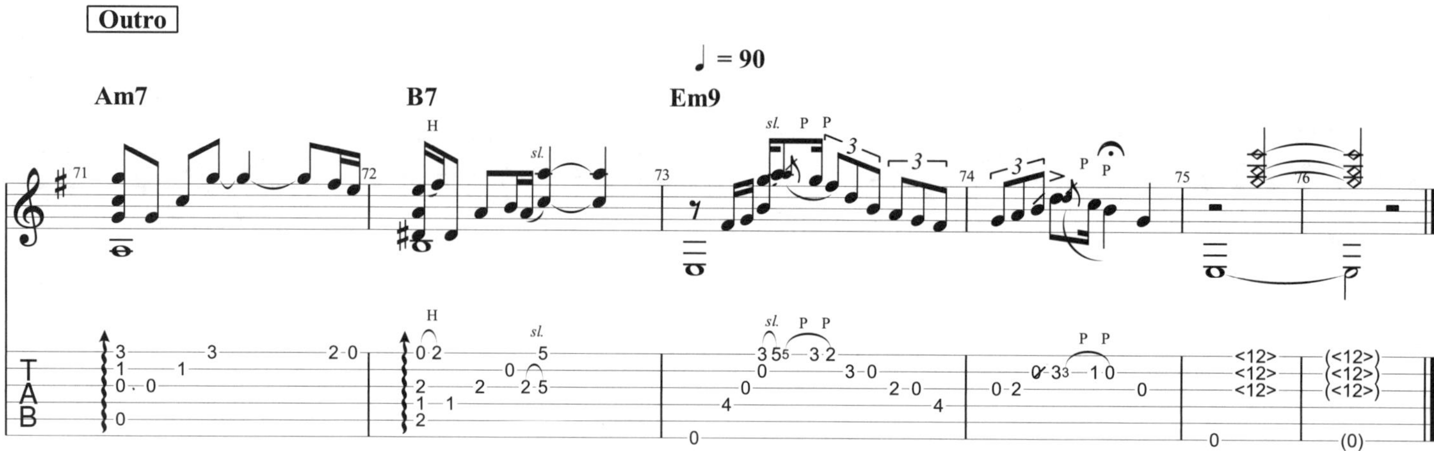
Outro
♩ = 90
Am7
B7
Em9
96

Alone

아니 이게 어떻게 만화 OST임; 카우보이 비밥 OST.

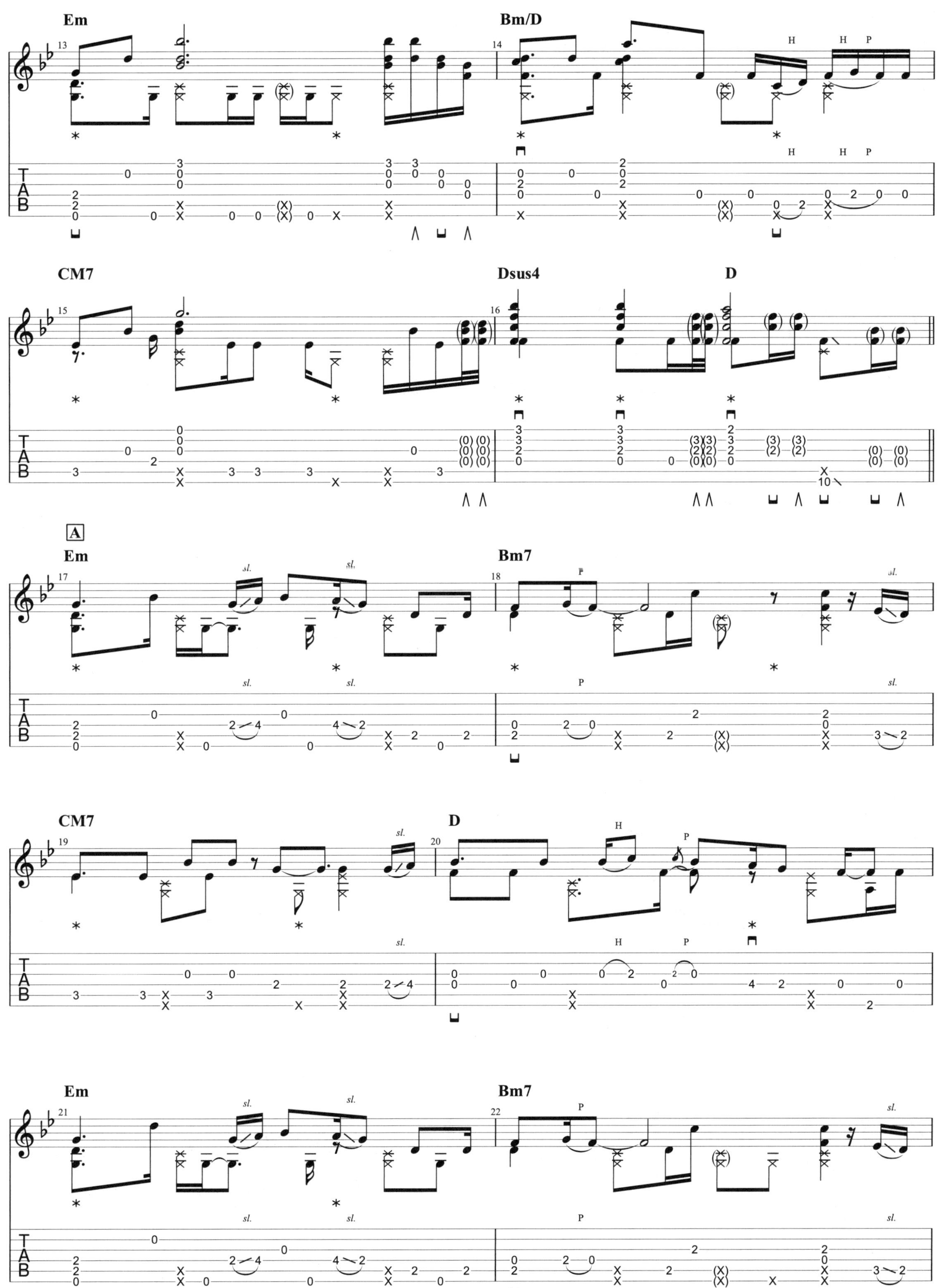

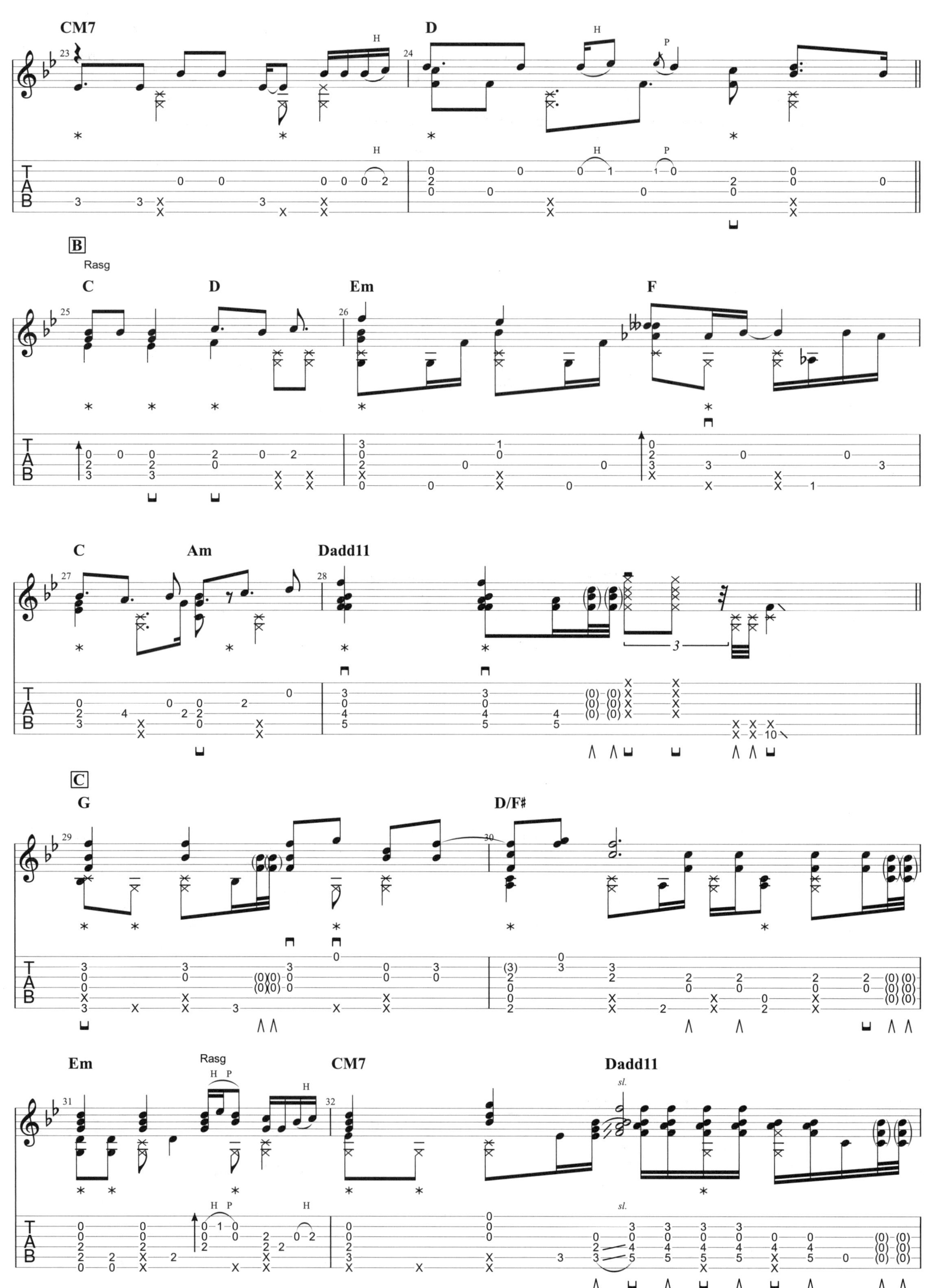
CM7
D
B
Rasg
C
D
Em
F
C
Am
Dadd11
C
G
D/F#
Em
Rasg
CM7
Dadd11
100

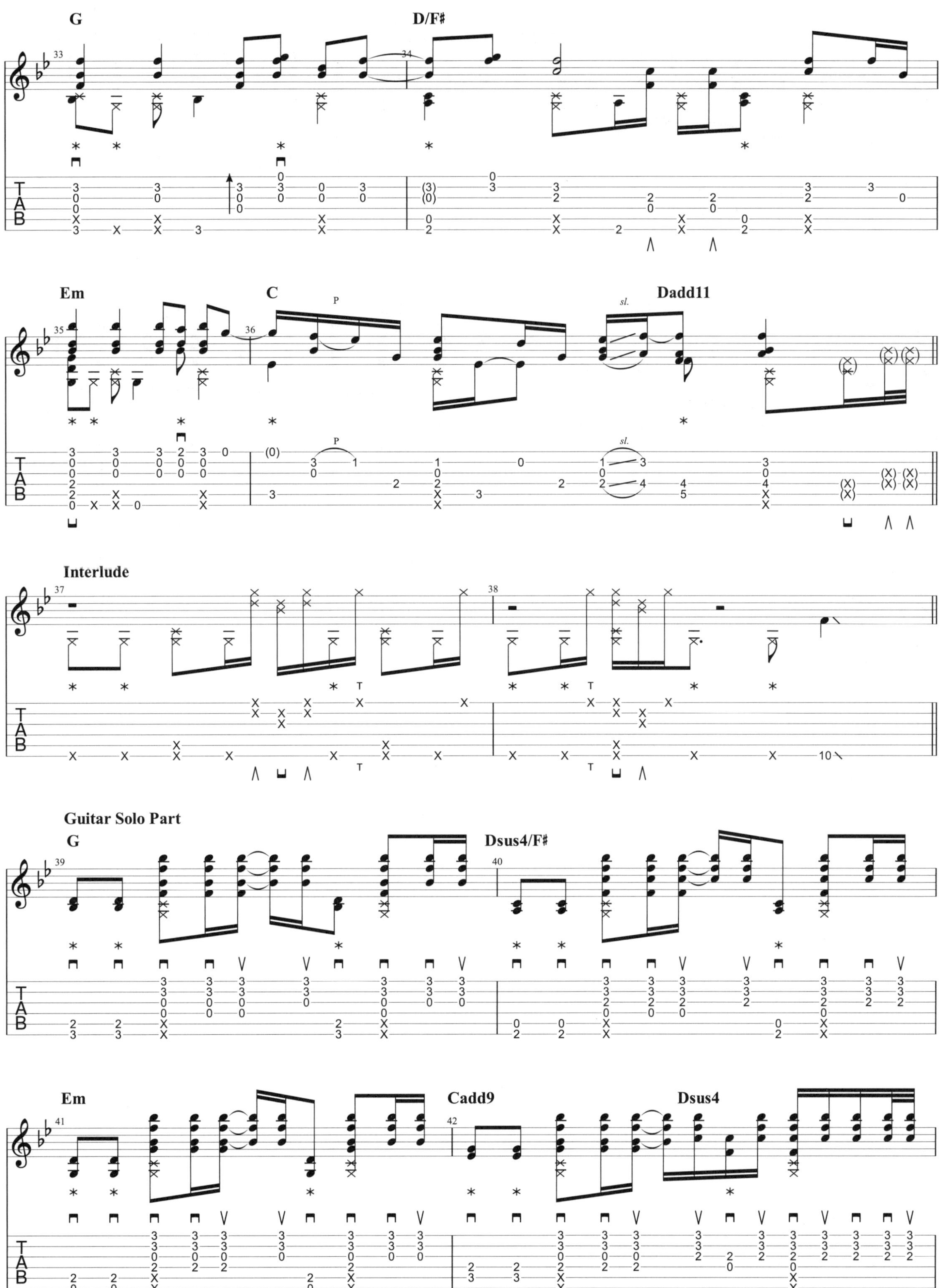

G
D/F#
Em
C
Dadd11
Interlude
Guitar Solo Part
G
Dsus4/F#
Em
Cadd9
Dsus4

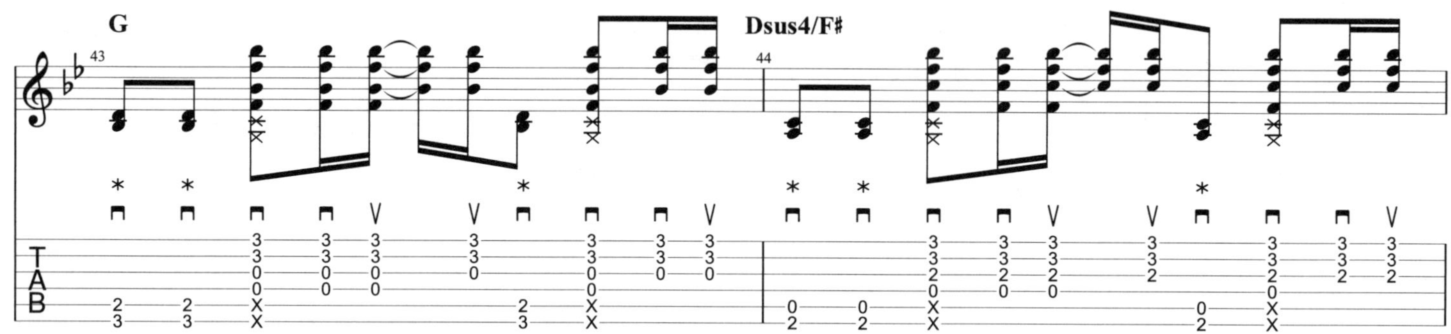
G
Dsus4/F#
43
44
TAB

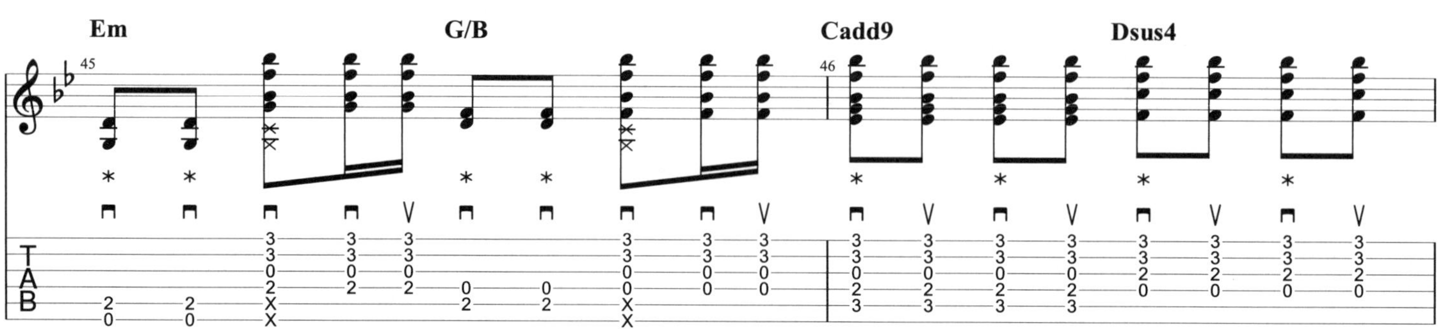
Em
G/B
Cadd9
Dsus4
45
46
TAB

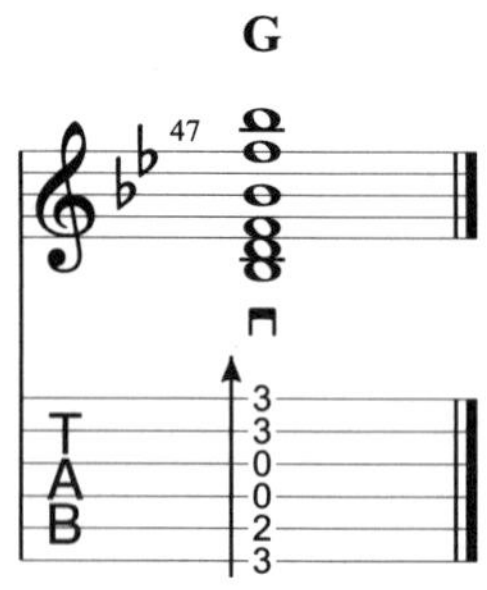
G
47
TAB

Guitar II

Interlude

Guitar Solo Part

어느 여름날

'여름이었다.' 센과 치히로의 행방불명 OST.

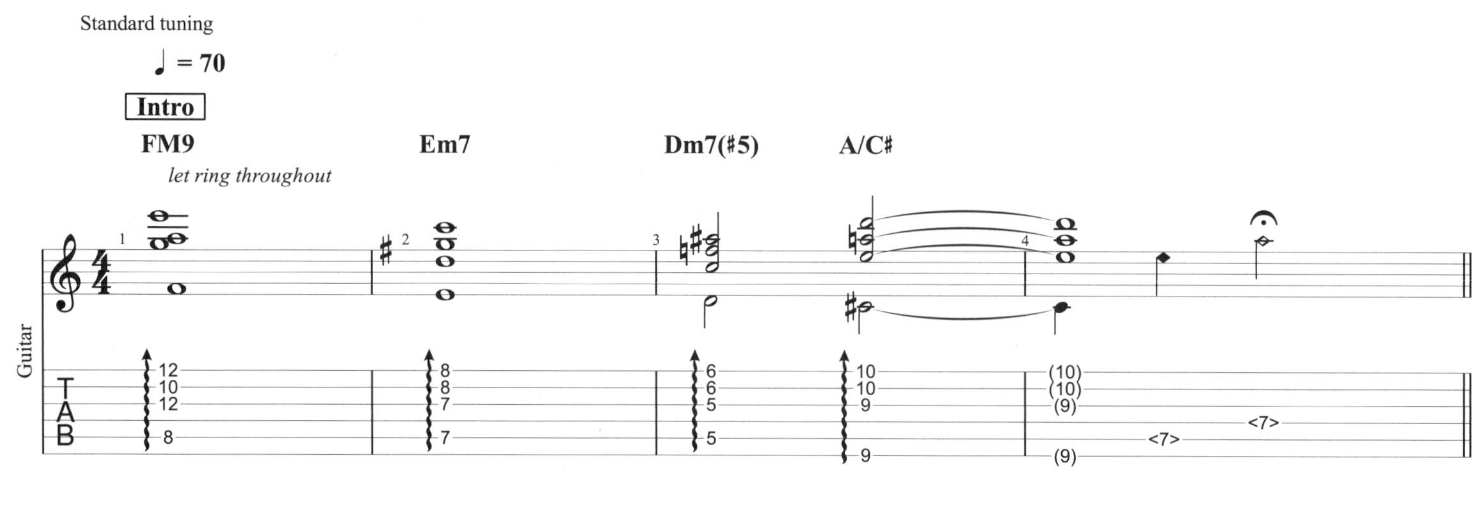

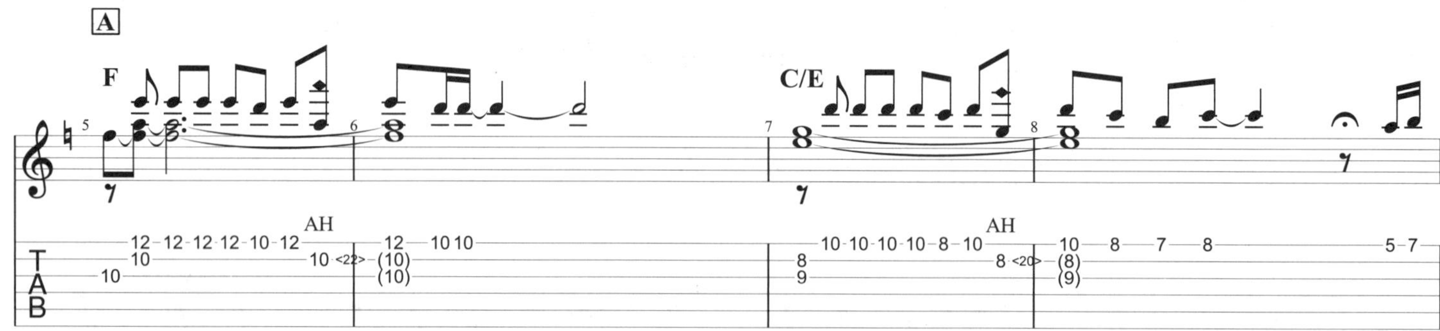

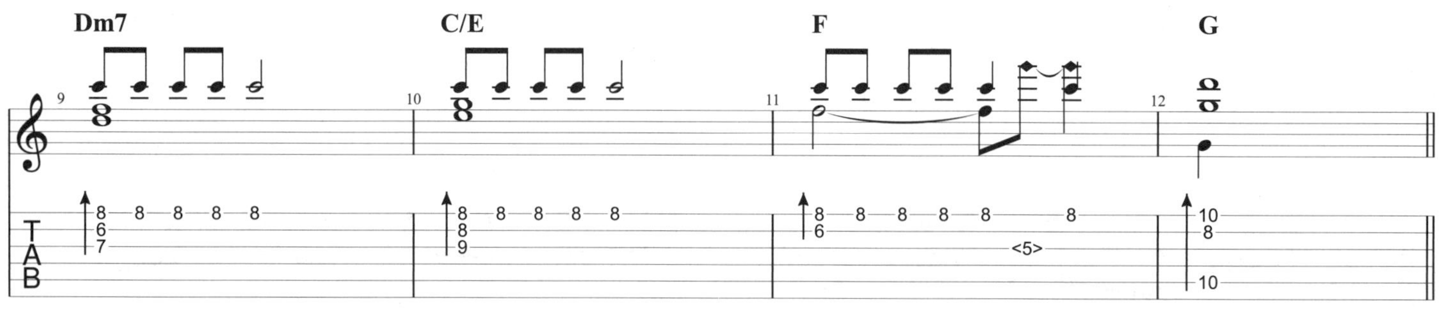

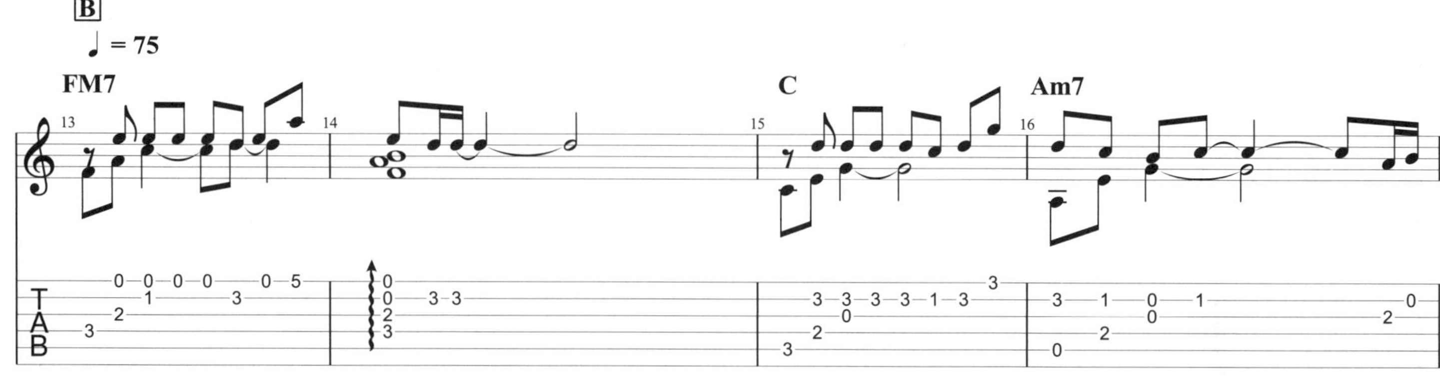

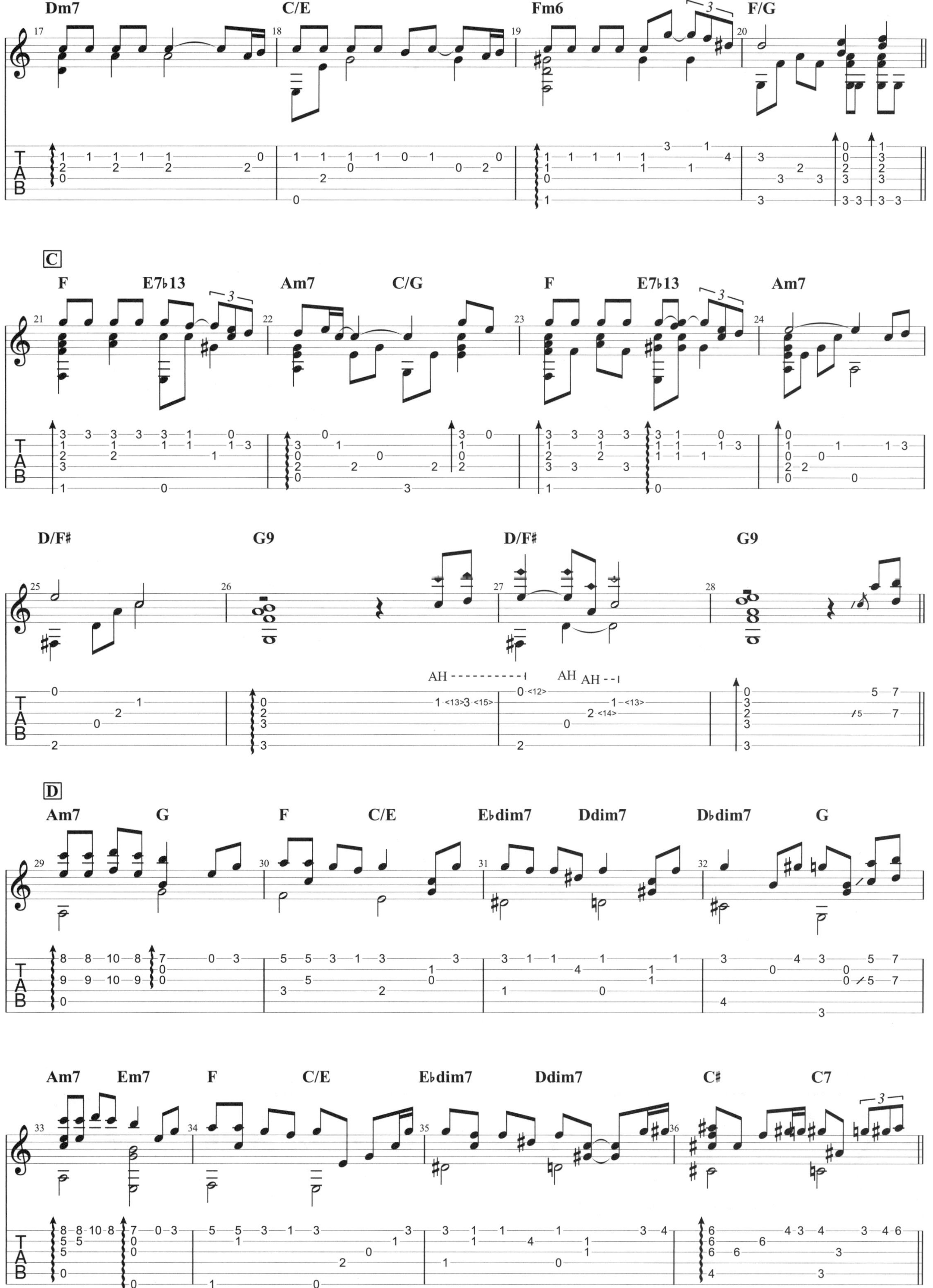

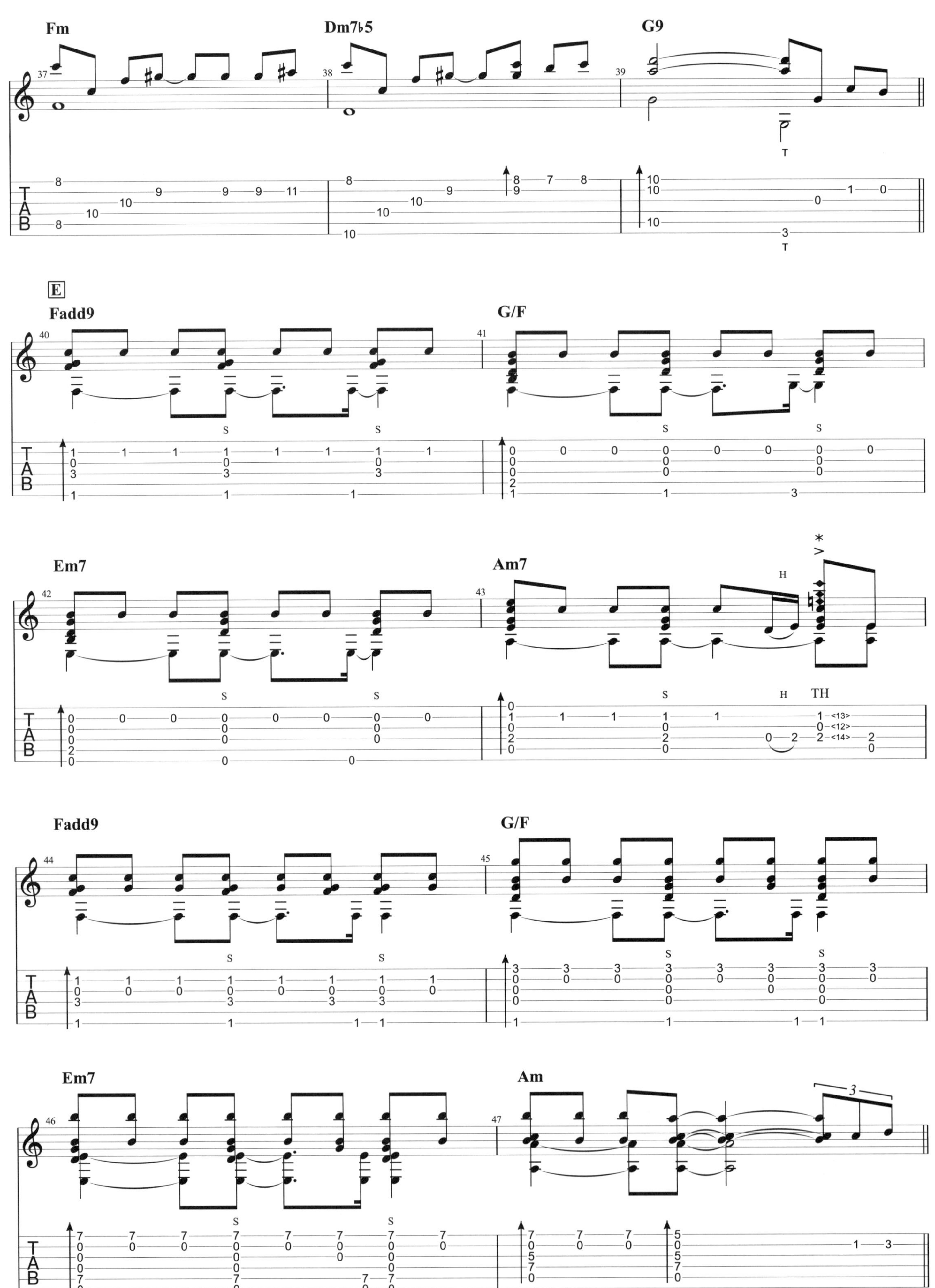

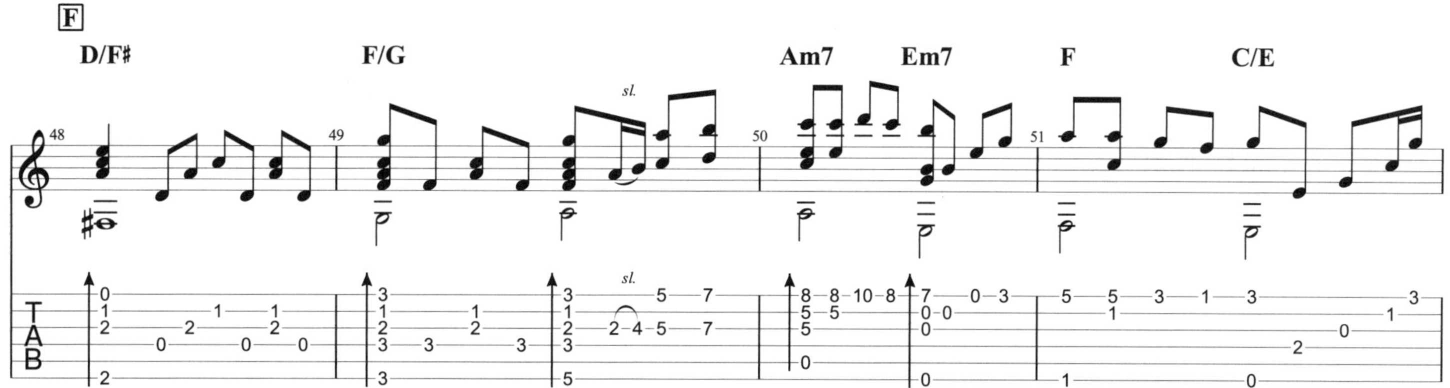

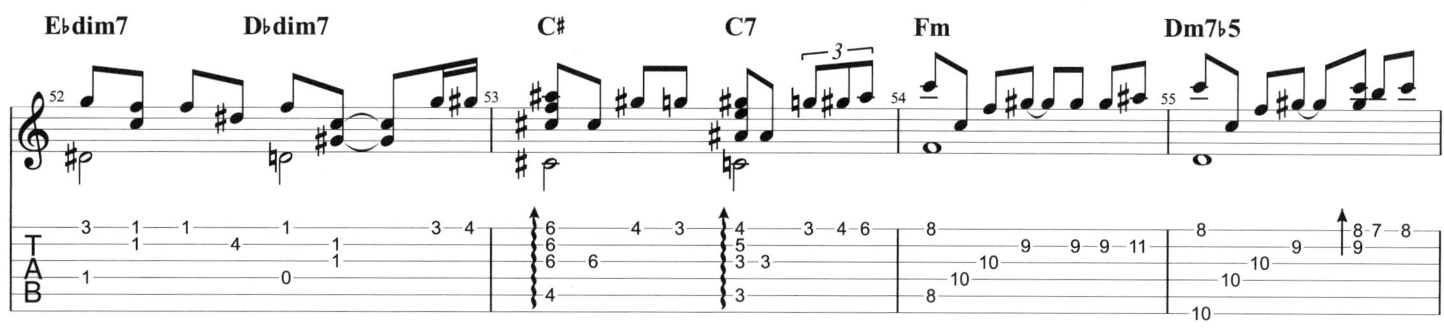

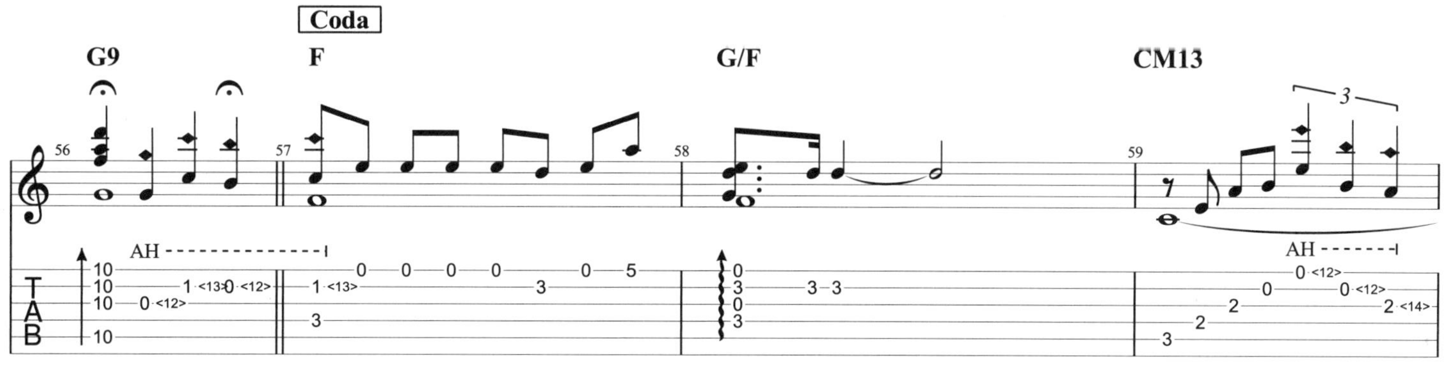

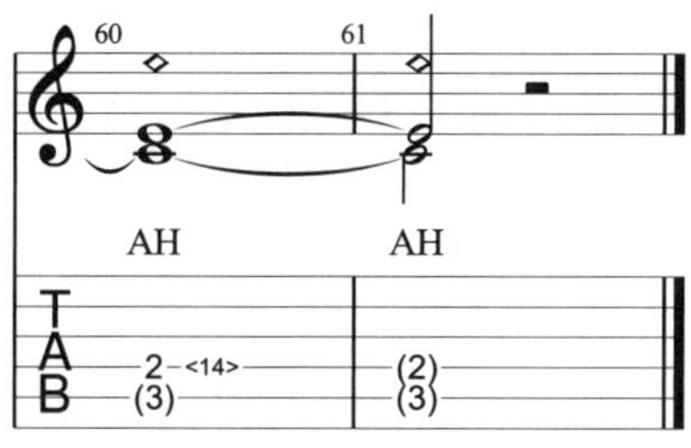

캐논(Canon)

작곡 Johann Pachelbel
채보 아린

근-본 곡

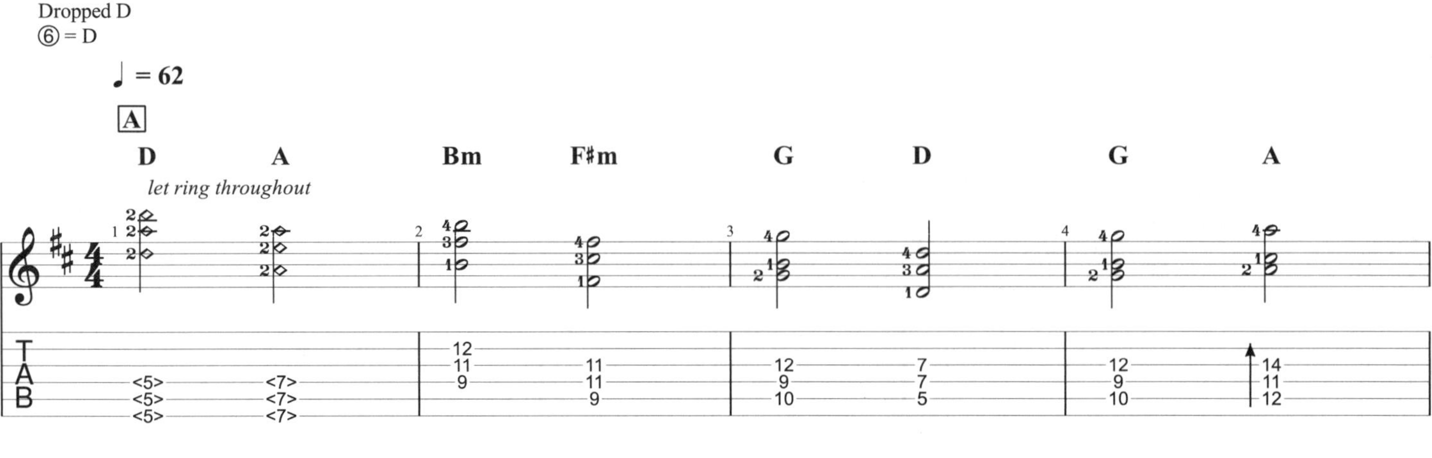

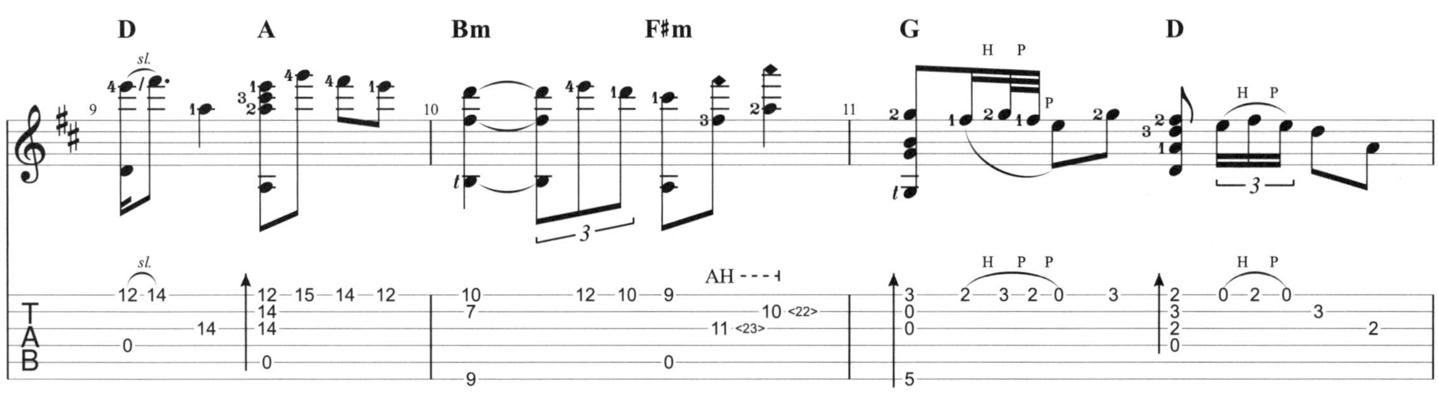

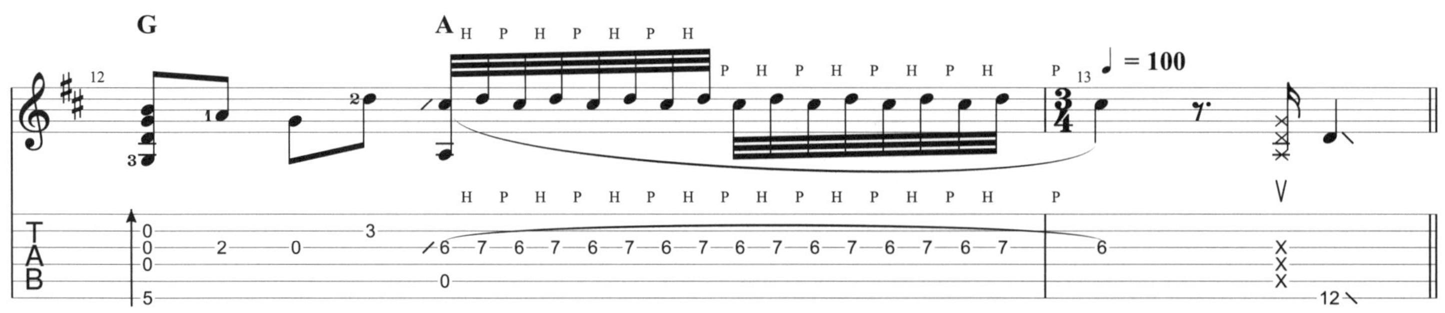

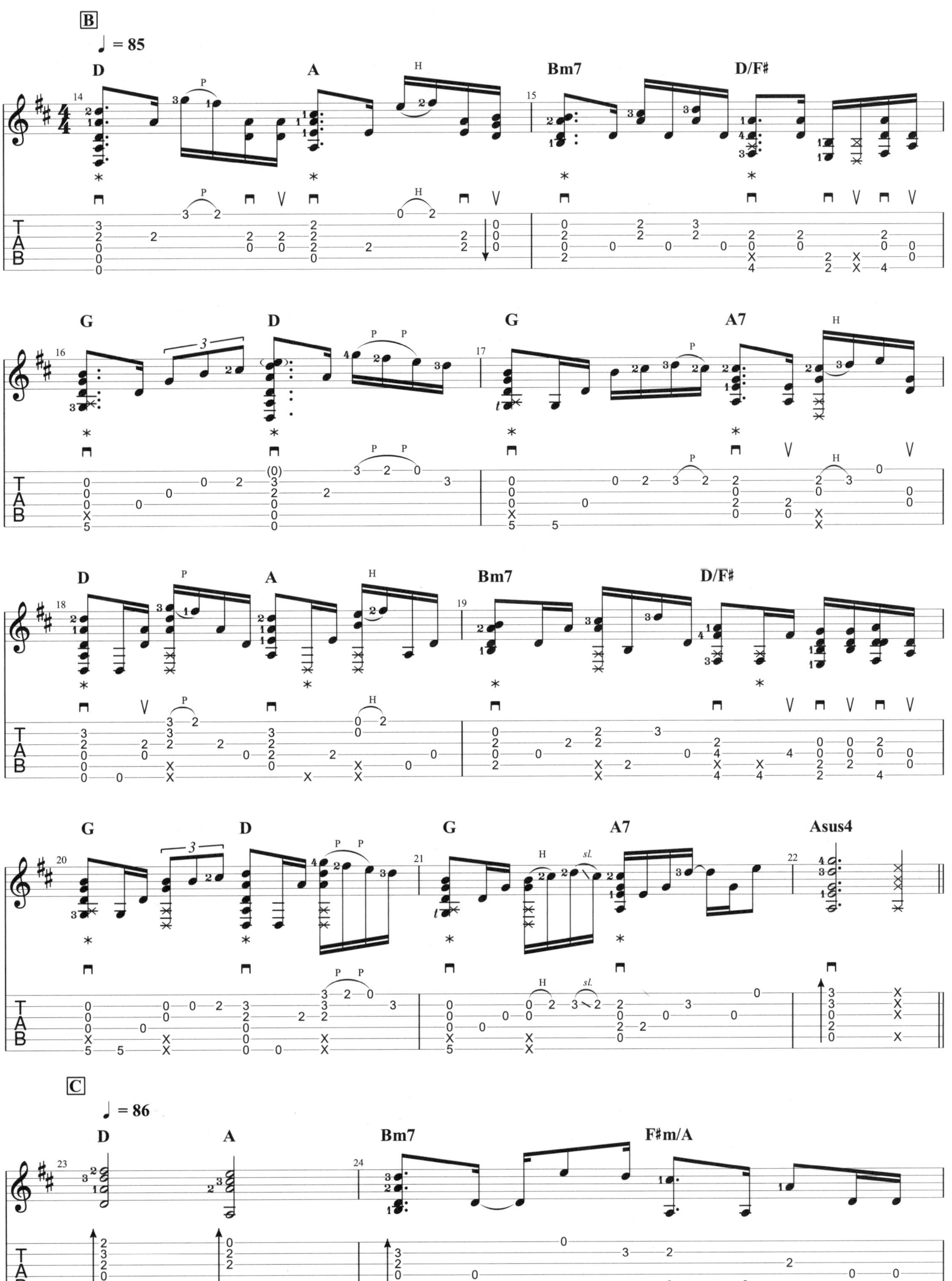
캐논(Canon) 109

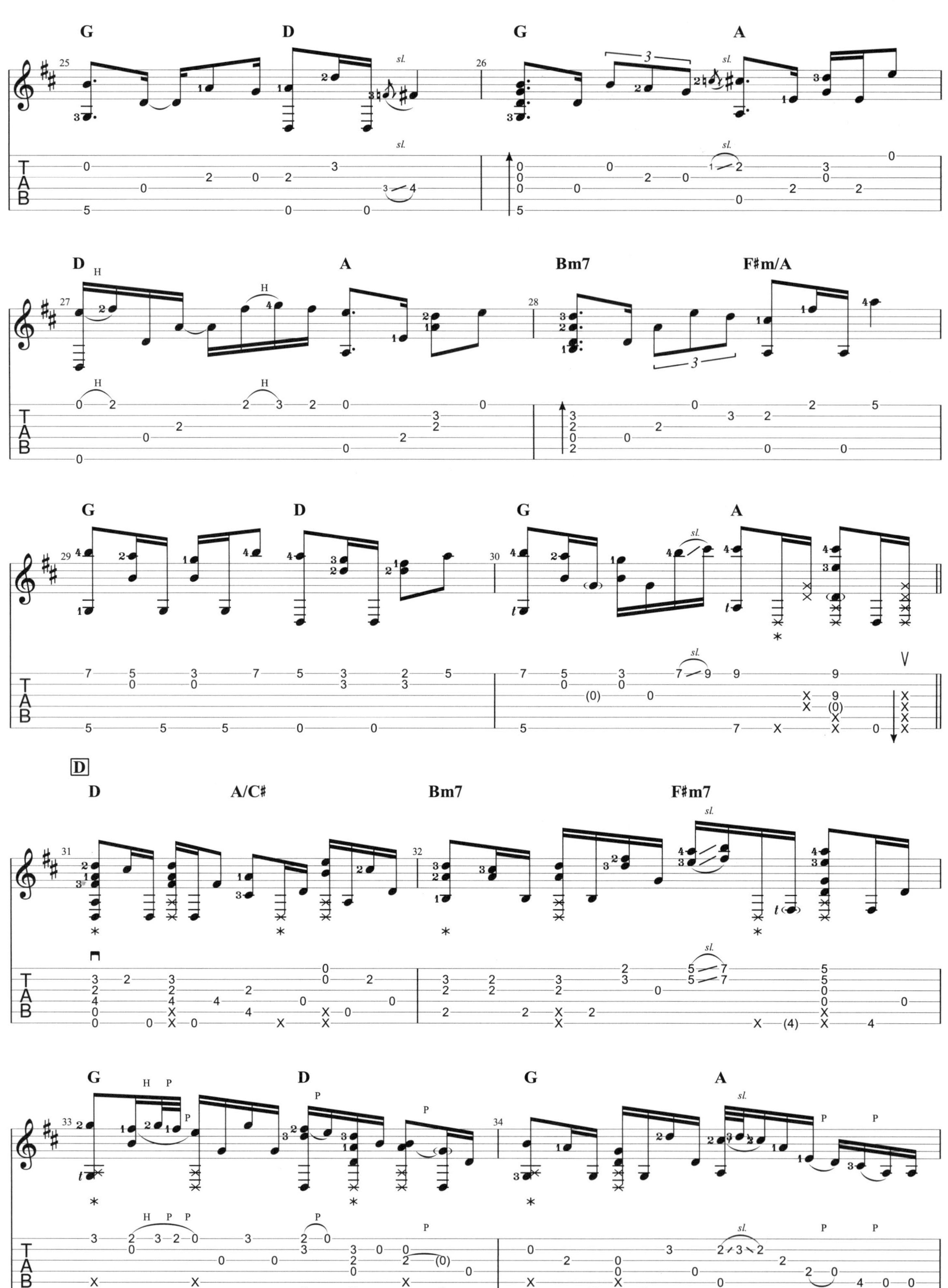

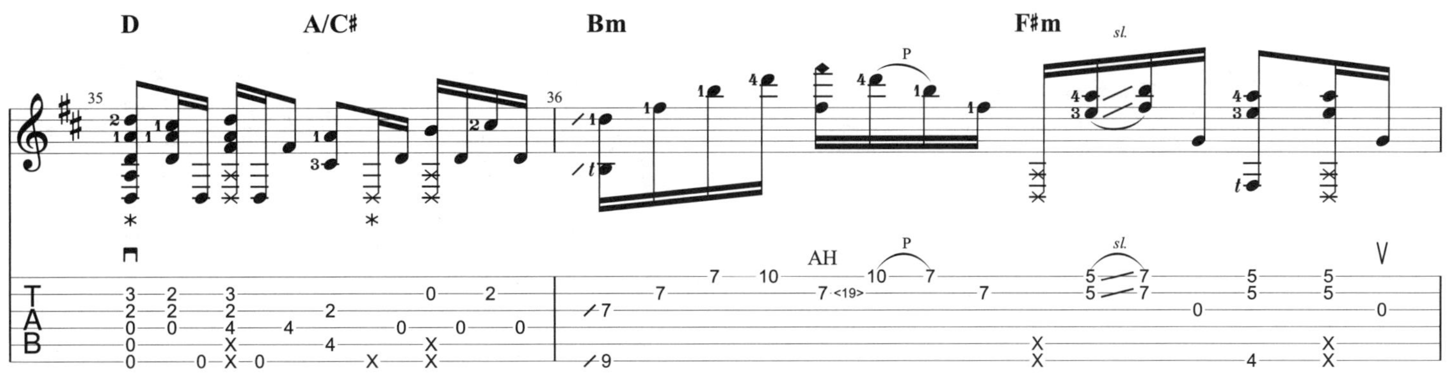

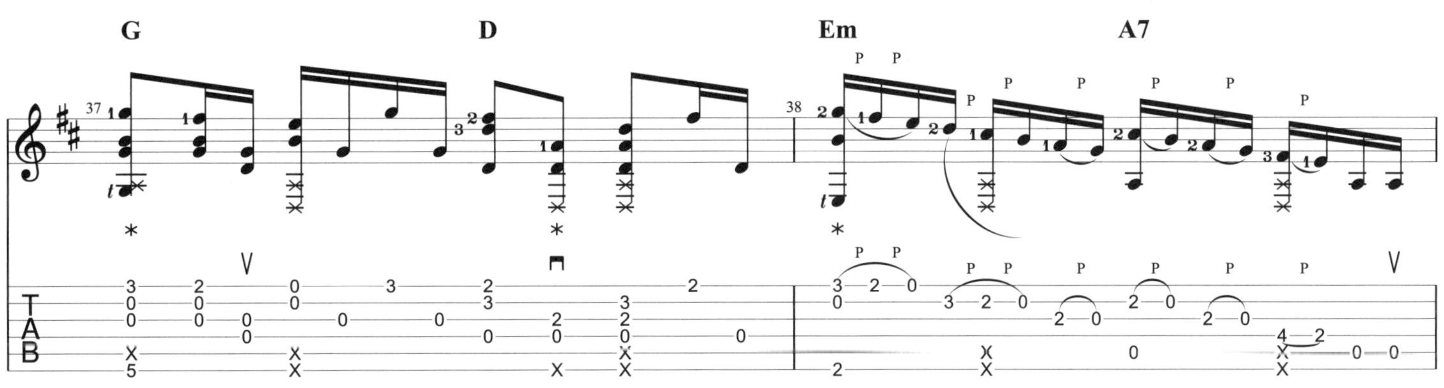

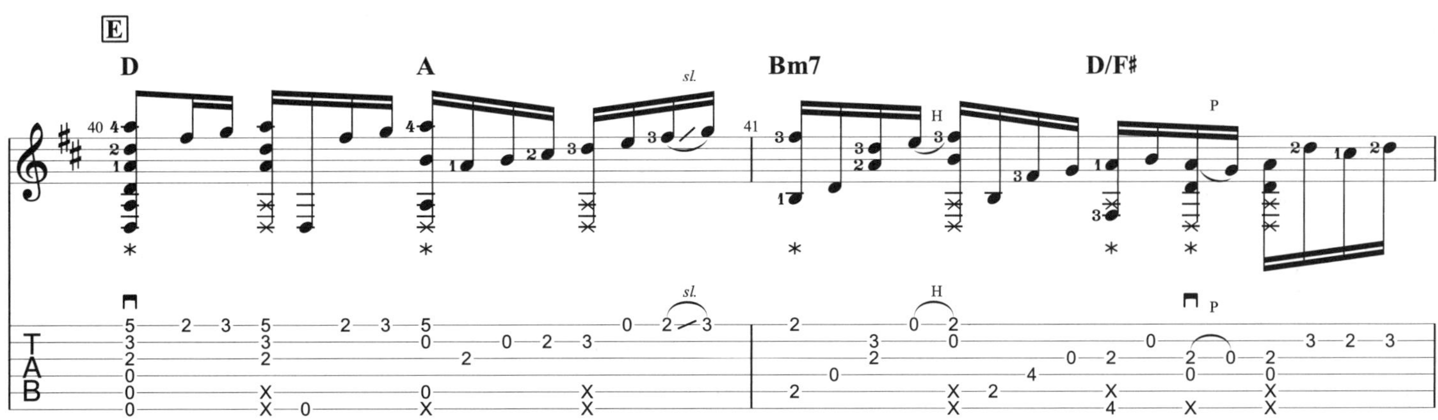

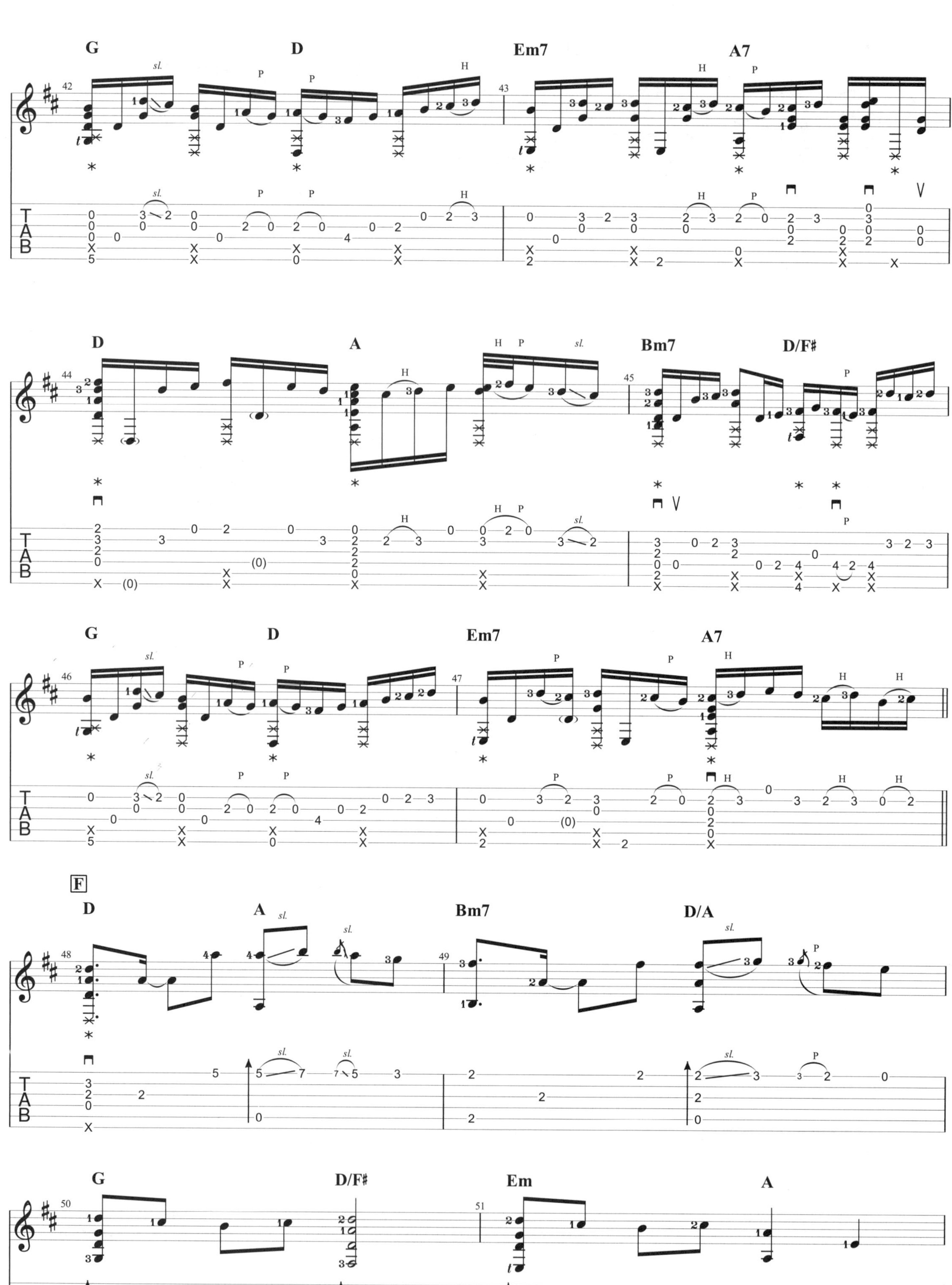

Y (Please Tell Me Why)

노래 프리스타일
작사 미노
작곡 지오

싸이월드 1티어 브금

Standard tuning

♩ = 90

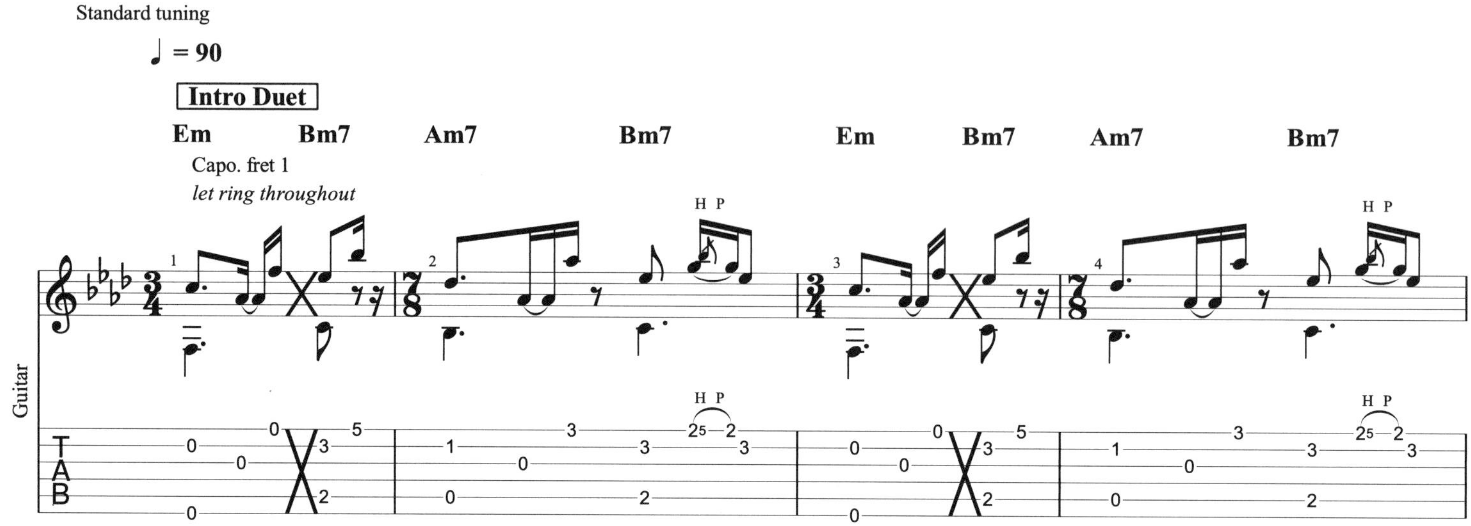

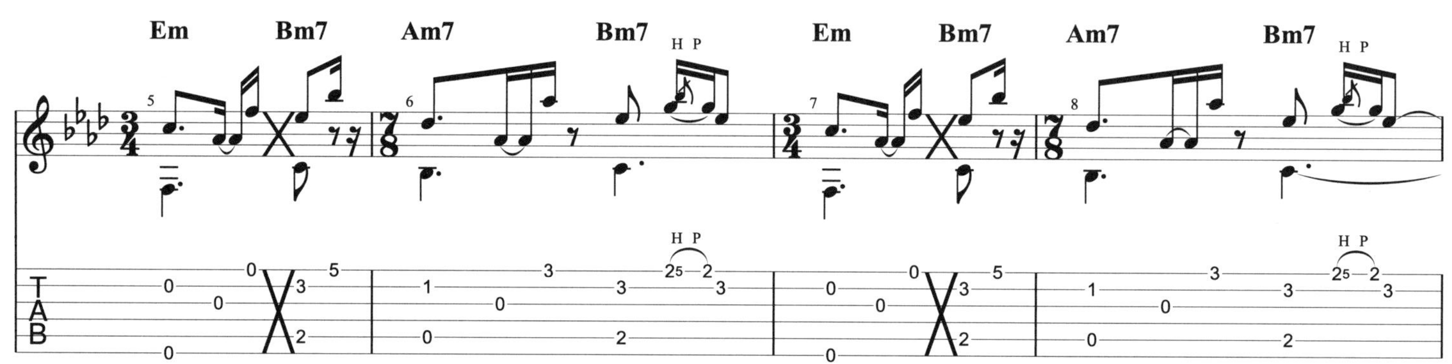

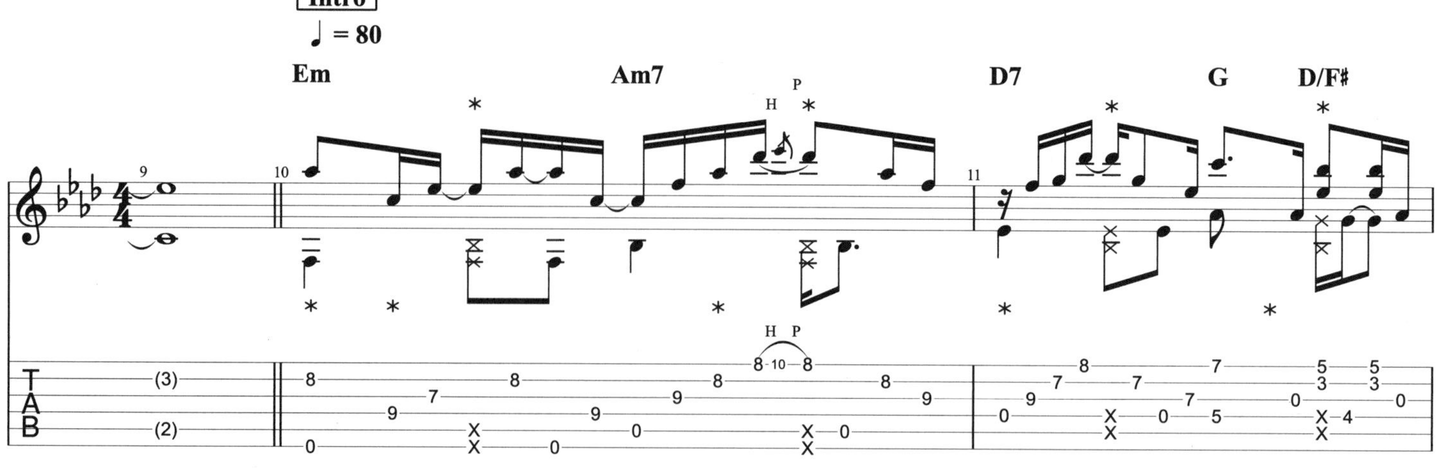

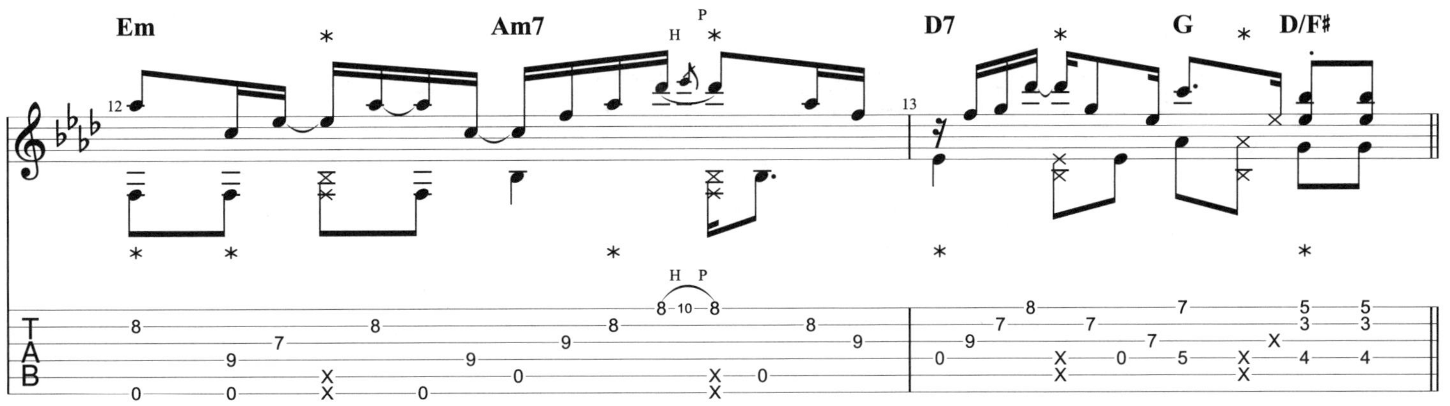

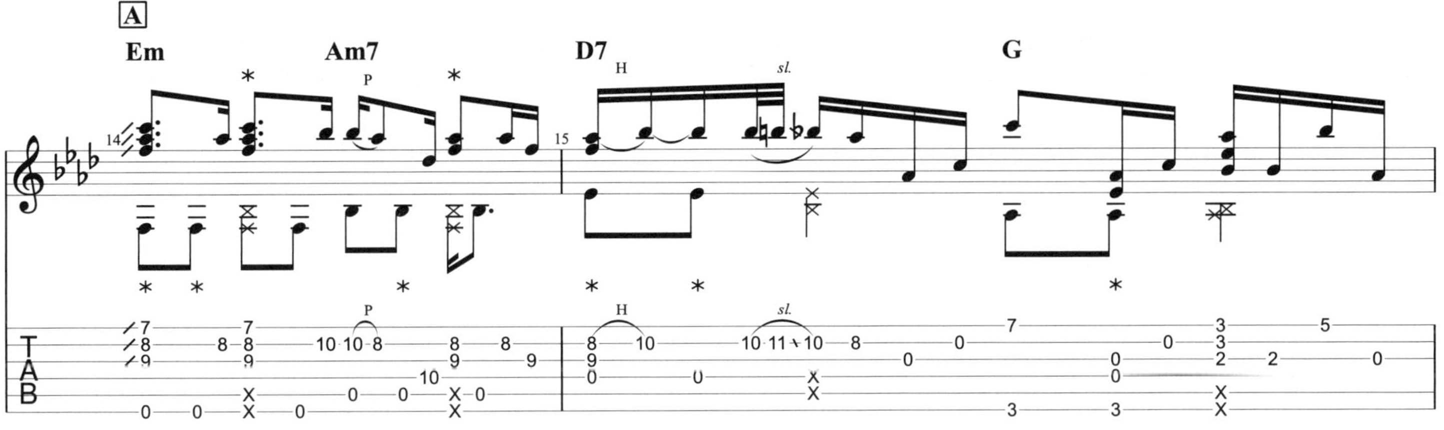

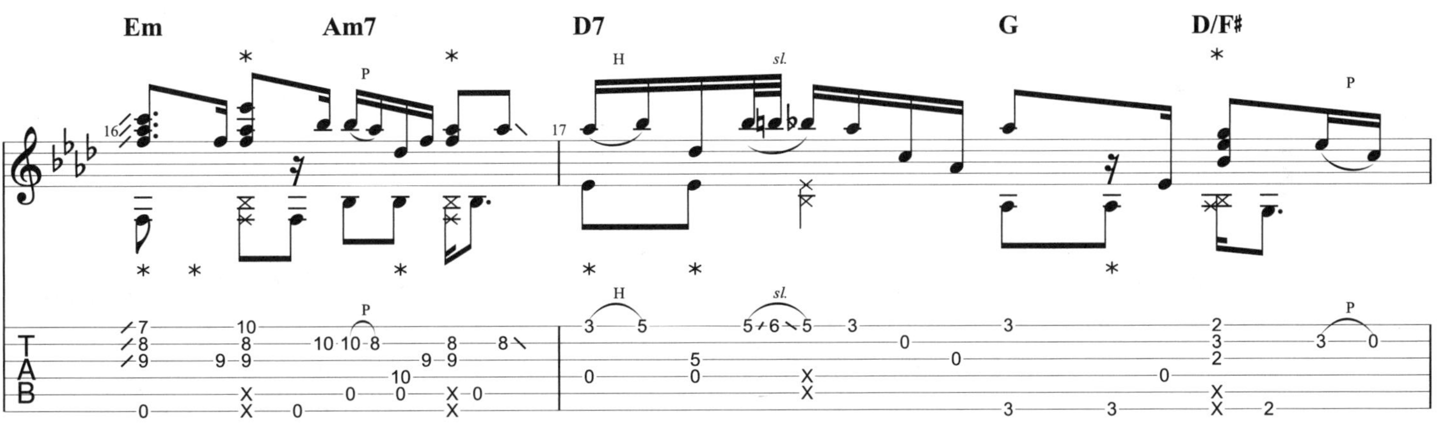

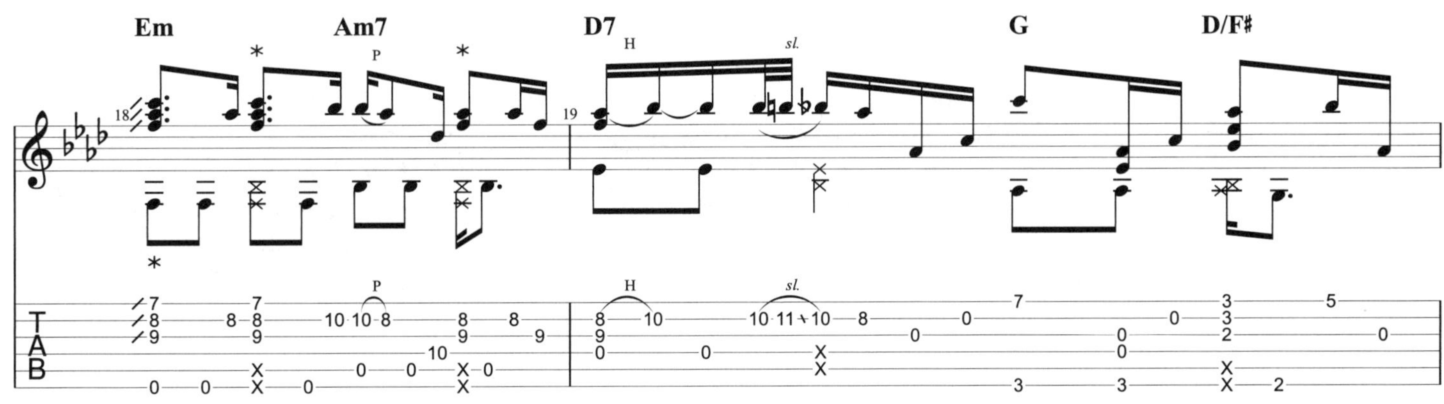

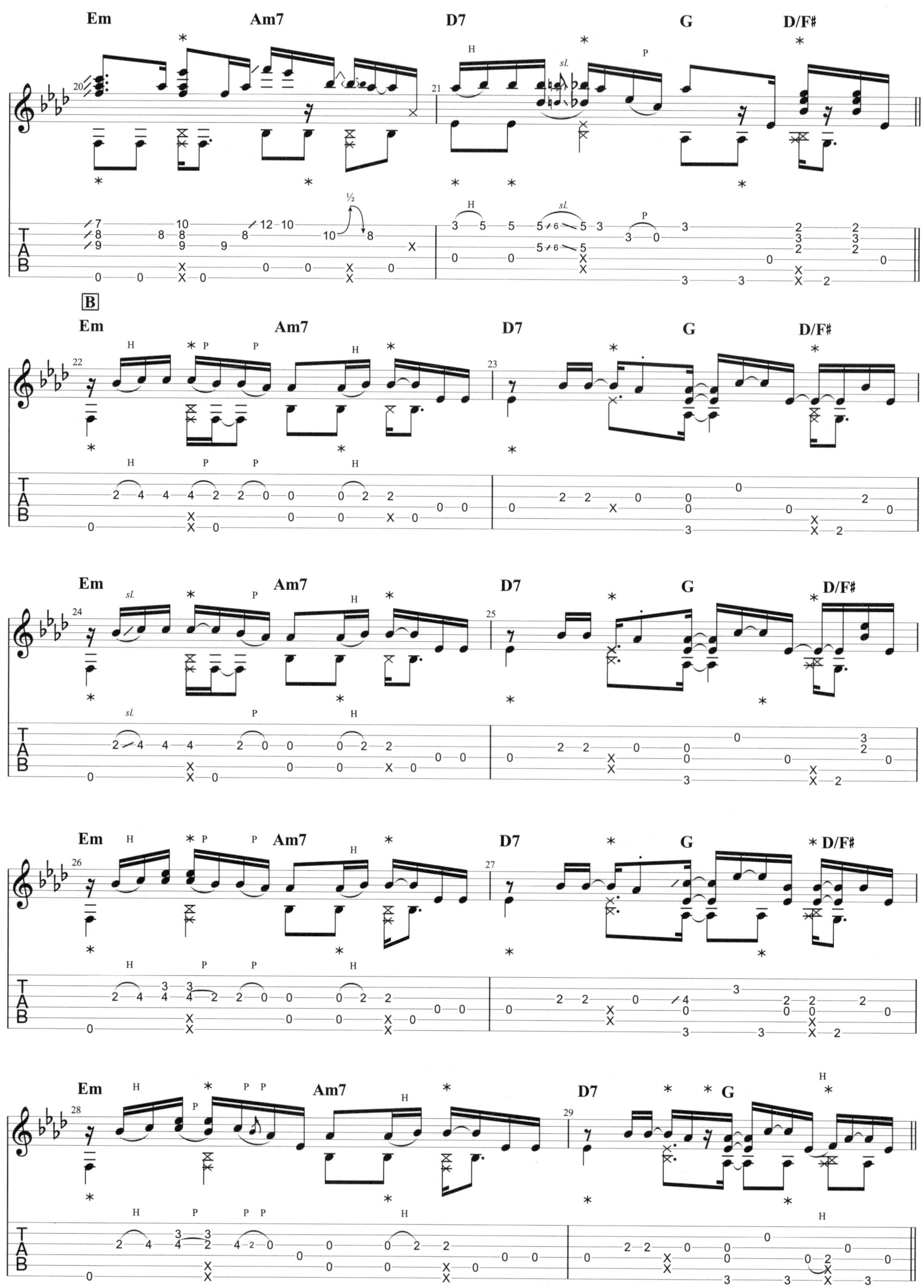

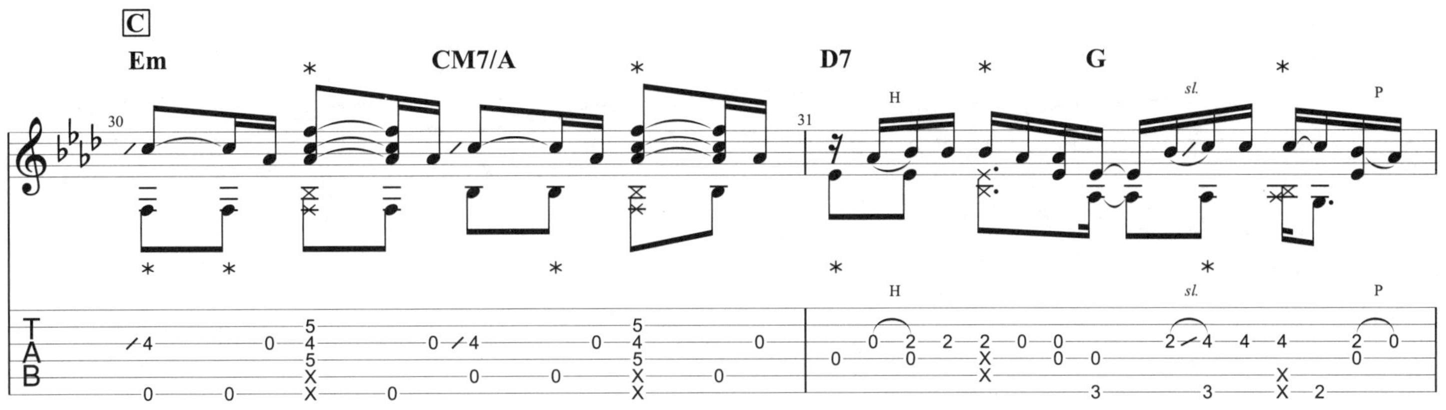

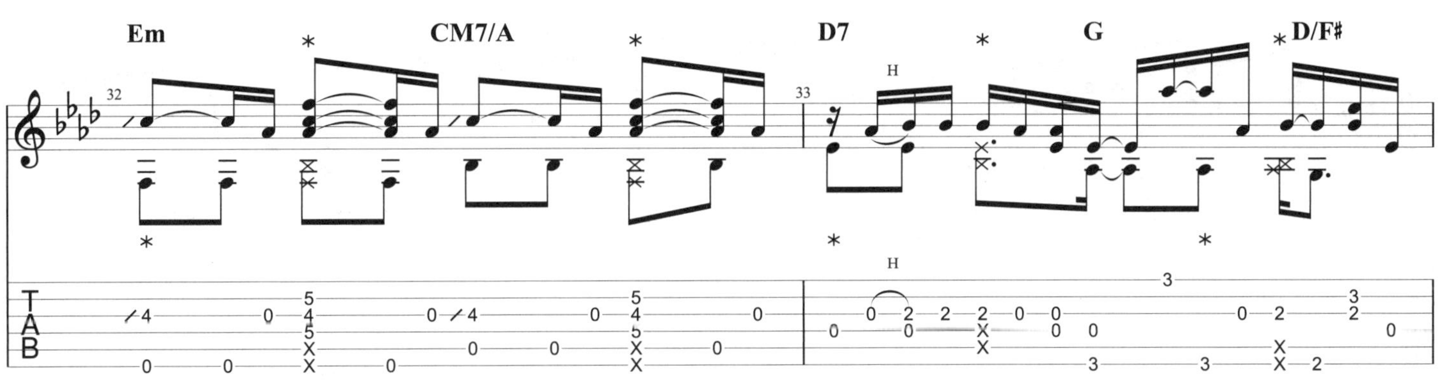

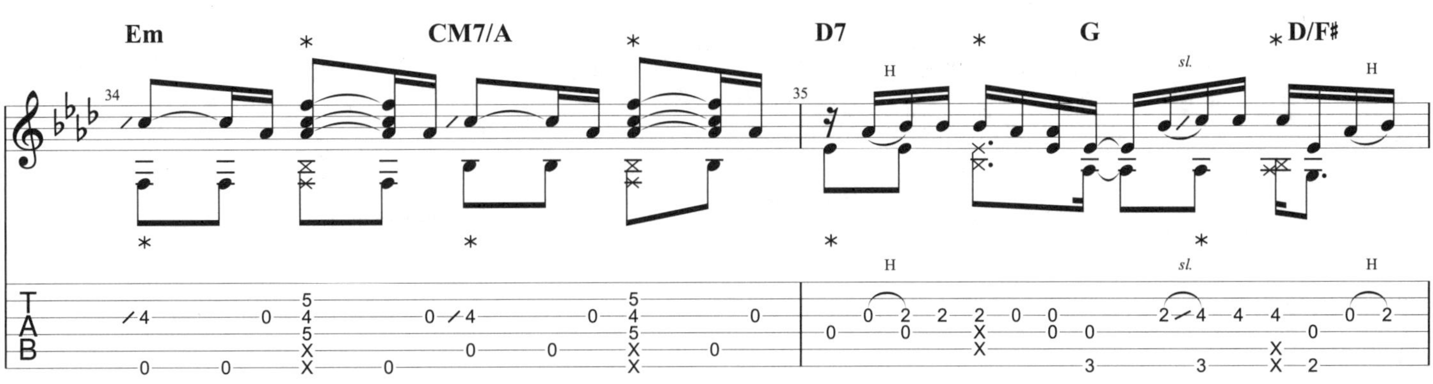

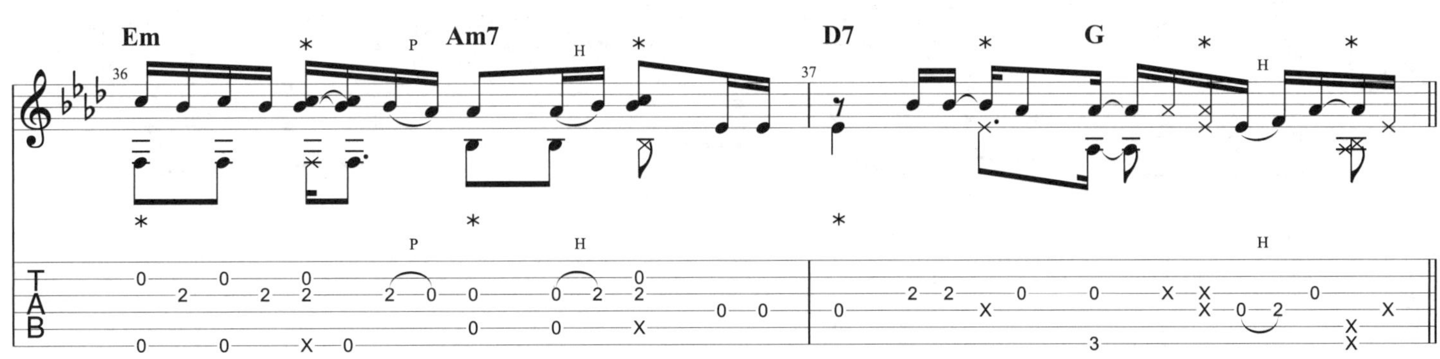

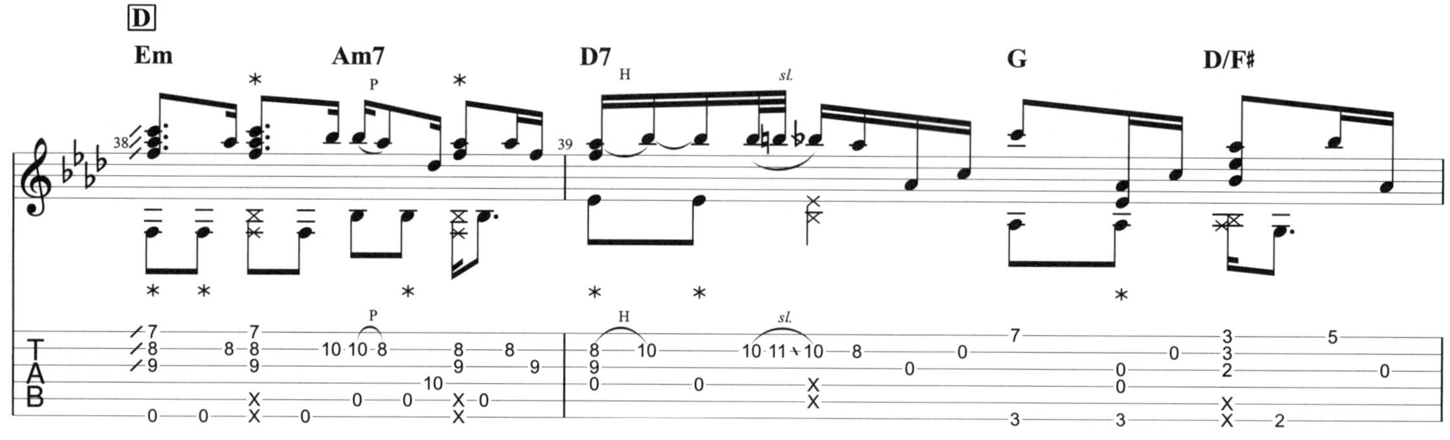

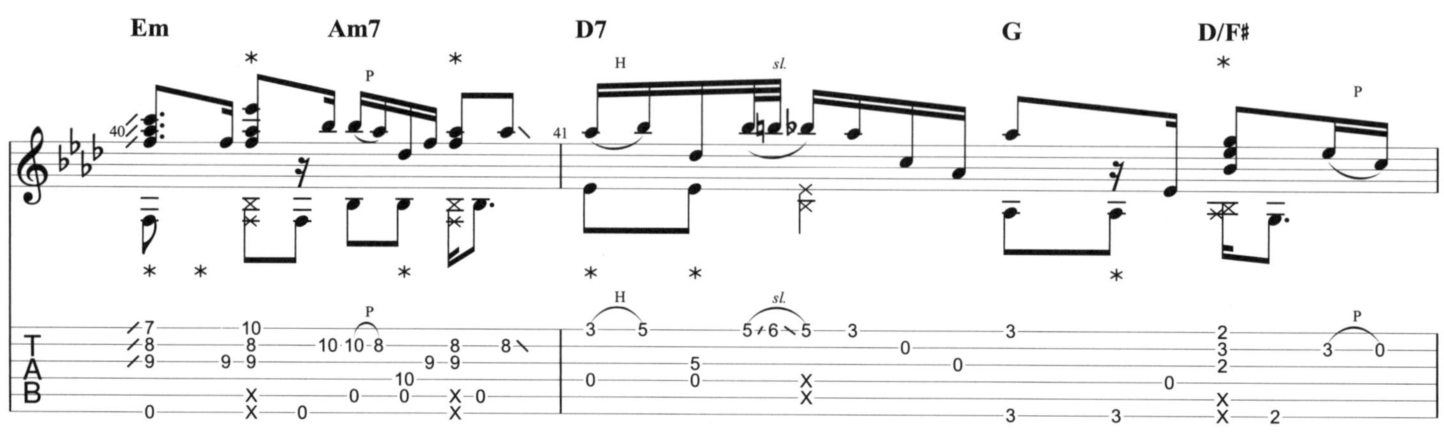

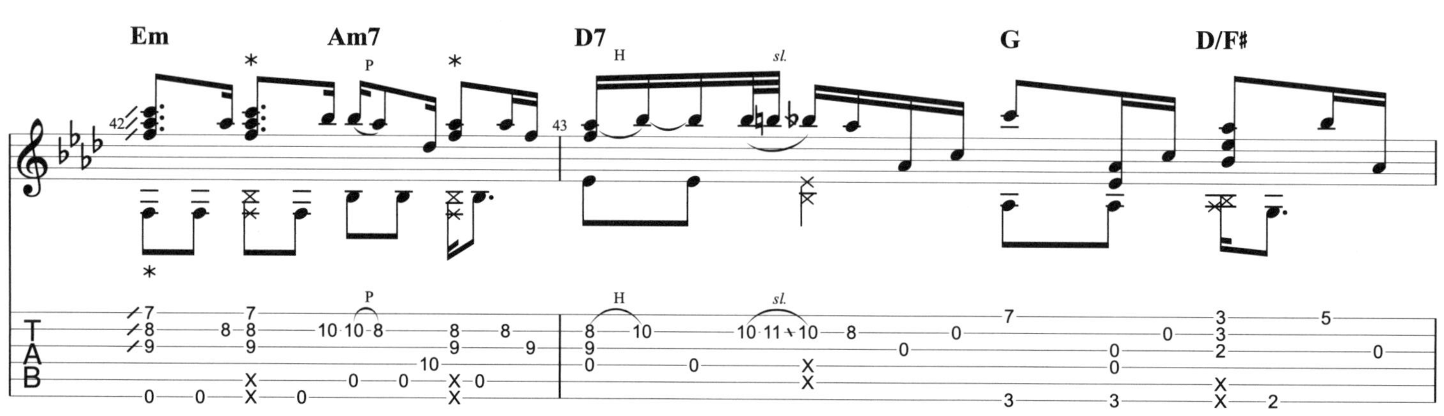

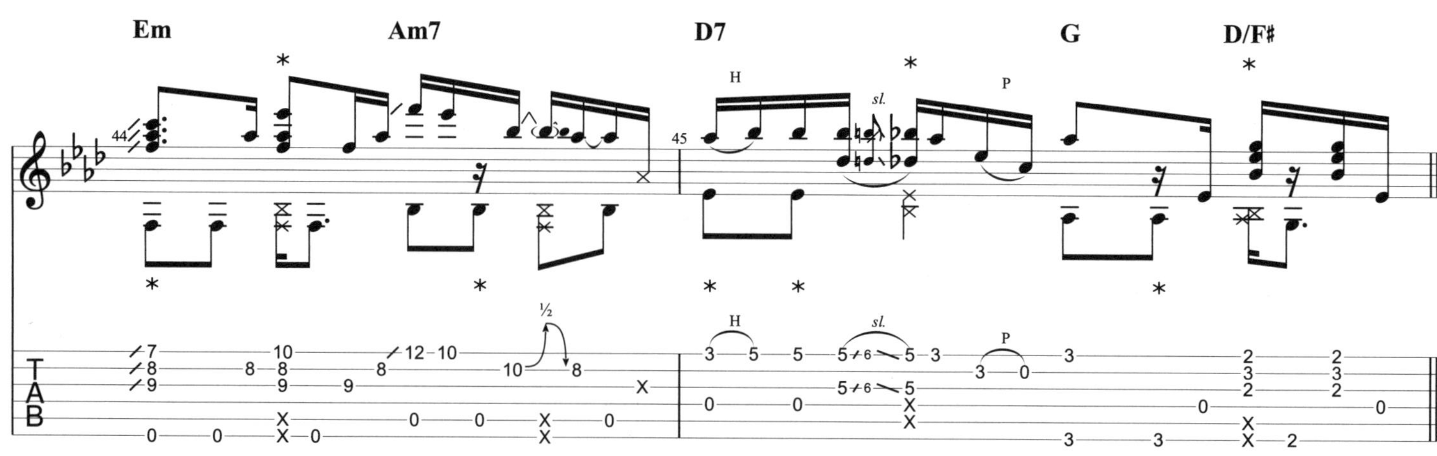

Coda
Em   Am7   D7   G   D/F#
46   47

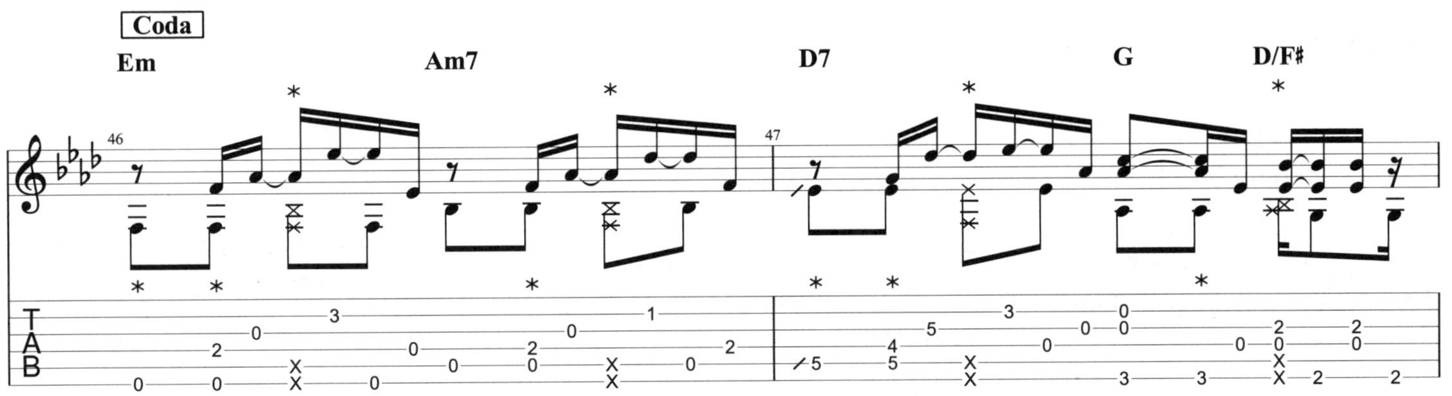

fade out...
Em   Am7   D7   G   D/F#
48   49

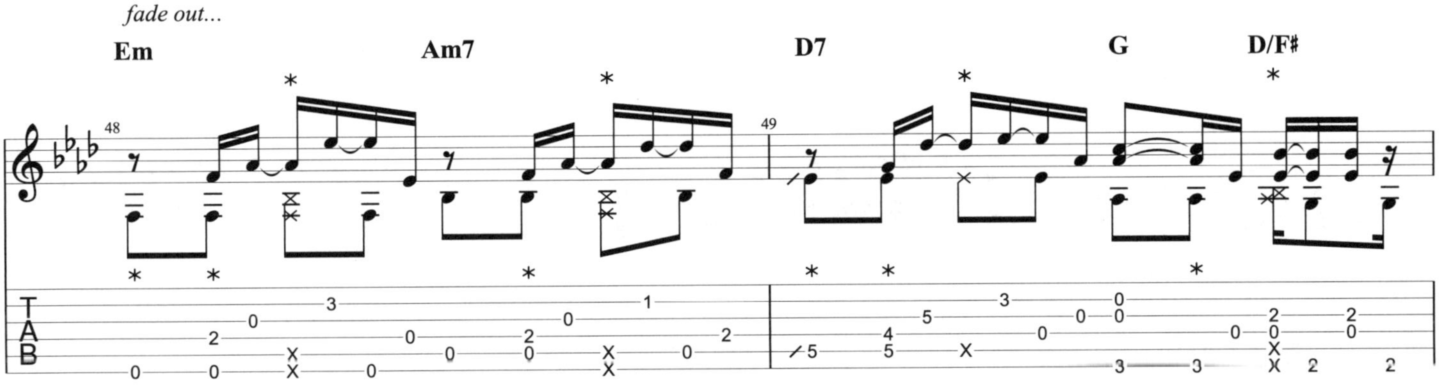

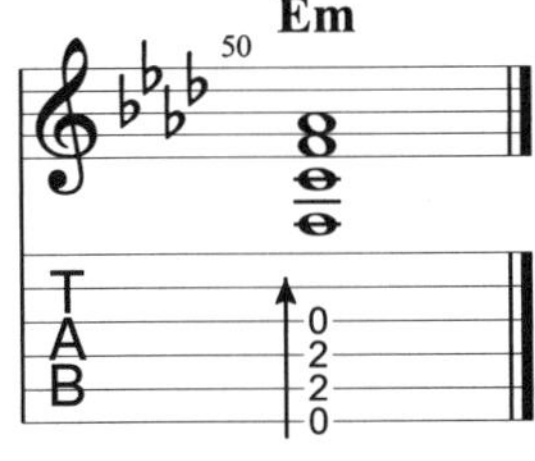

Em
50

Guitar II

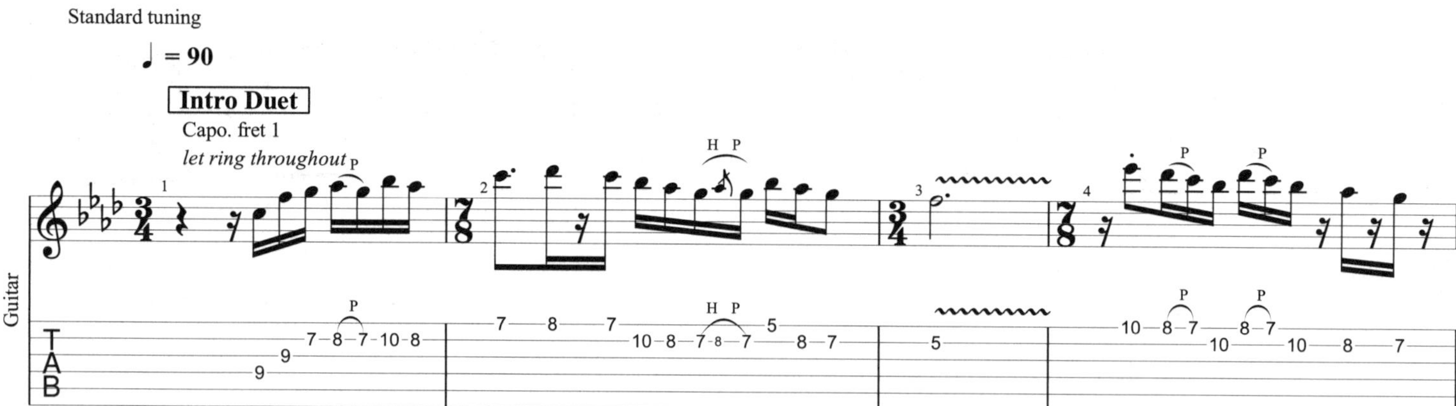

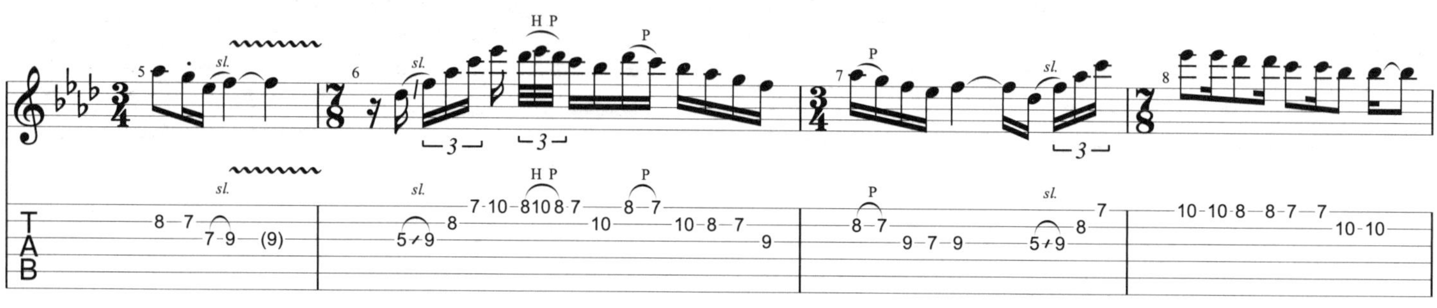

120

잔혹한 천사의 테제

노래 Takahashi Yoko
작사 Oikawa Neko
작곡 Sato Hidetoshi

기타를 쳐라 신지 신세기 에반게리온 OST.

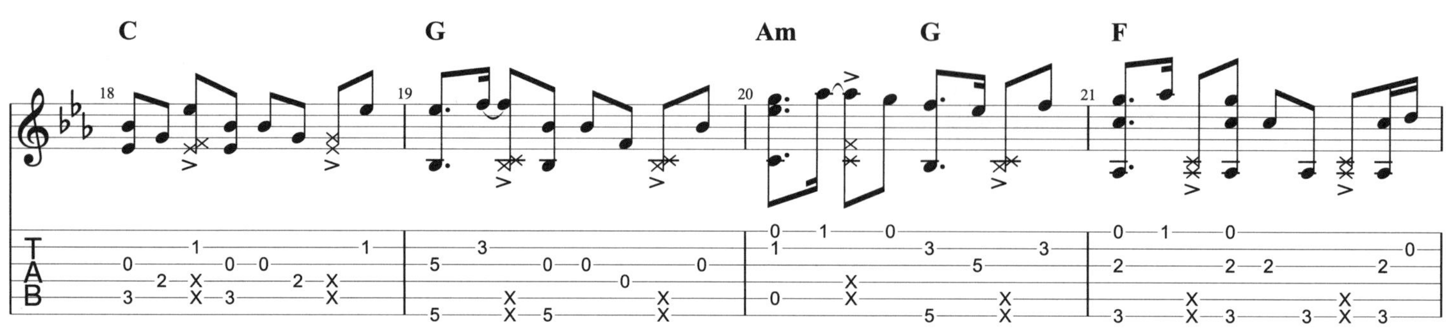

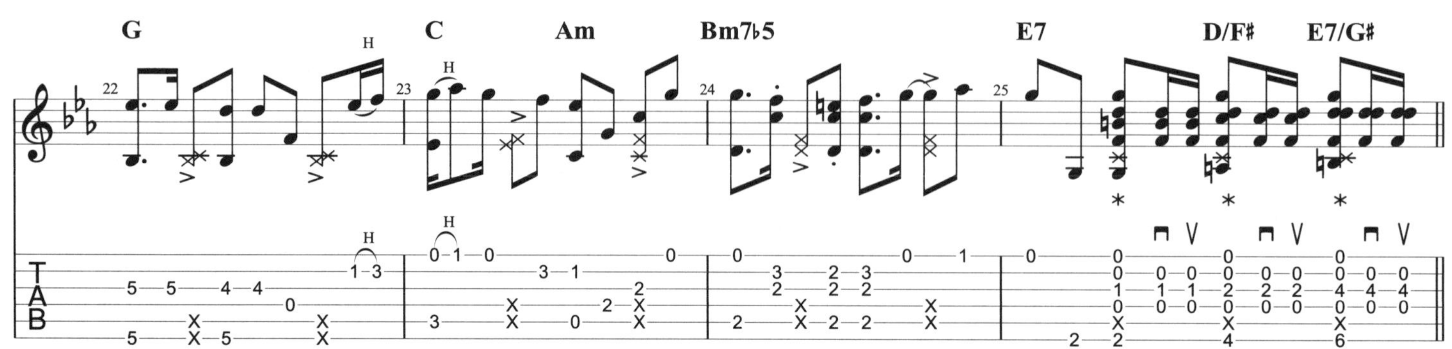

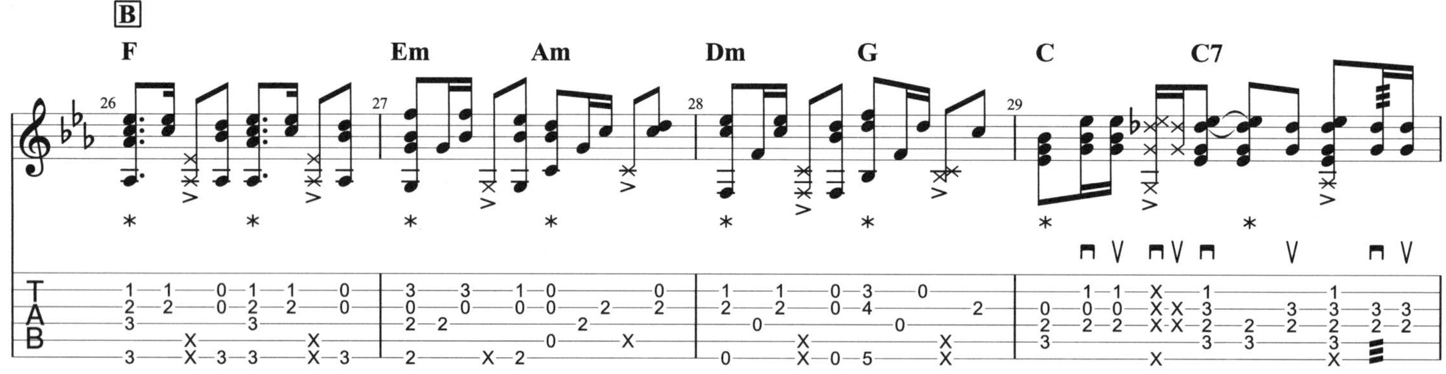

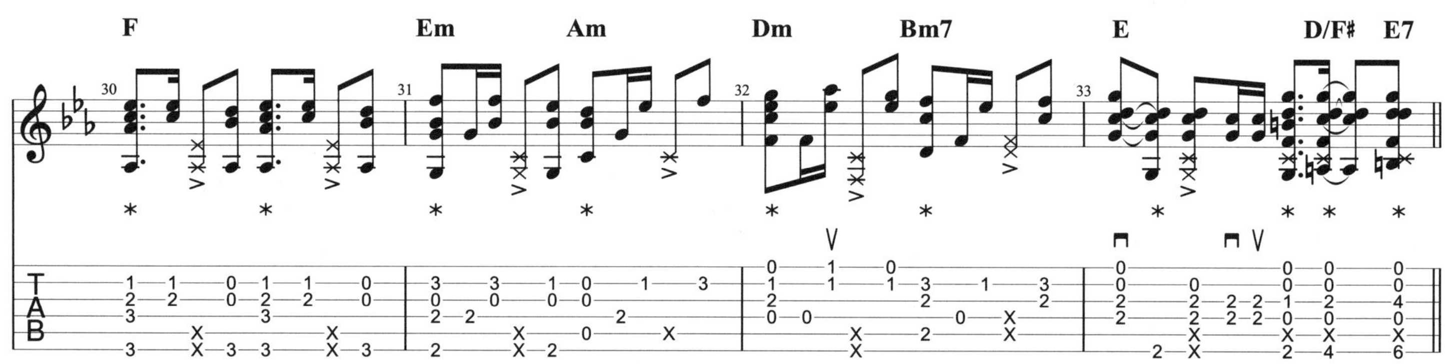

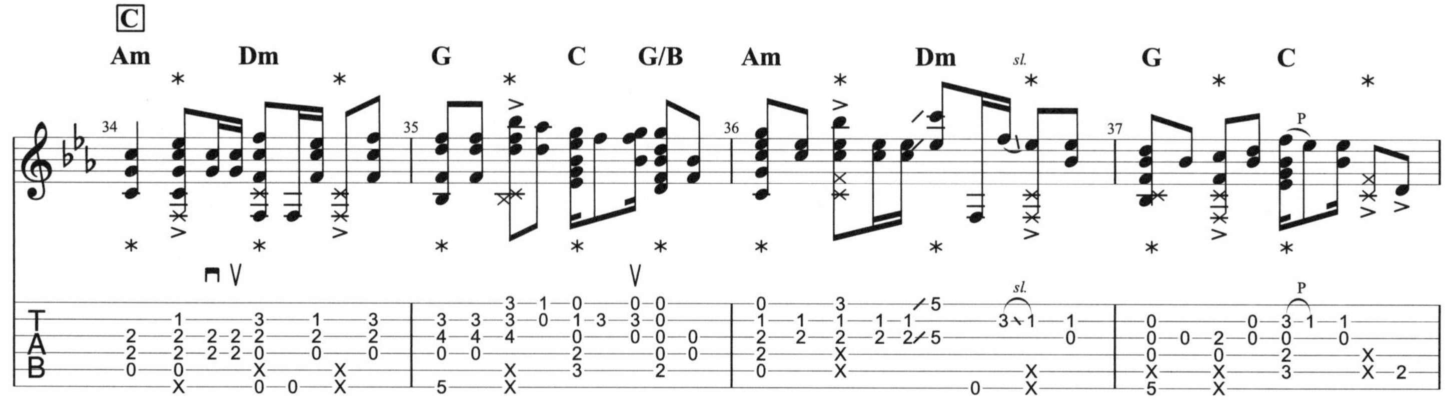

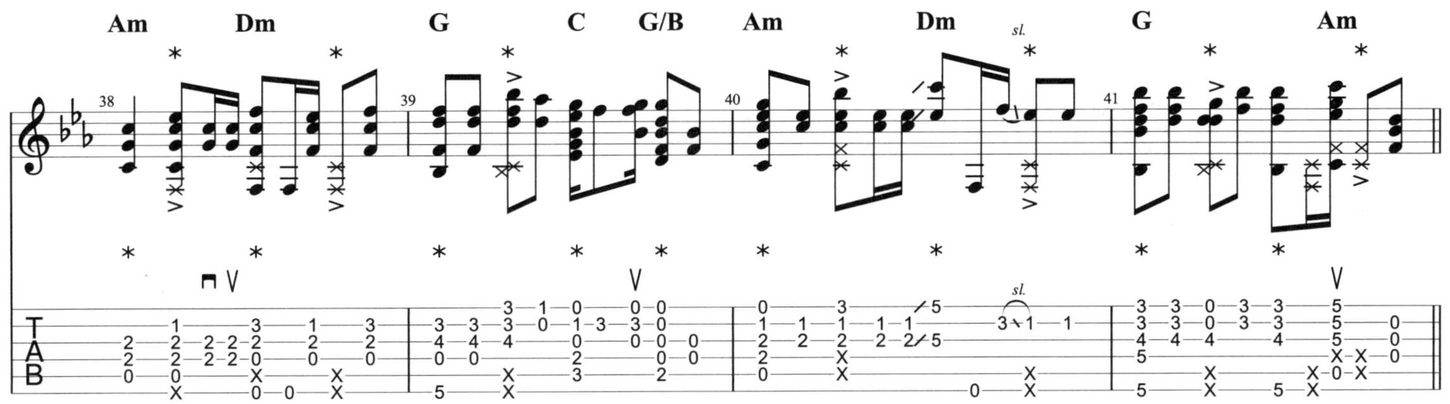

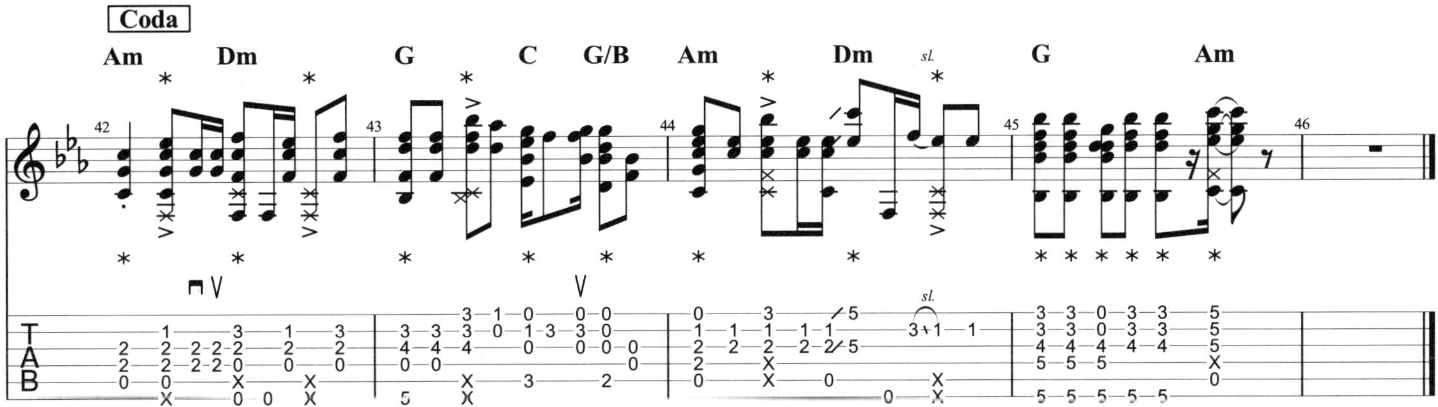
Coda

고민중독(T.B.H.)

심각한 수준의 고민중독입니다

노래 QWER
작사 이동혁, GESTURE, 김혜정, Elum, 마젠타
작곡 이동혁, 홍훈기, Elum, GESTURE, 한아영

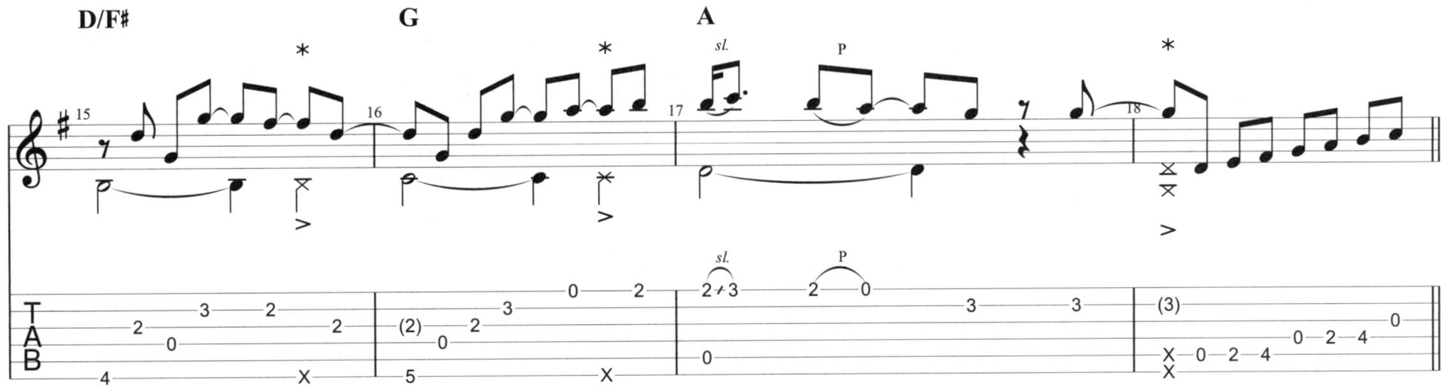

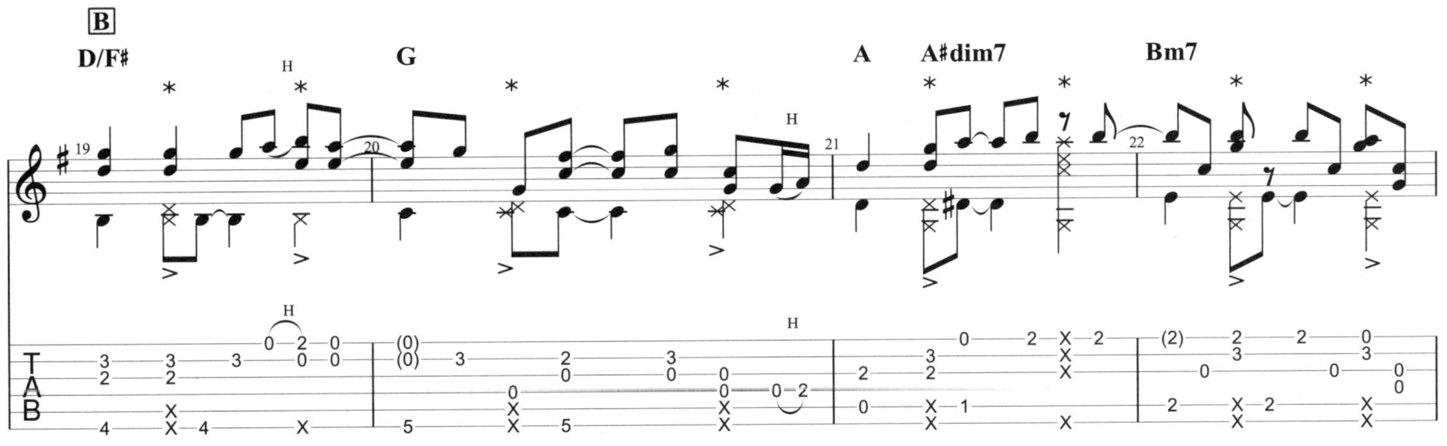

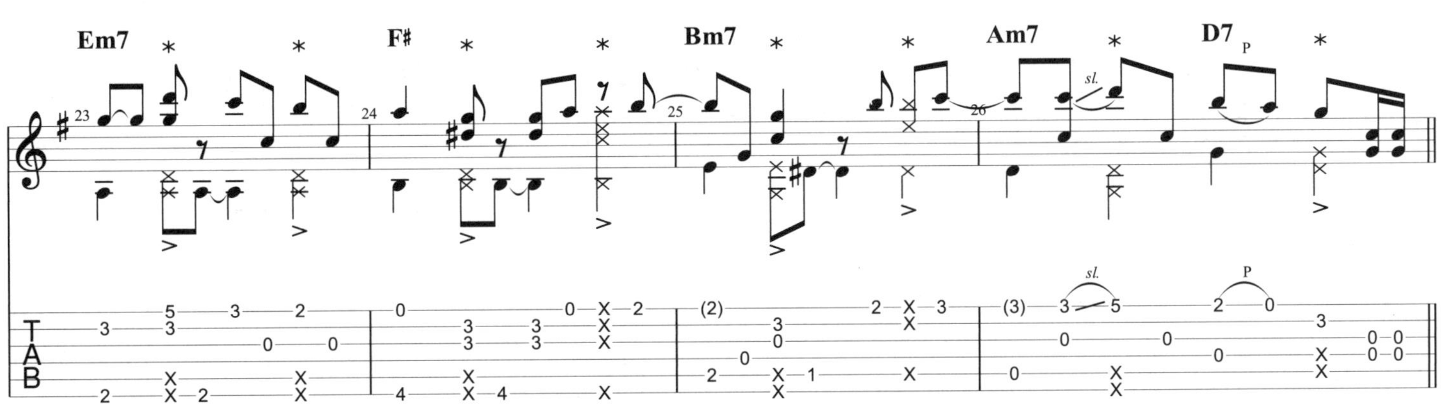

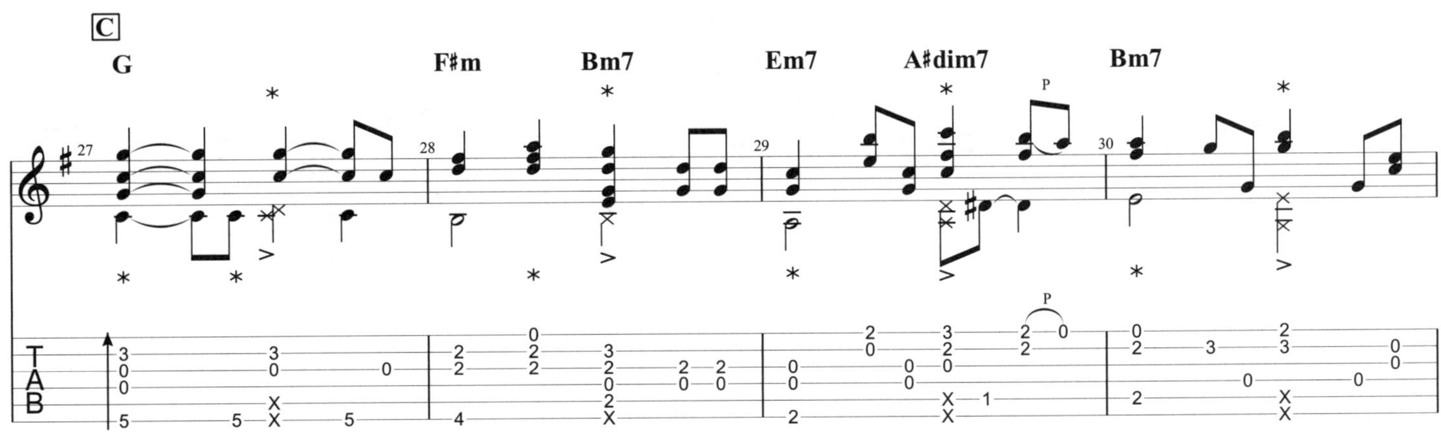

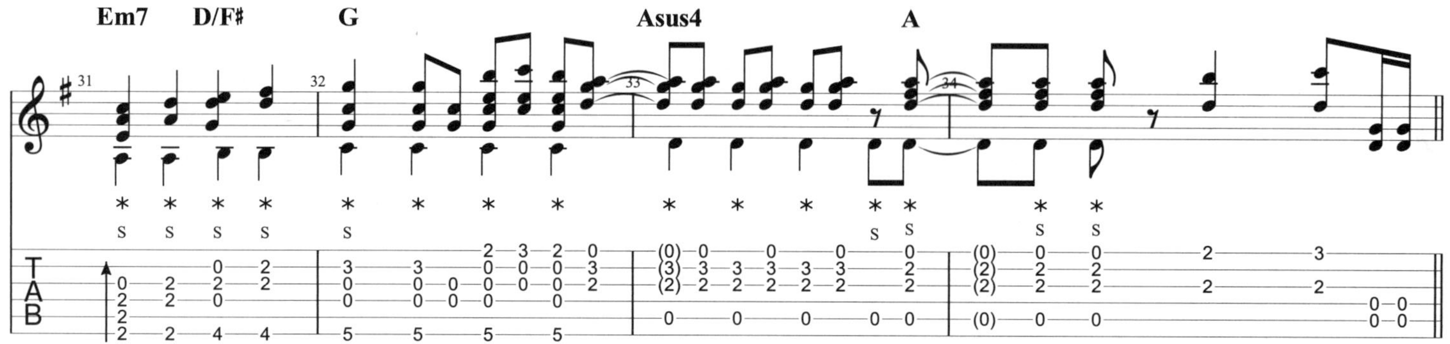

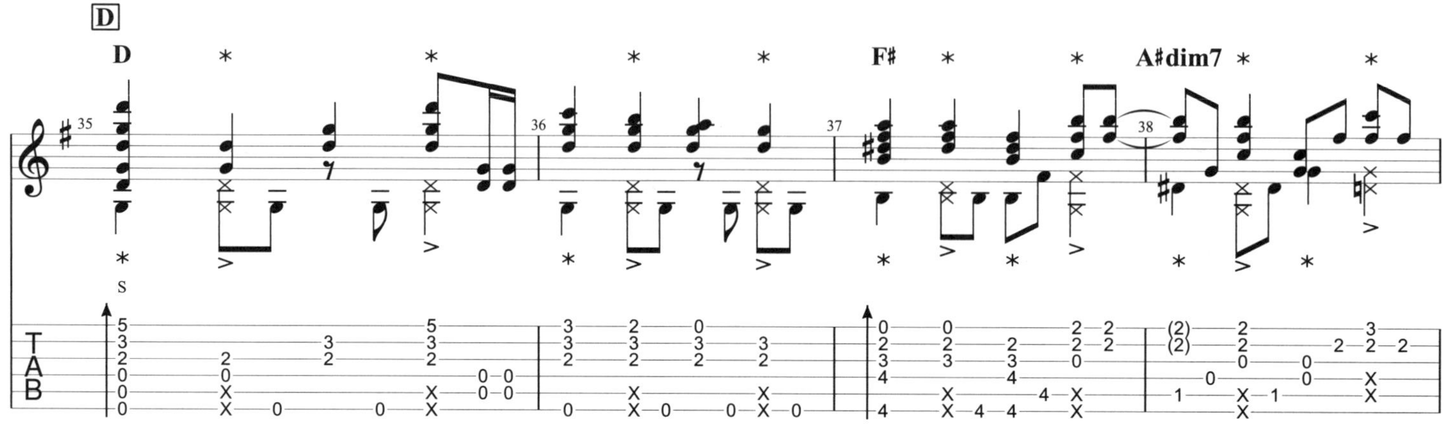

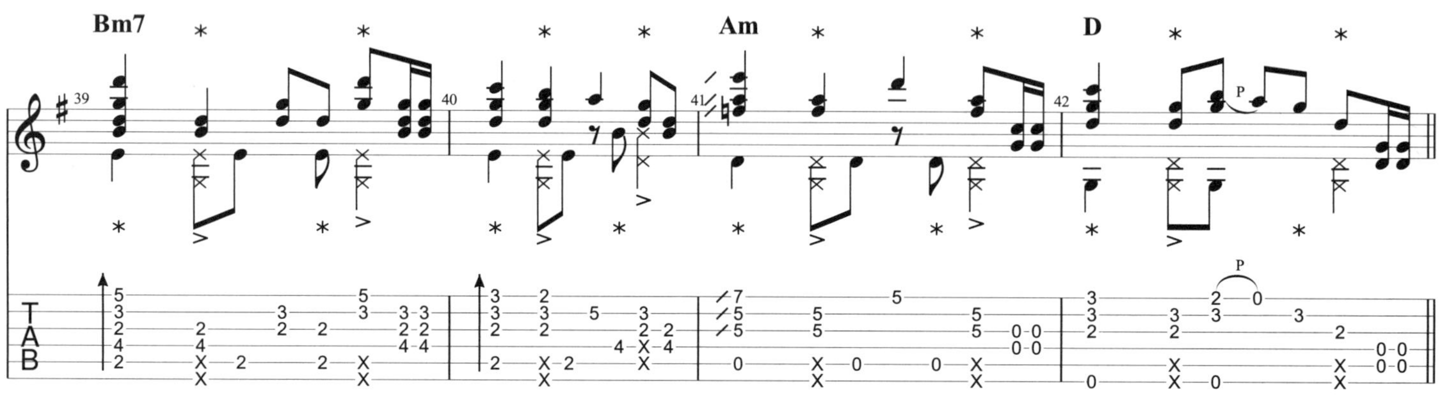

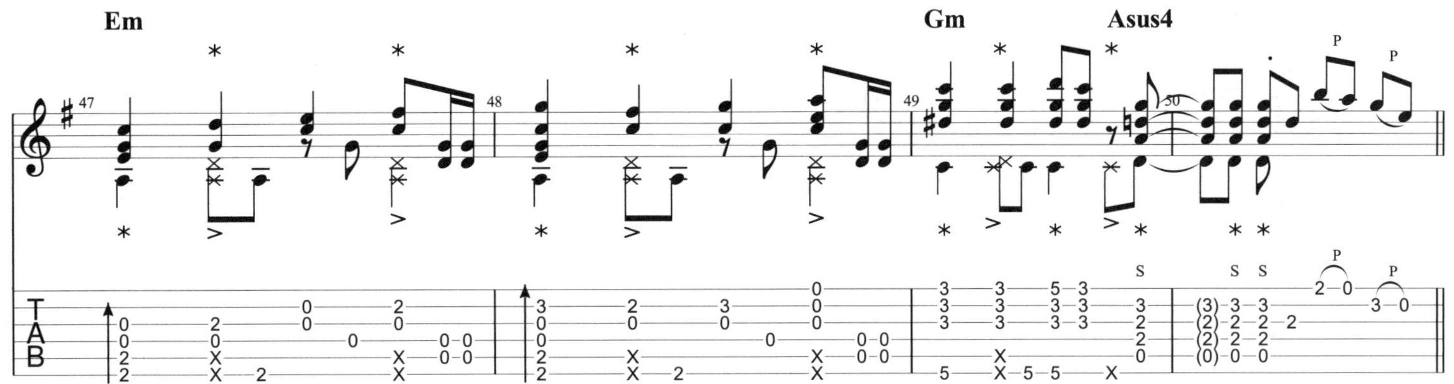

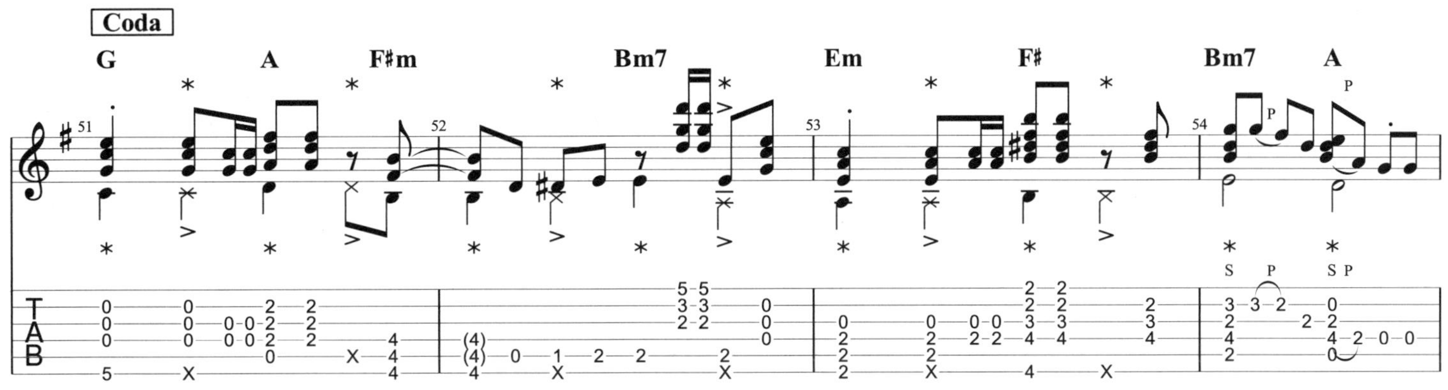

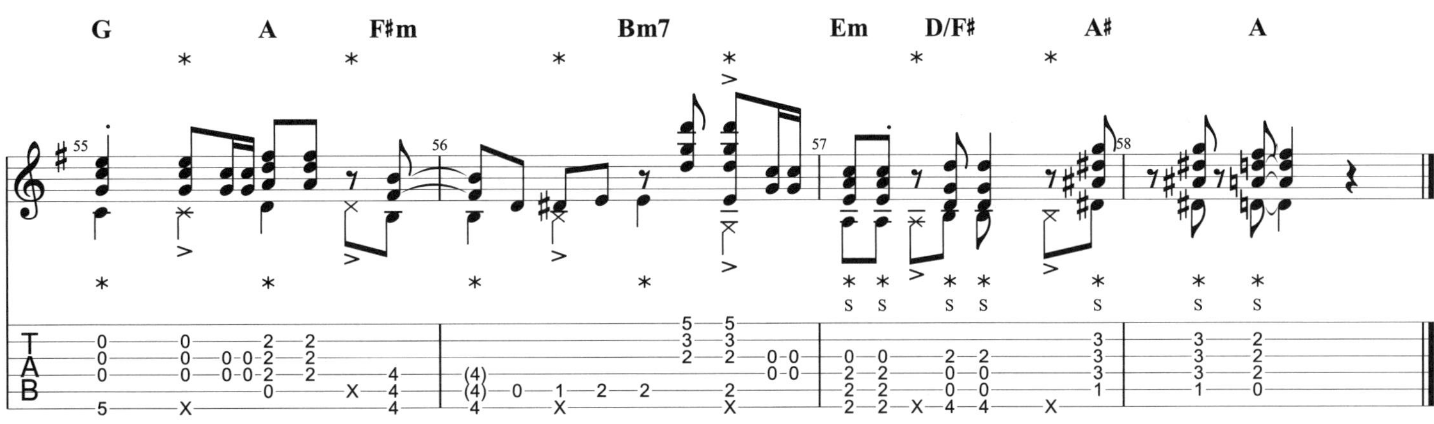

찬란한 빛(Brilliant Light)

작곡 Arisawa Takanori

디지몬 덕후라면 여기서 우셔야 합니다 디지몬 어드벤처 OST.

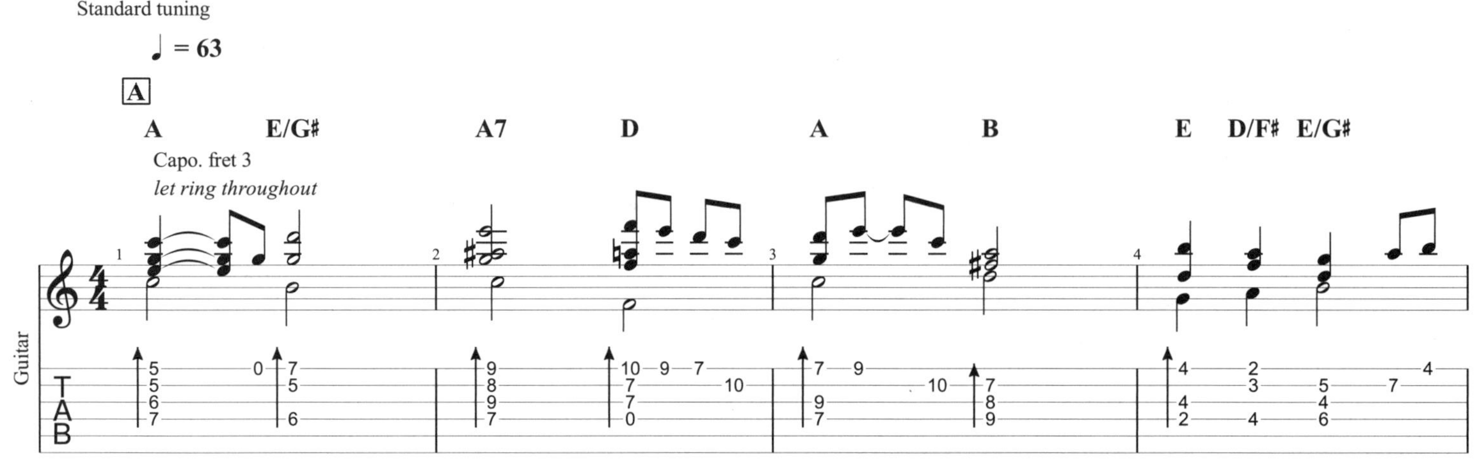

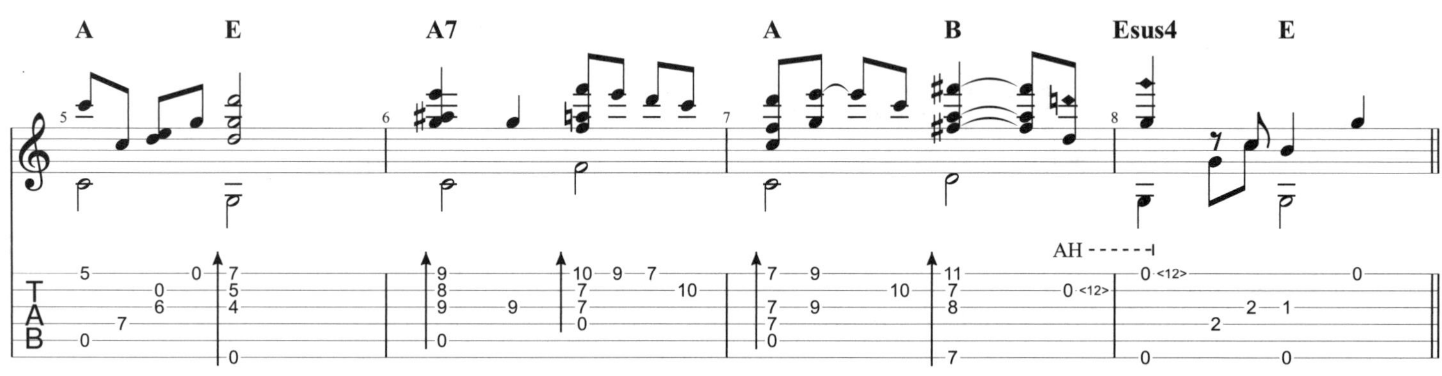

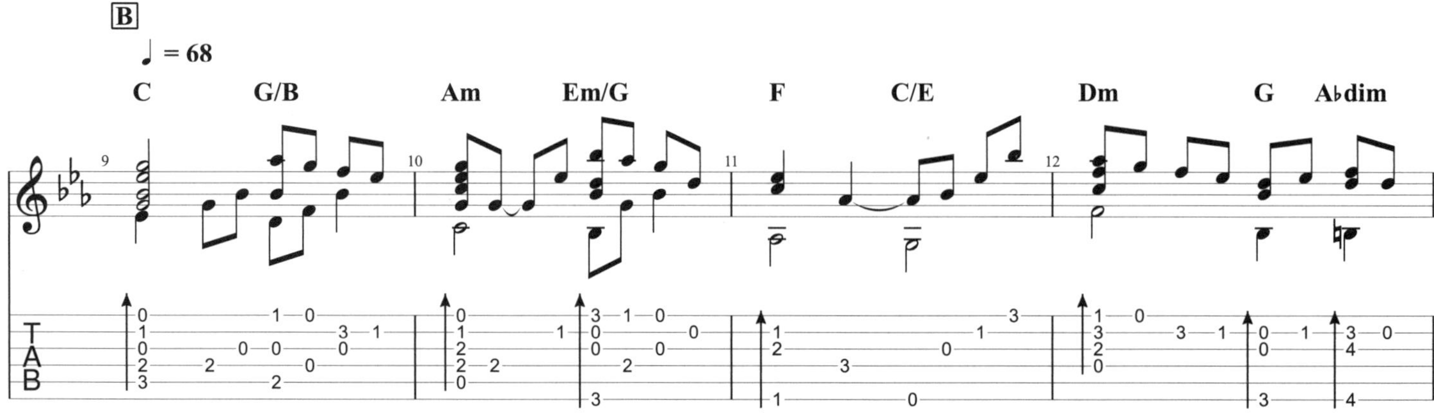

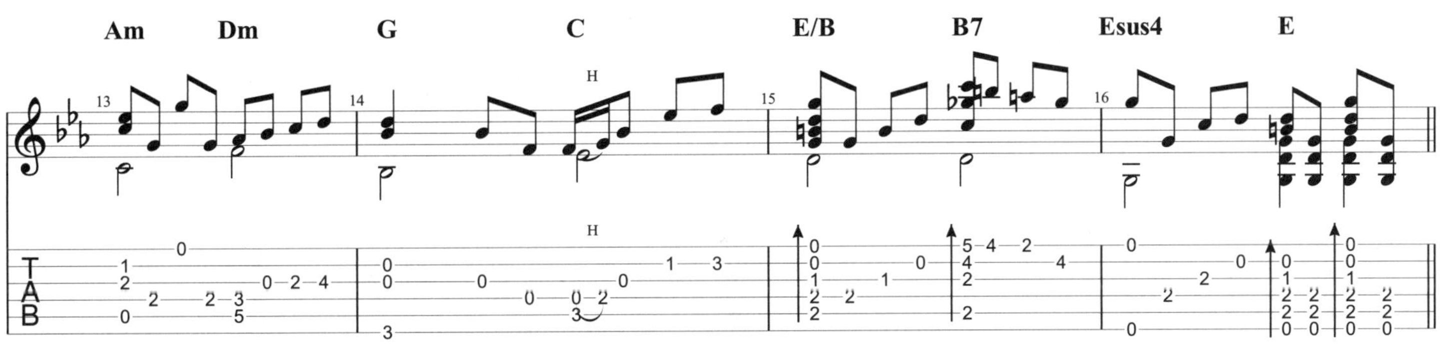

Am   Dm   G   C   E/B   B7   Esus4   E
H
13   14   15   16
TAB

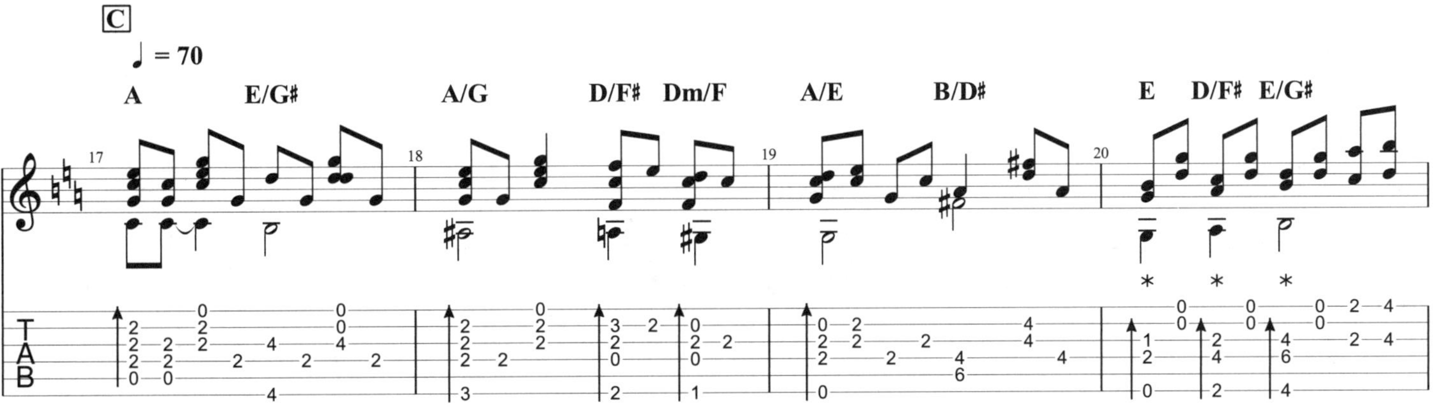

C   ♩ = 70
A   E/G#   A/G   D/F#   Dm/F   A/E   B/D#   E   D/F#   E/G#
17   18   19   20
TAB
*   *   *

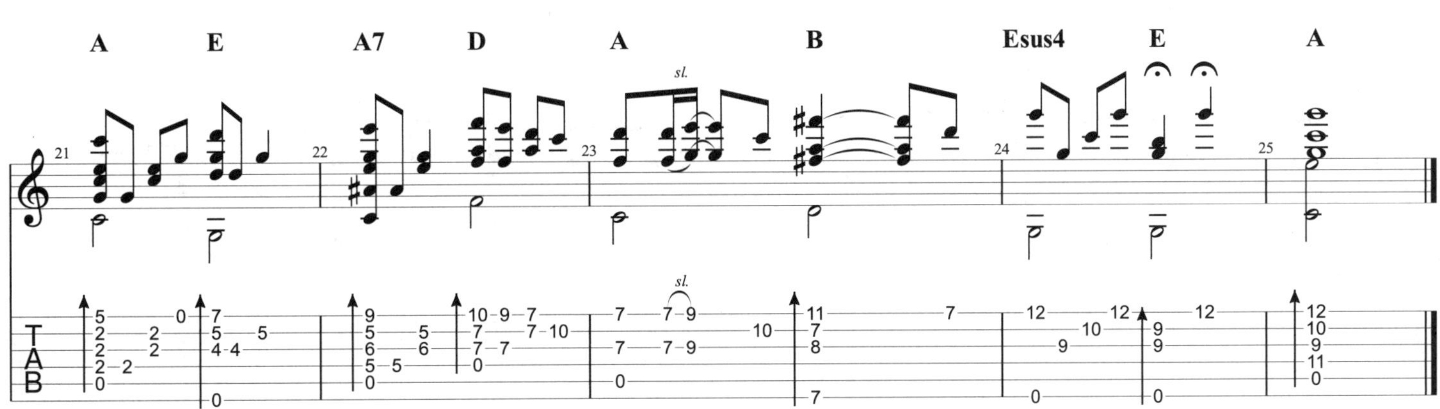

A   E   A7   D   A   B   Esus4   E   A
sl.
21   22   23   24   25
sl.
TAB

둥글게 둥글게

살다살다 이 노래가 기괴하게 느껴질 줄이야

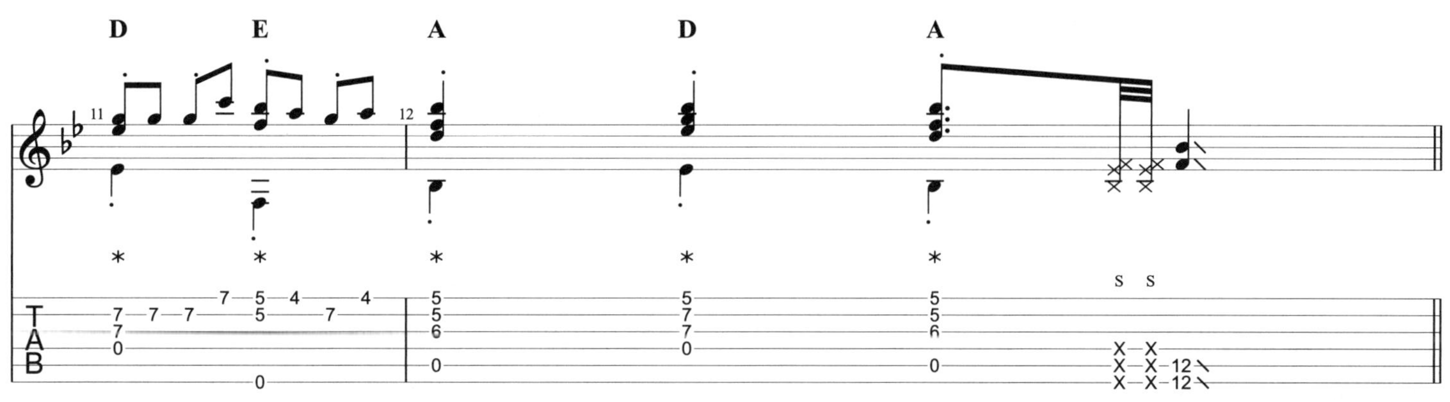

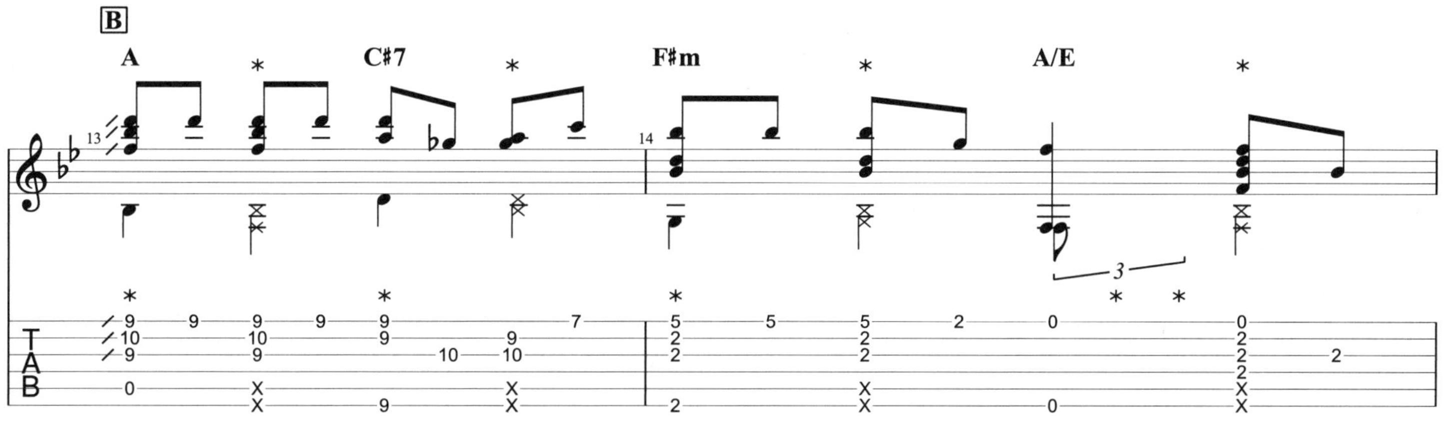

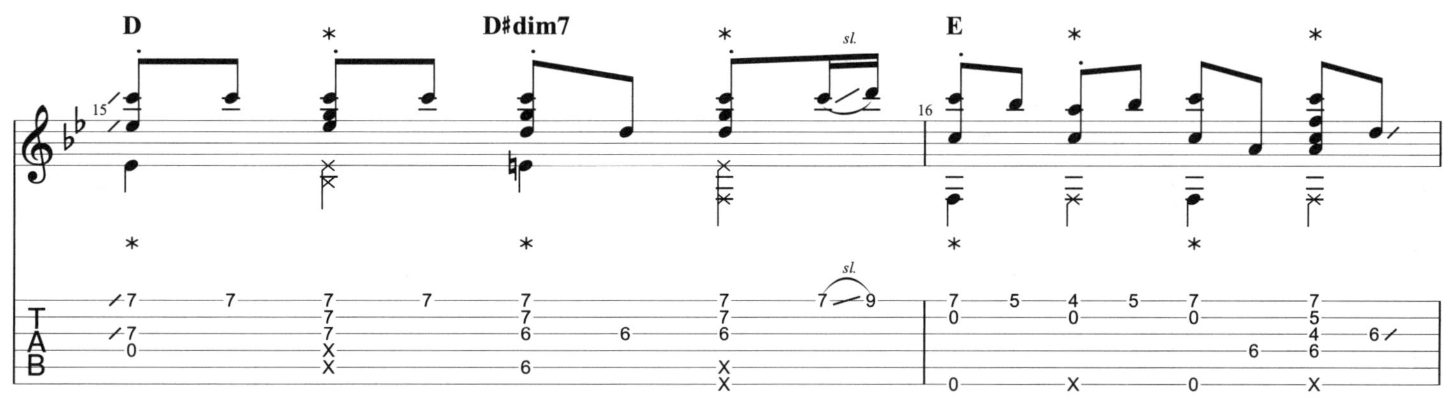

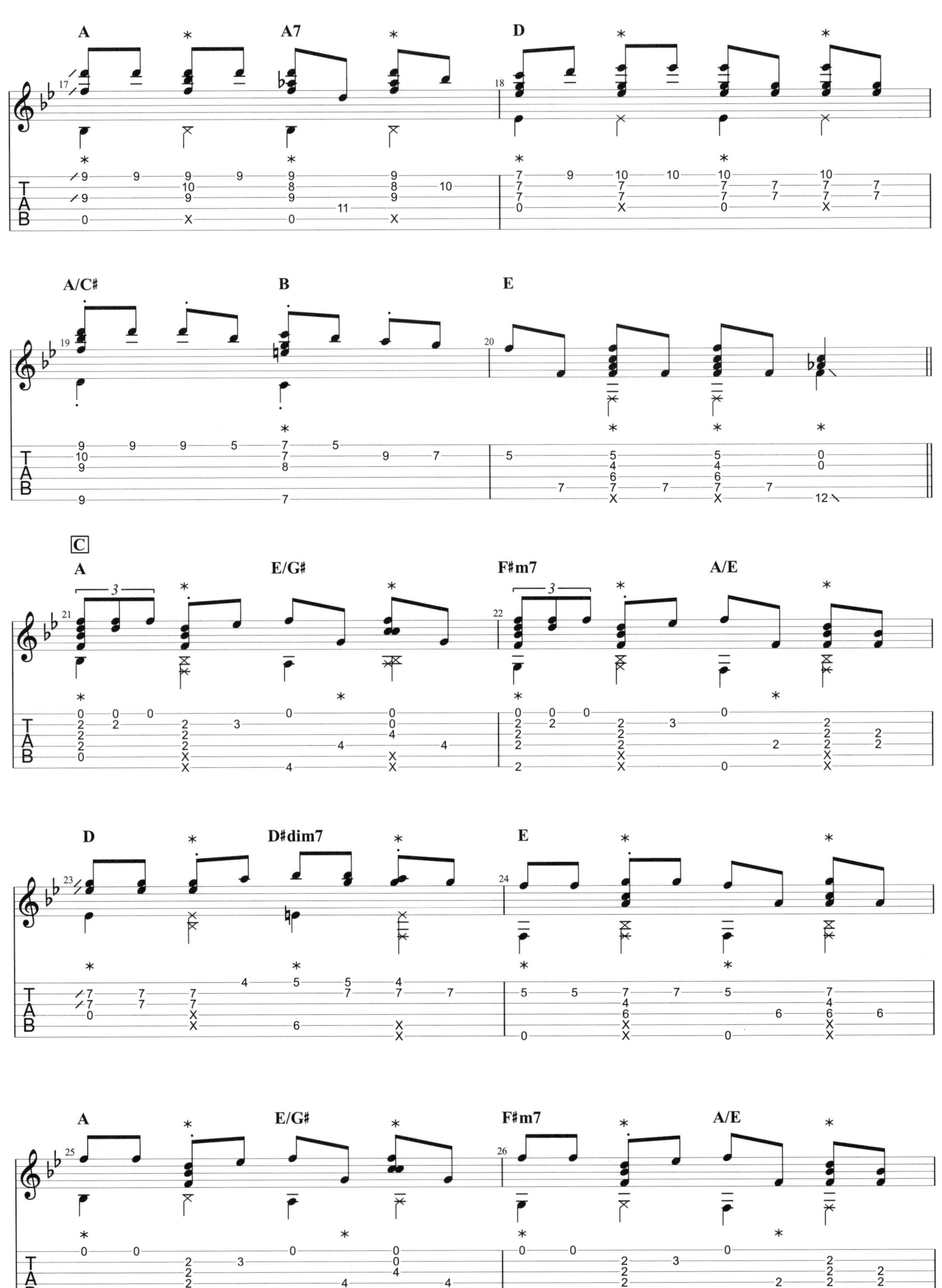

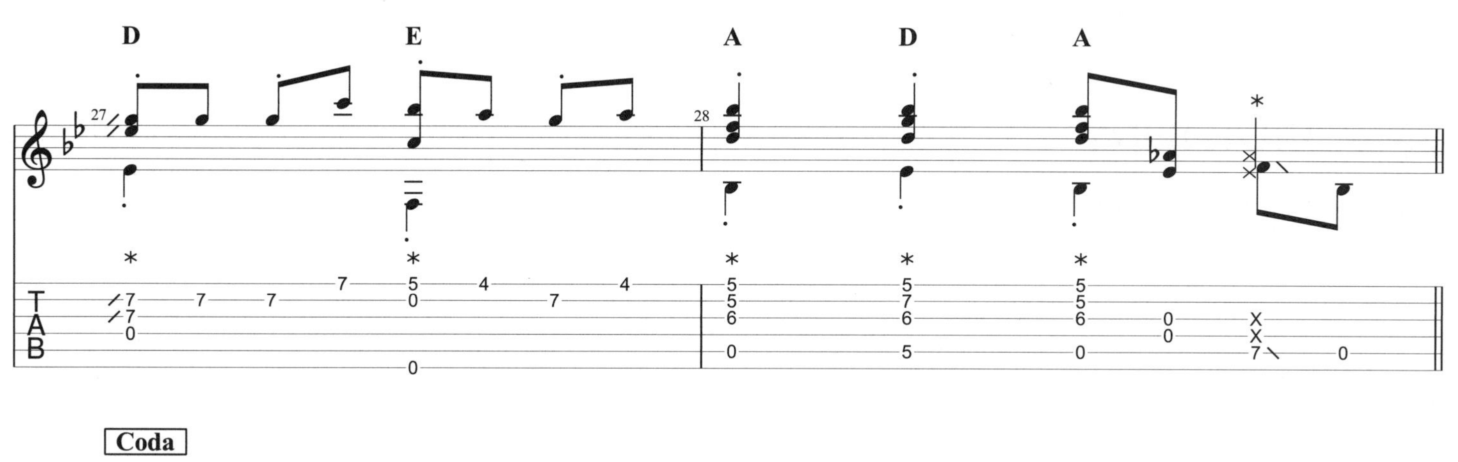

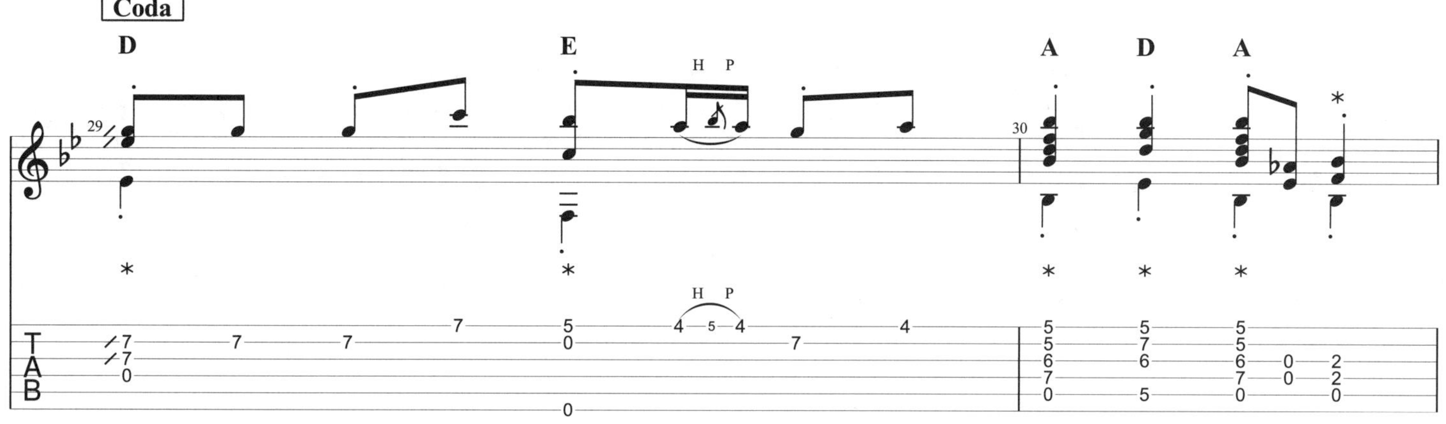

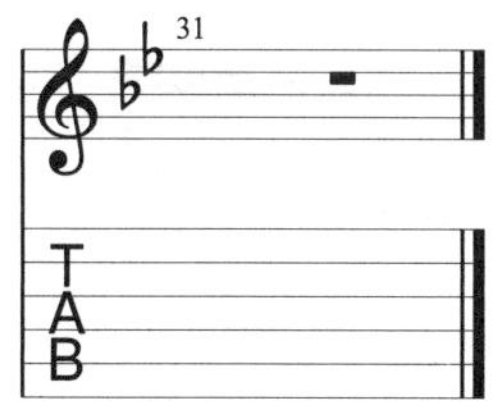
Coda

불꽃 Homura

노래 LiSA
작사 Kajiura Yuki, LiSA
작곡 Kajiura Yuki

진짜.. 안울었다니까.. 귀멸의 칼날 OST.

Standard tuning

♩ = 70

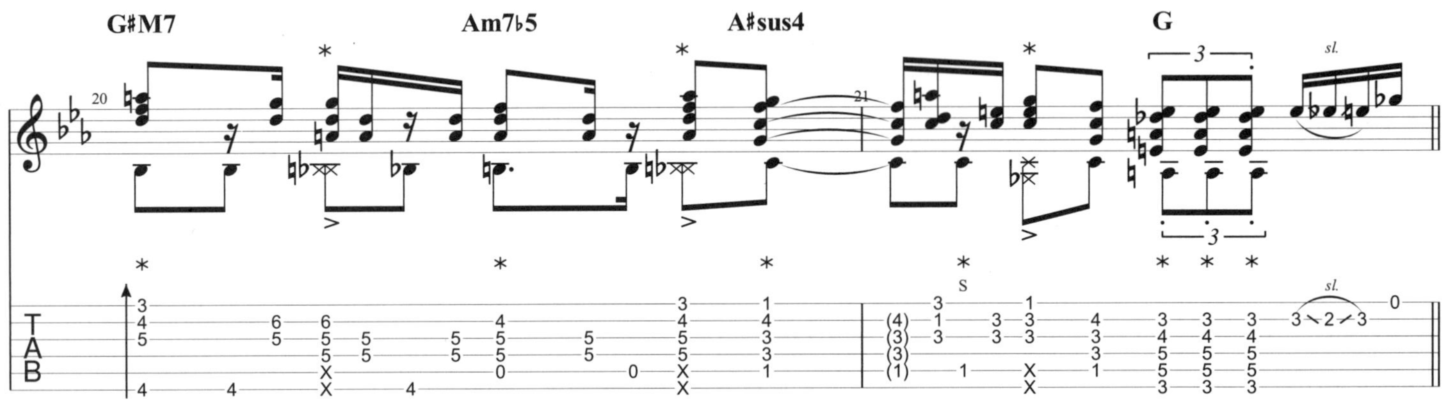
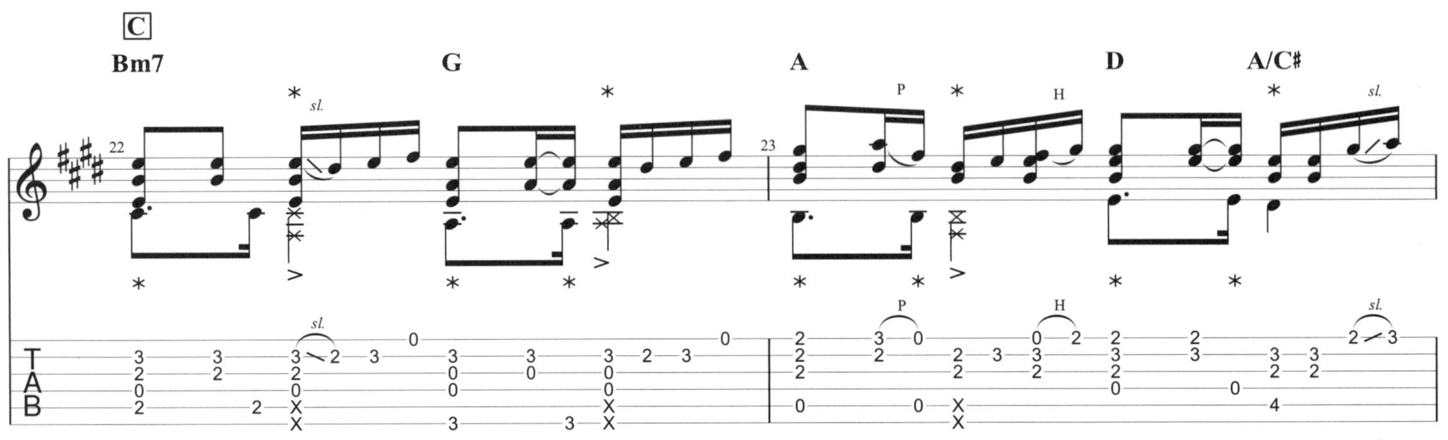
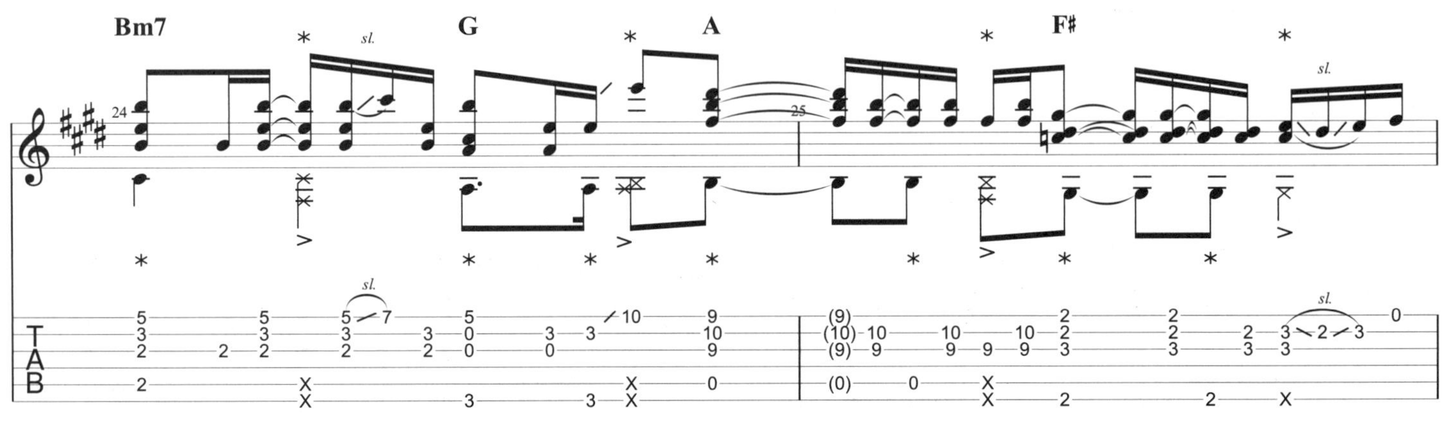
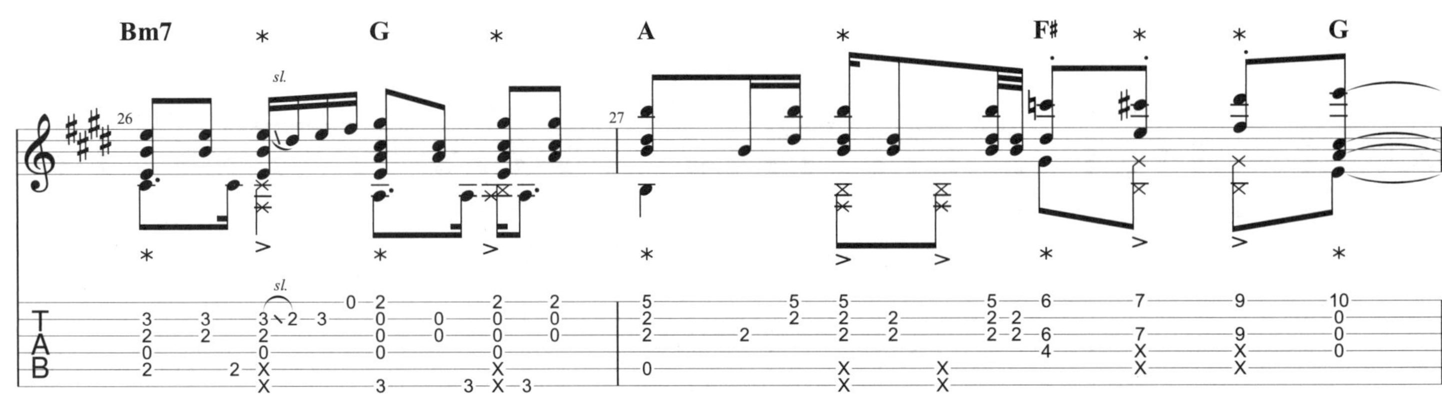

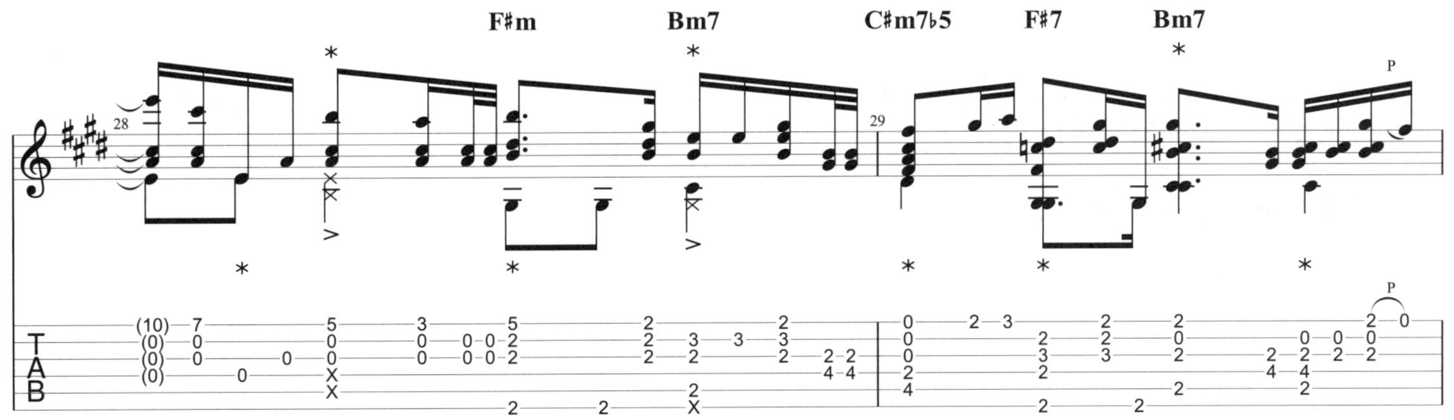

F#m
Bm7
C#m7♭5
F#7
Bm7

Coda
G
Asus4
Bm7
A

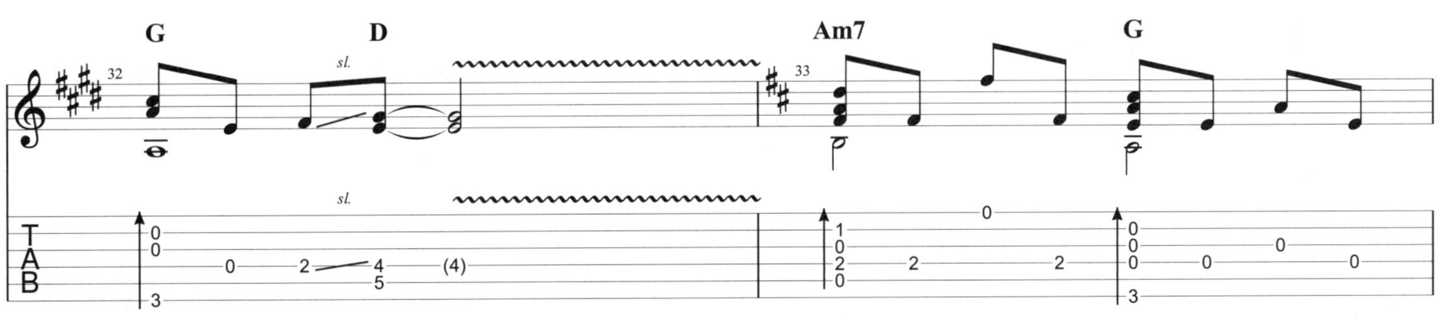

G
D
Am7
G

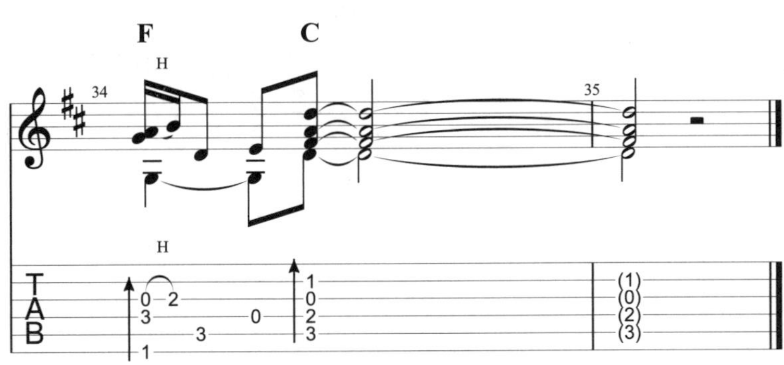

F
C

키 작은 꼬마 이야기

상꼬마가 쏘아올린 쥰내 큰 공

노래 하하
작사 명민아, 이민정, 주기쁨, 김태희, 공지현, 김민지
작곡 윤일상

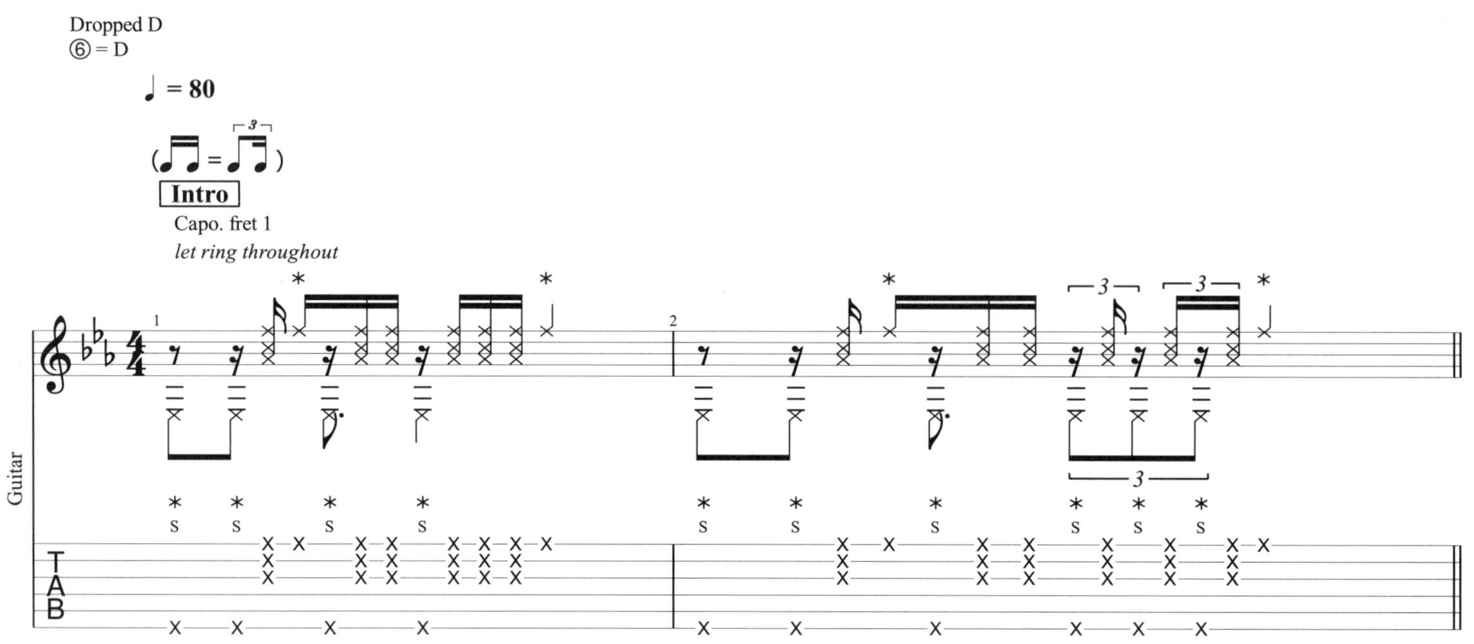

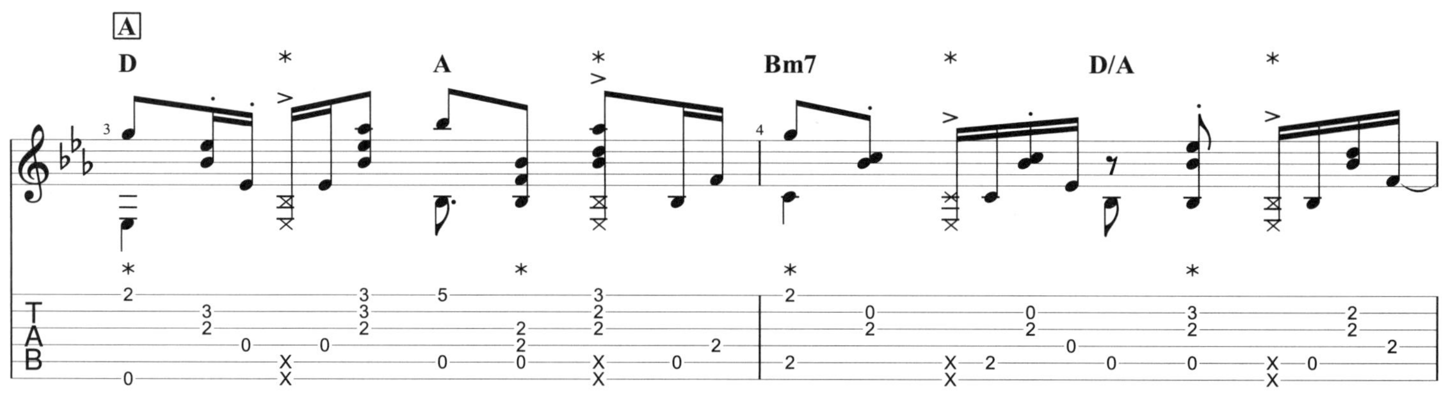

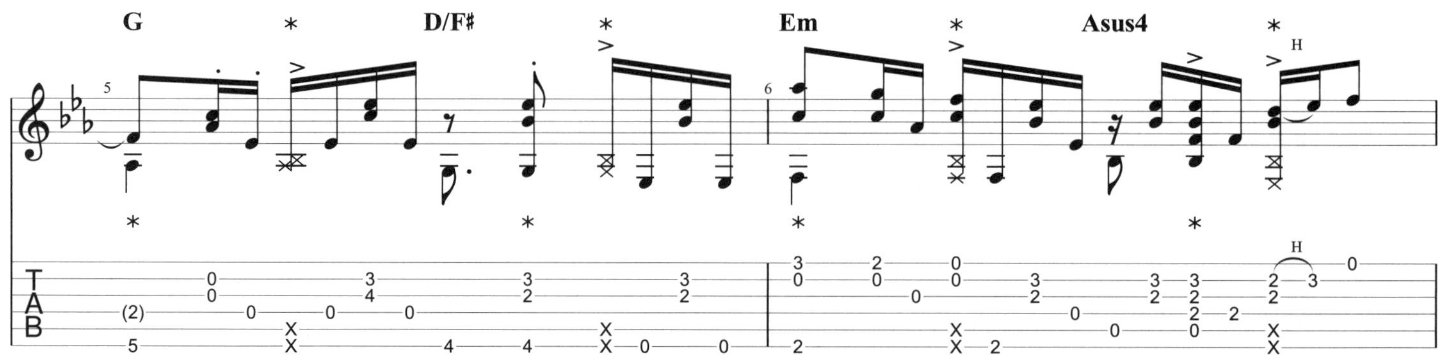

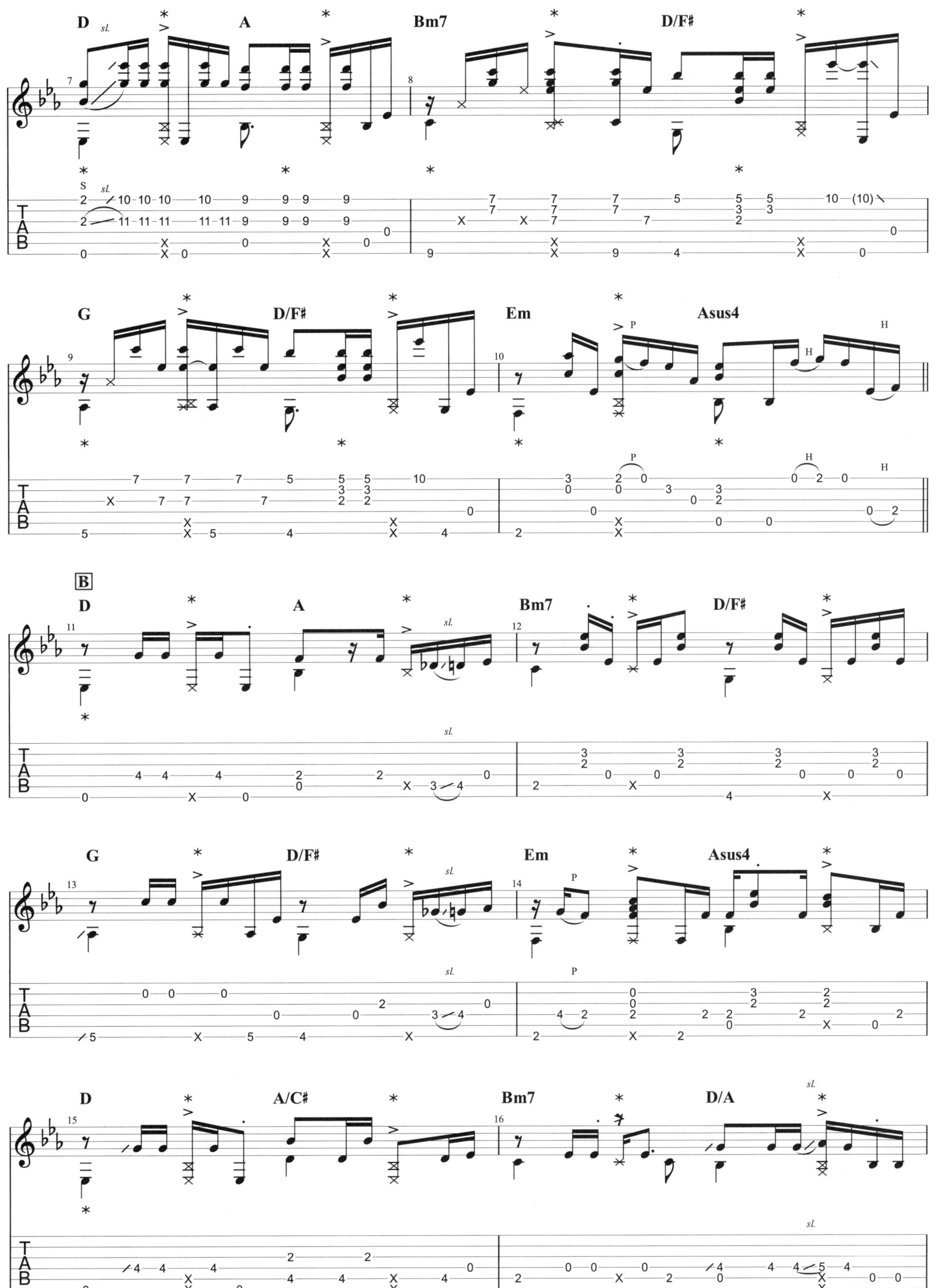

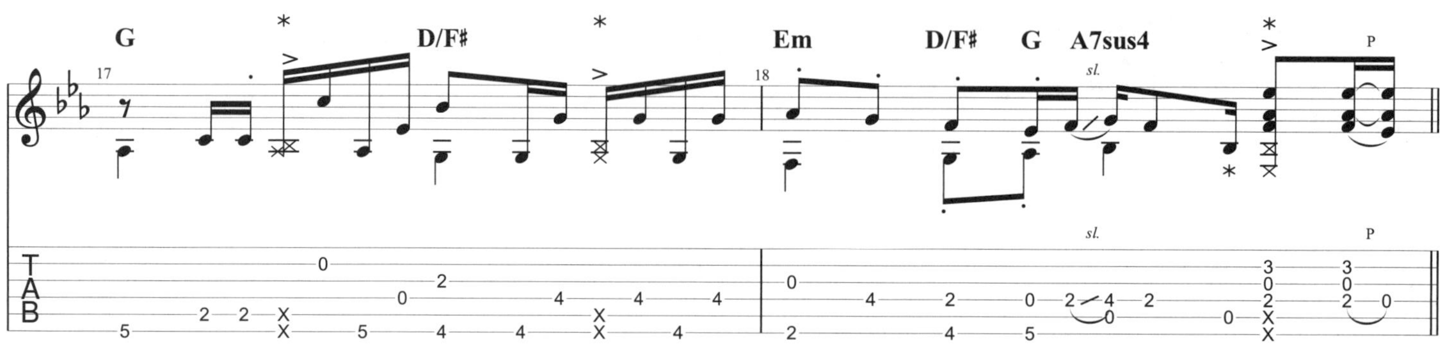

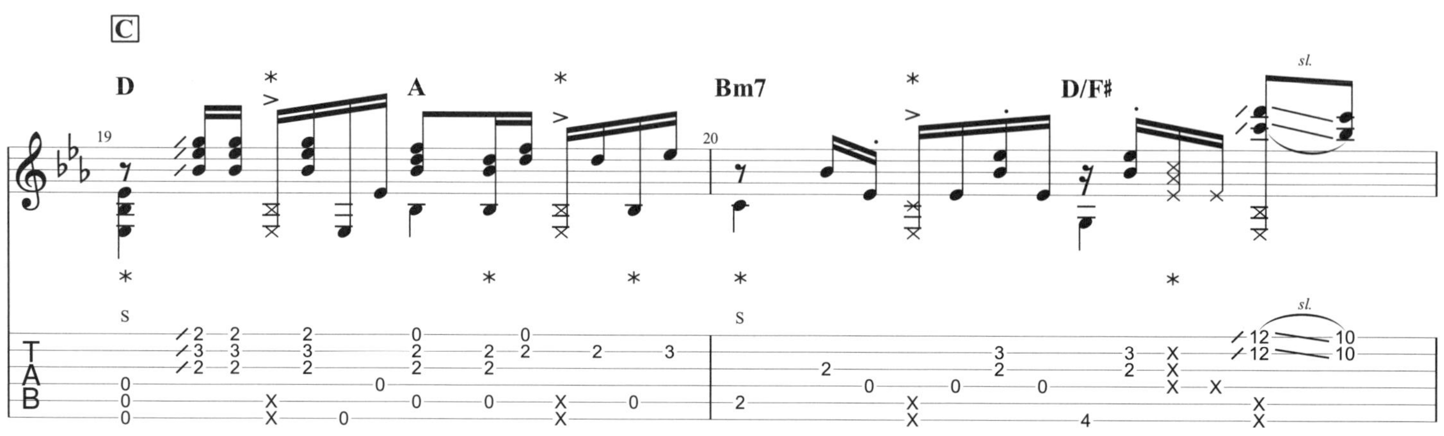

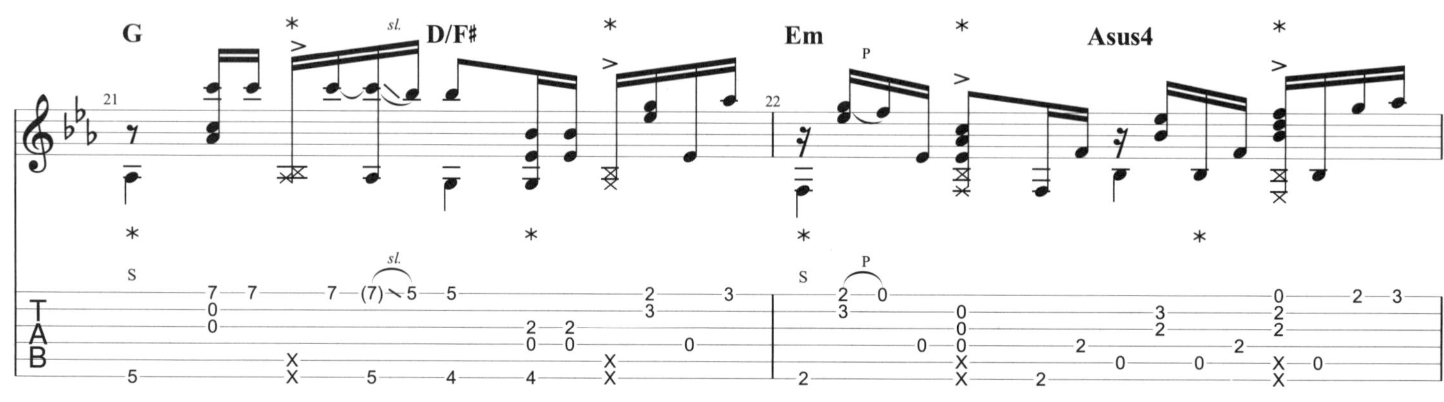

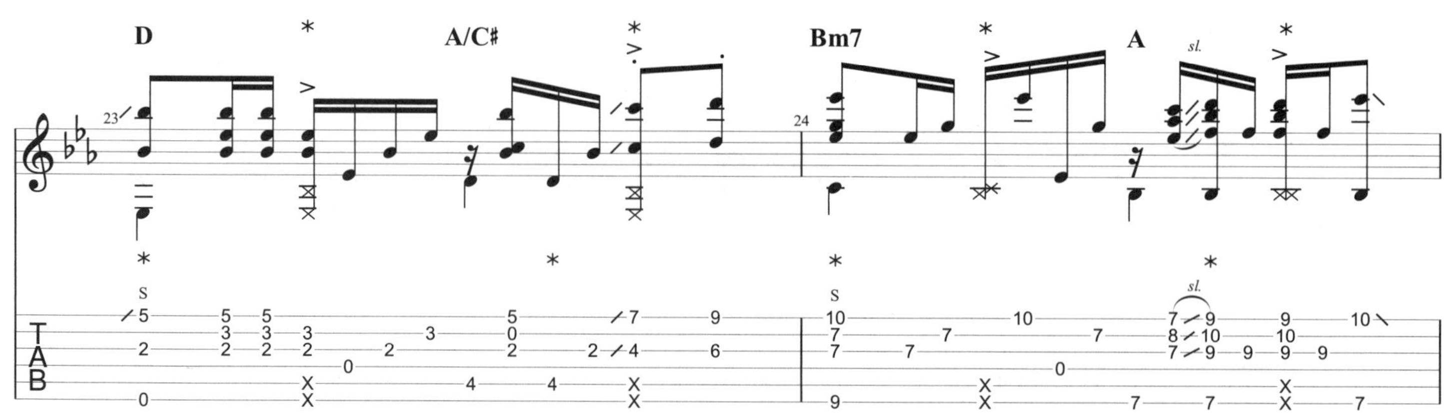

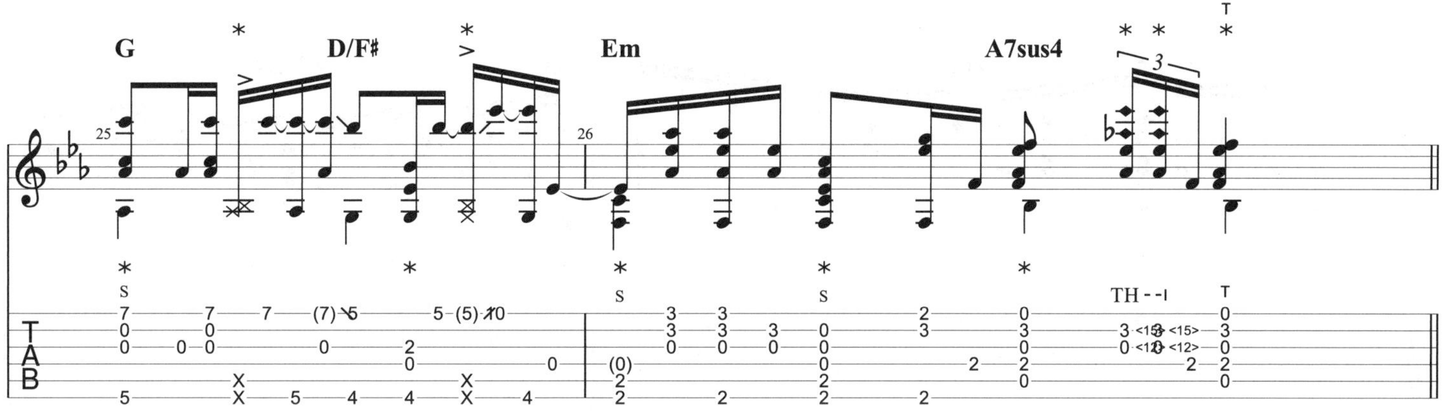

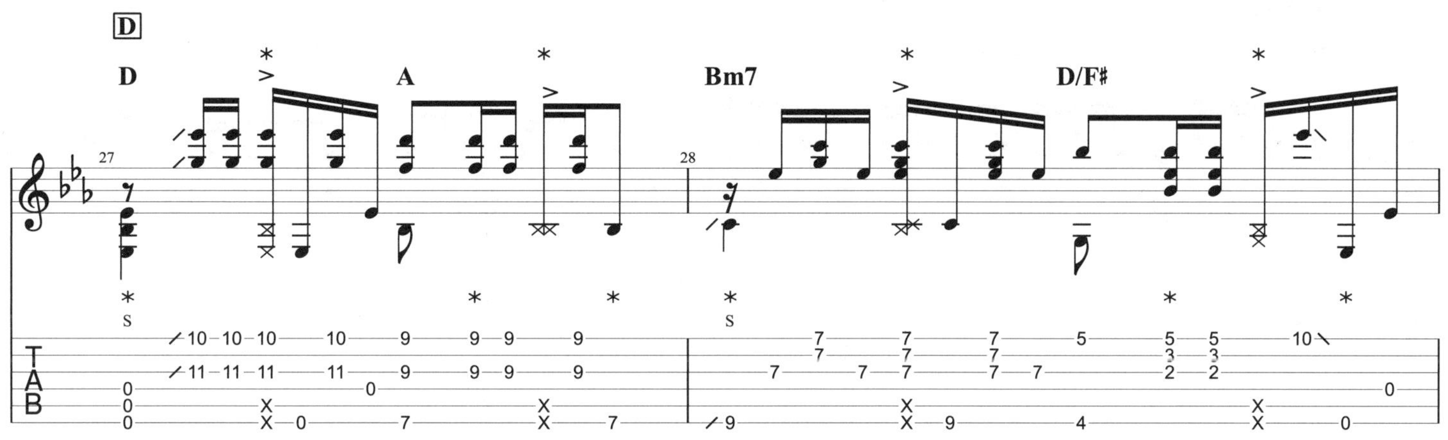

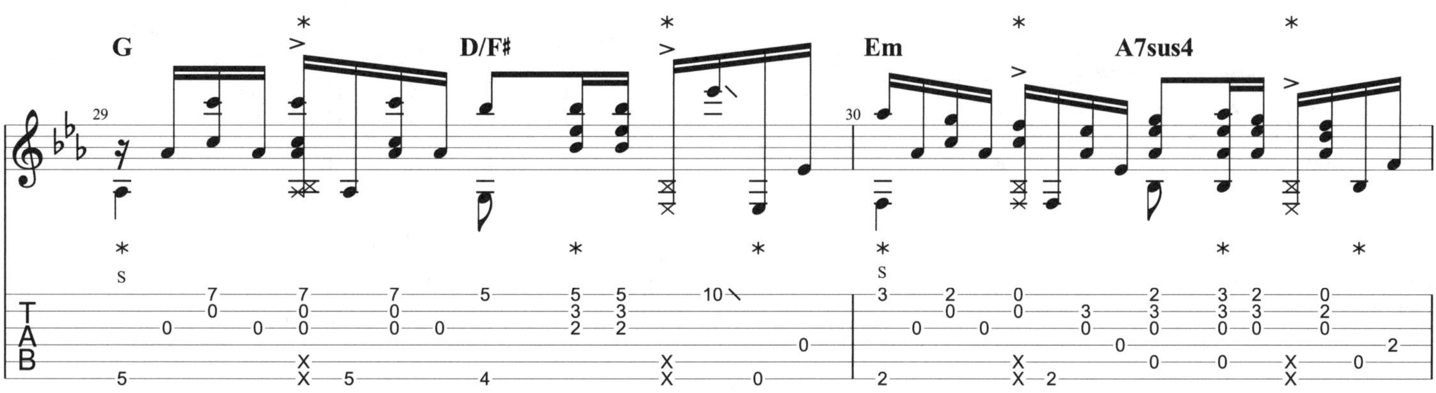

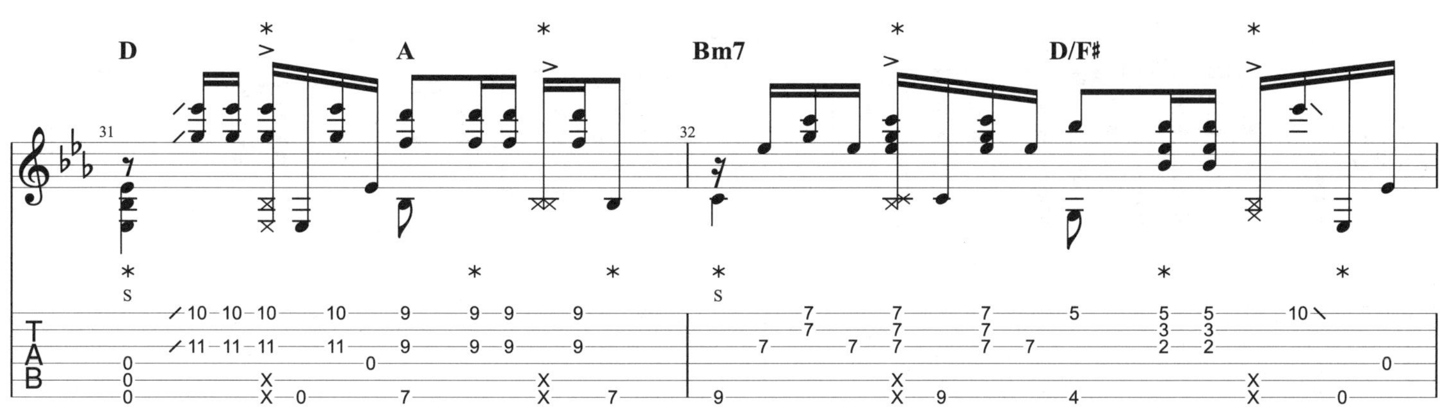

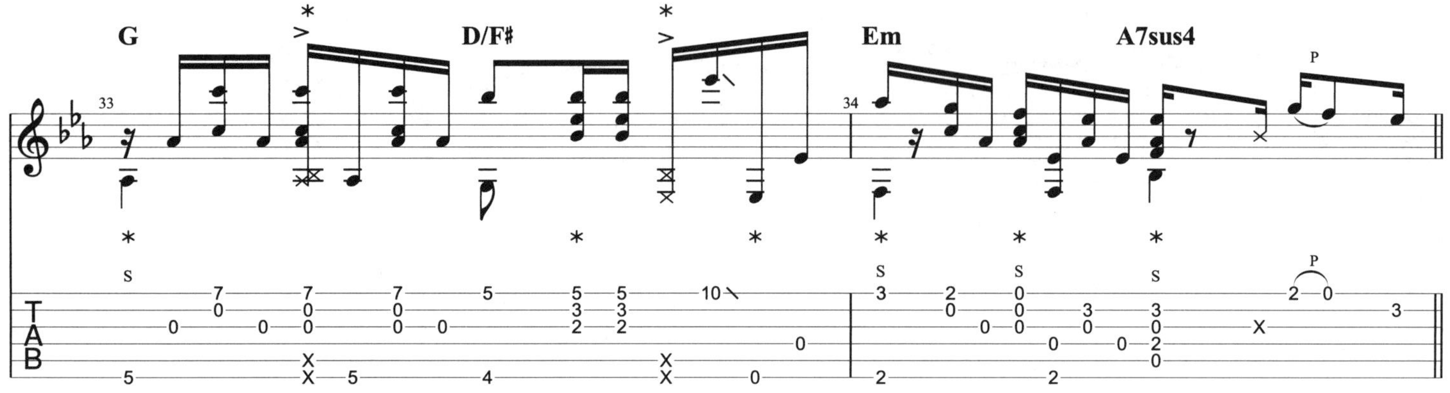
G
D/F#
Em
A7sus4
33
34
S
P

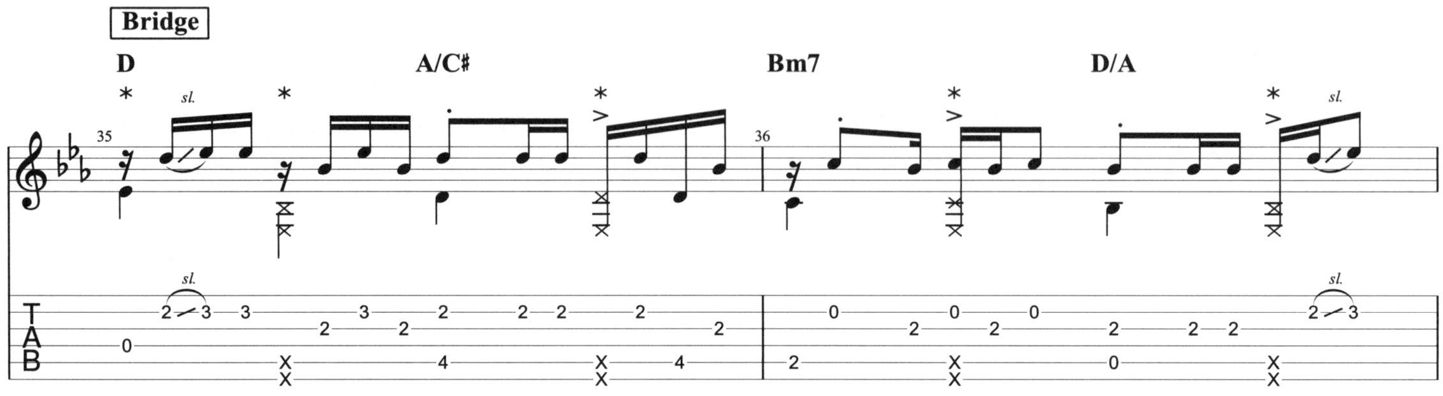
Bridge
D
A/C#
Bm7
D/A
35
36
sl.
sl.
sl.

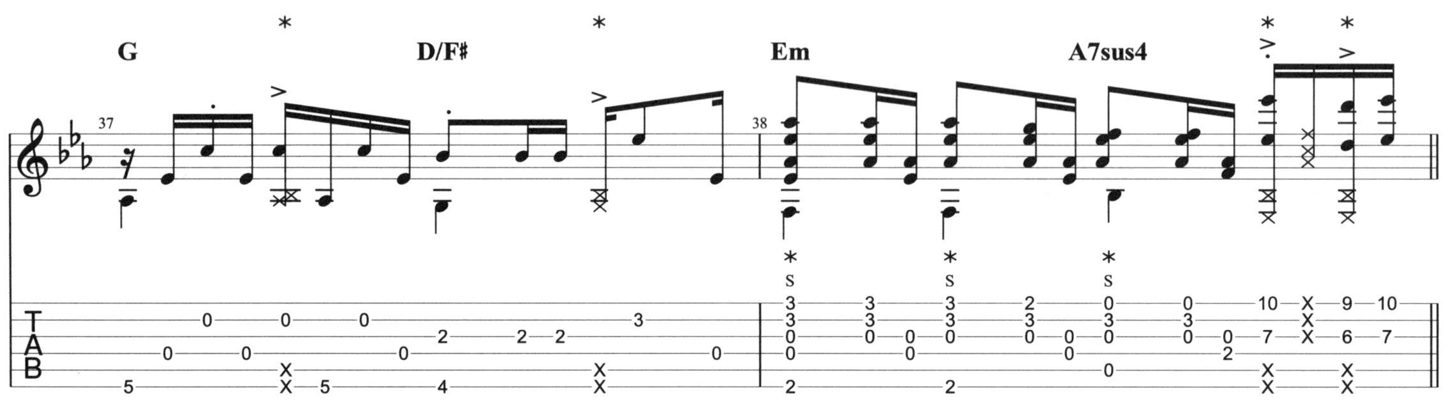
G
D/F#
Em
A7sus4
37
38
S
S
S
S

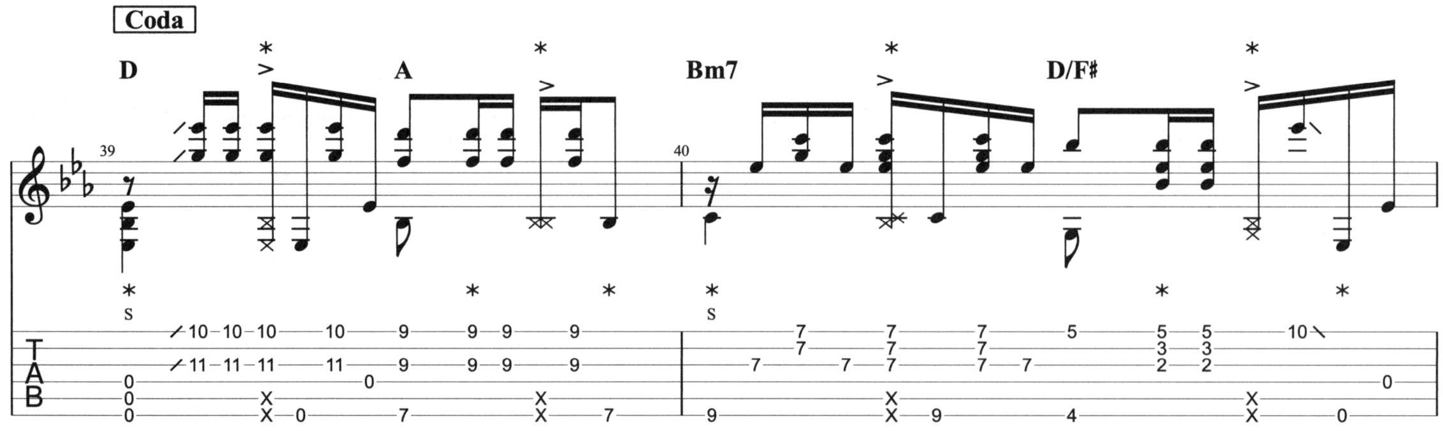
Coda
D
A
Bm7
D/F#
39
40
S
S

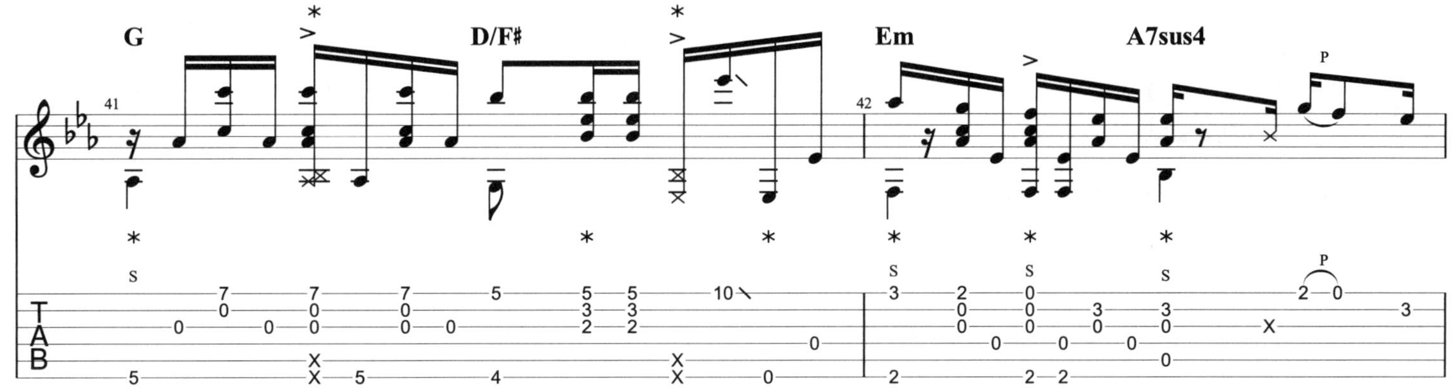

G
D/F#
Em
A7sus4
41
42

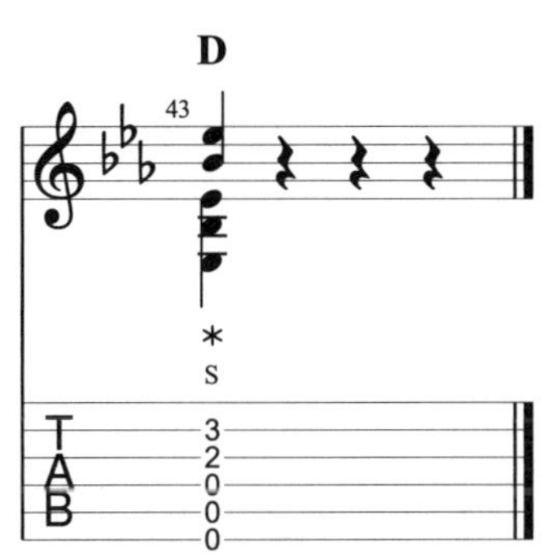

D
43

홍련의 화살

노래 Revo
작사 Revo
작곡 Revo

그 날 인류는 떠올렸다 진격의 거인 OST.

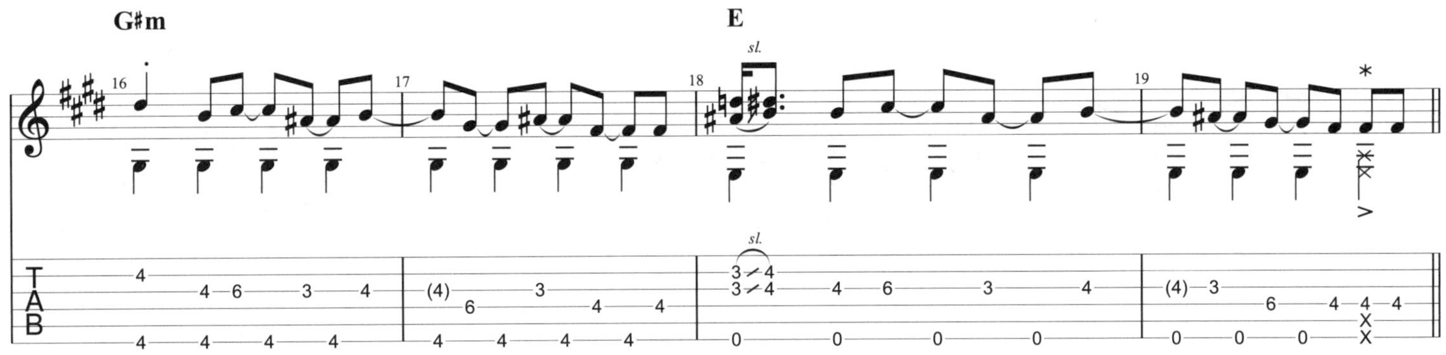

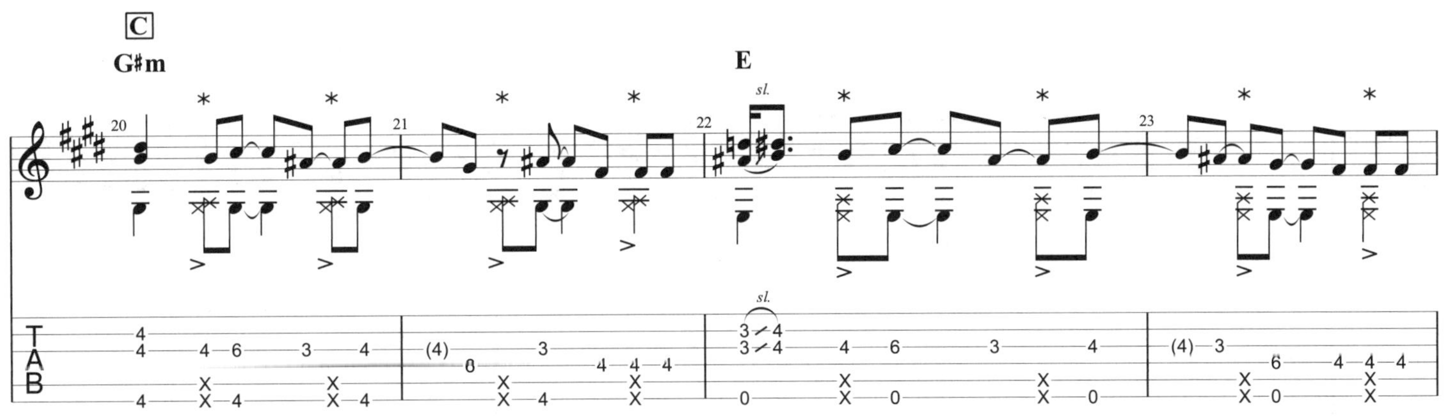

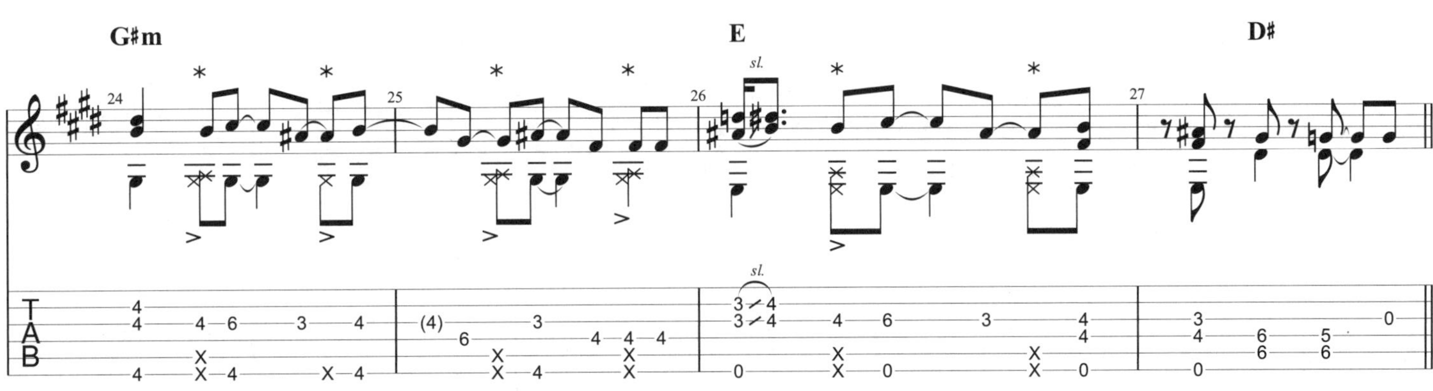

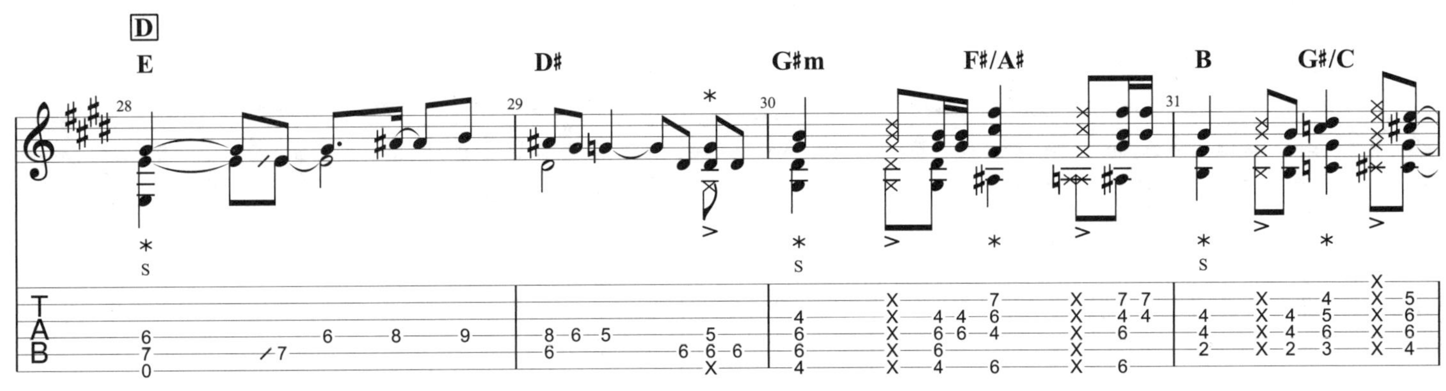

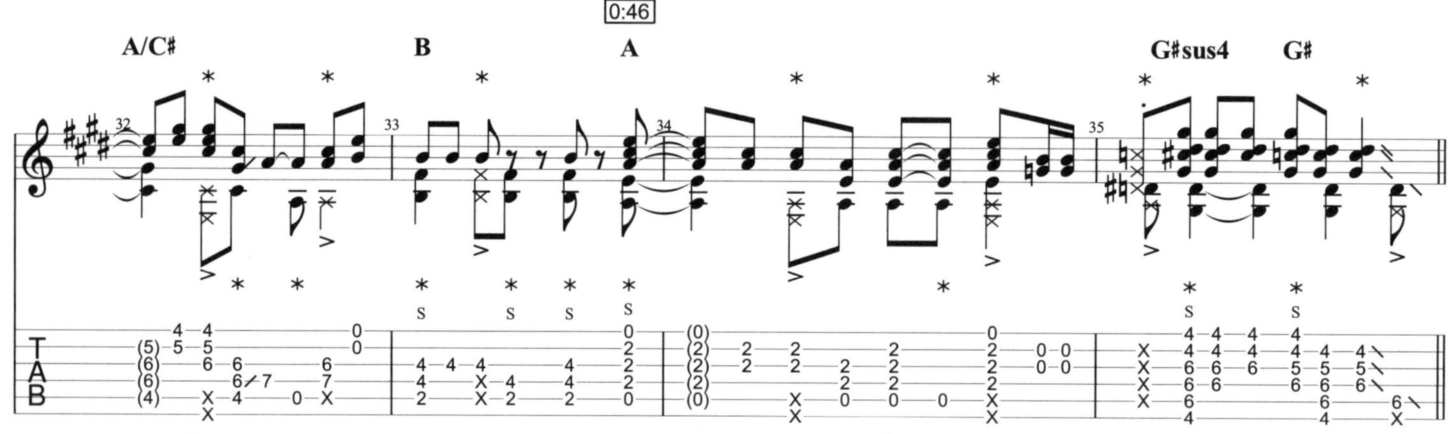

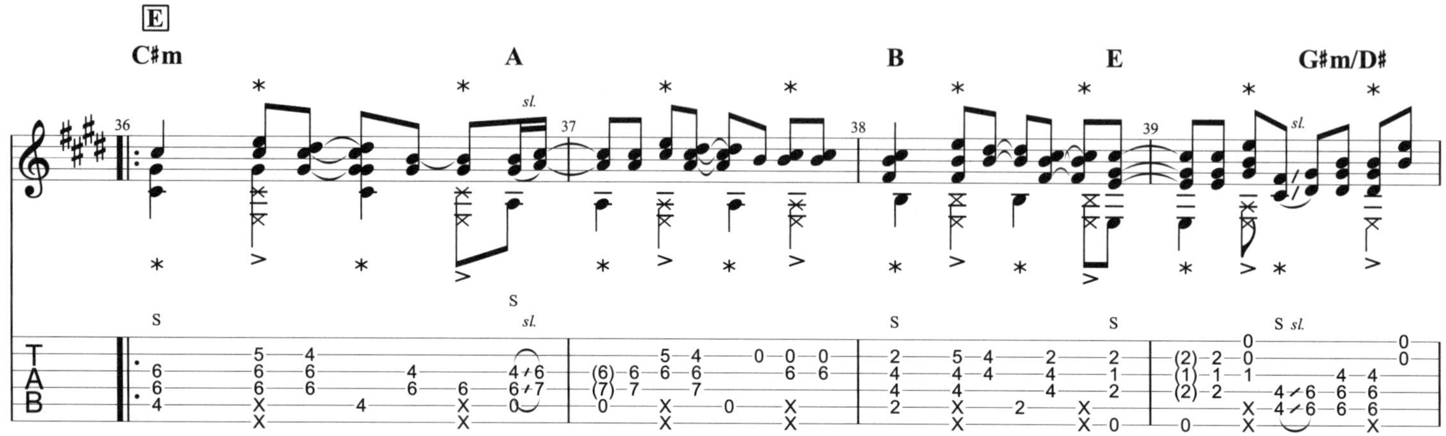

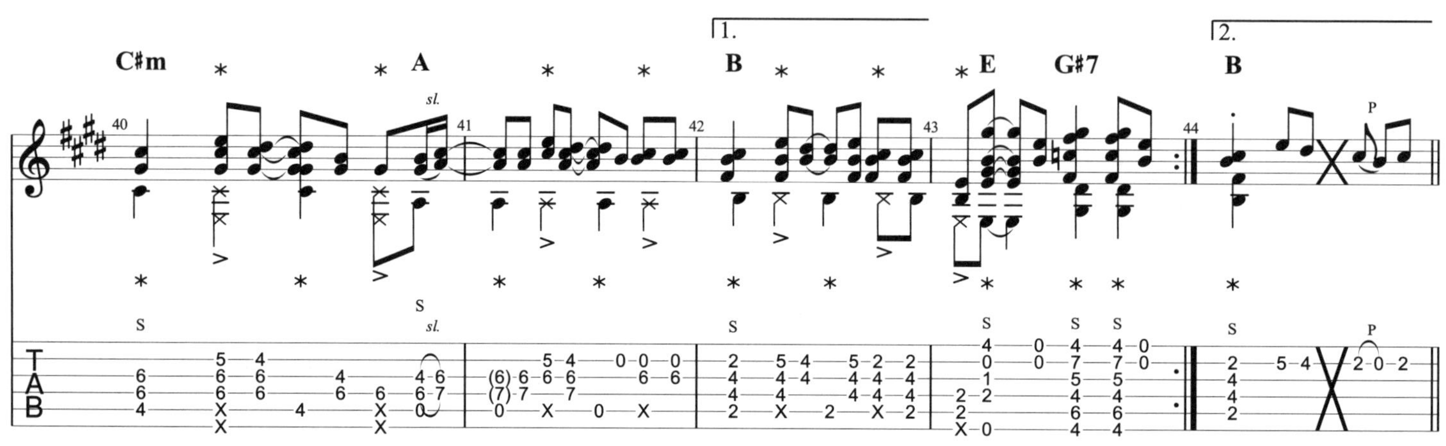

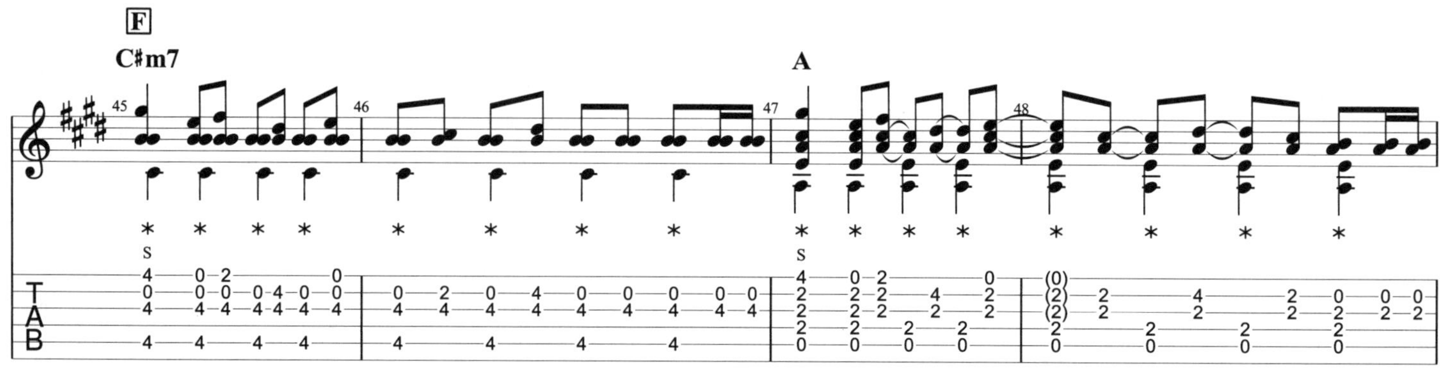

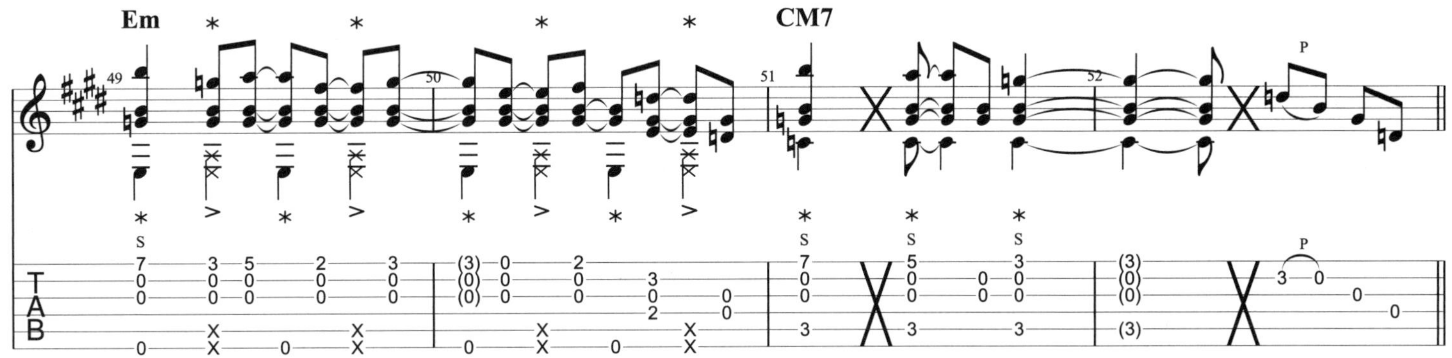

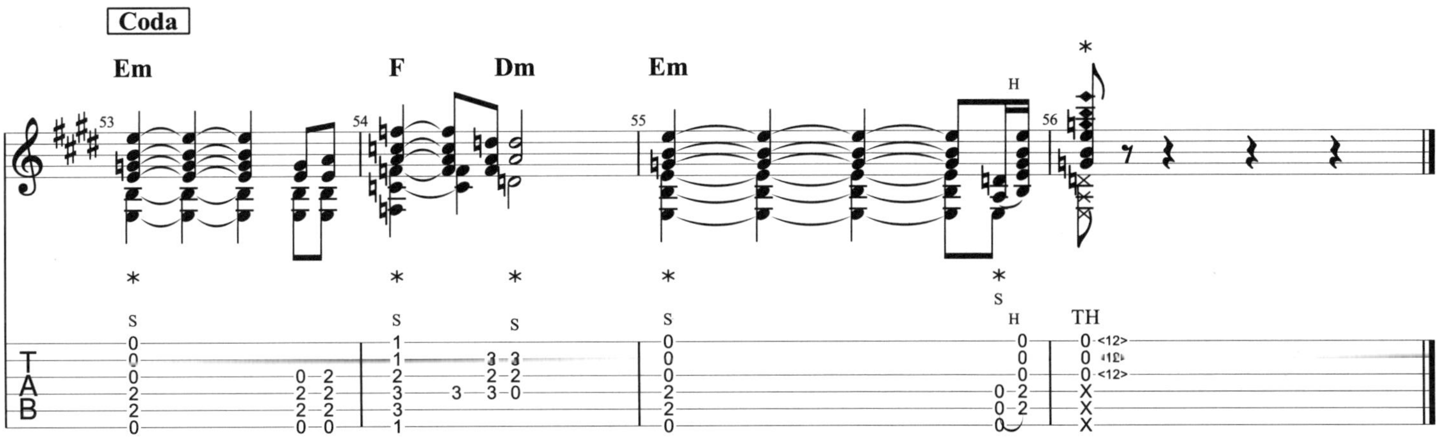

기타리스트
장재훈의
핑거스타일
기타 커버곡집

2025년 11월 1일 초판 1쇄 발행

어레인지 장재훈
악보채보 아린(8, 18, 57, 76, 98, 108), GrooveGuitar(28, 40, 60)

펴낸곳 서울음악출판사
펴낸이 하성훈
주소 서울시 서초구 반포대로 22길 85 에덴빌딩 3층
등록번호 제16-2389·등록일자 2001년 4월 26일
인터넷 홈페이지 www.srmusic.co.kr

값 20,000원
ISBN 979-11-6750-151-6